JAMES　　　JOHNNY　　　DAVID
WYLLIE　　　ACTON　　GOLDBLATT

PER ZEITMASCHINE DURCH DIE GESCHICHTE

VOM AUSBRUCH
DES VESUV BIS
ZUM FALL DER
BERLINER MAUER

Aus dem Englischen
von Brigitte Döbert

ATLANTIK

Die Originalausgabe erschien 2015 unter dem Titel
The Time Travel Handbook im Verlag Profile Books, London.

*Atlantik-Bücher erscheinen im
Hoffmann und Campe Verlag, Hamburg.*

Copyright © 2015
by James Wyllie, Johnny Acton and David Goldblatt
Für die deutschsprachige Ausgabe
Copyright © 2016
by Hoffmann und Campe Verlag, Hamburg
www.hoca.de www.atlantikverlag.de
Typografie und Satz: fuxbux, Berlin
Gesetzt aus der Apollo, der Brandon, der Castellar,
der Core Circus und der Waters Titling
Druck und Bindung: C. H. Beck, Nördlingen
Printed in Germany
ISBN 978-3-455-37035-5

Ein Unternehmen der
GANSKE VERLAGSGRUPPE

INHALT

Einleitung und Kleingedrucktes 7

ERSTER TEIL
AUSSTELLUNGEN UND FESTIVALS

1851 ✽ Die erste Weltausstellung, London 15
1969 ✽ Woodstock Festival, Bethel, New York State 41

ZWEITER TEIL
HISTORISCHE MOMENTE

1789 ✽ Der Zug der Frauen nach Versailles, Paris 69
1914 ✽ Das Attentat auf Erzherzog Franz Ferdinand, Sarajevo 95
1989 ✽ Der Fall der Berliner Mauer, Ost- und Westberlin 109

DRITTER TEIL
KULTURELLE UND SPORTLICHE GROSSEREIGNISSE

161 ✽ Die 235. Olympischen Spiele, Olympia 127
1599 ✽ Premiere in Shakespeares Globe Theatre, London 147
1960–62 ✽ Die Beatles in Hamburg 167
1974 ✽ Rumble in the Jungle, Kinshasa 187

VIERTER TEIL
DIE GROSSEN ENTDECKERFAHRTEN

1276 ❊ Mit Marco Polo in China 207
1768–71 ❊ Captain Cooks erste Südseereise 227

FÜNFTER TEIL
EXTREMEREIGNISSE*

79 ❊ Der Ausbruch des Vesuv, Pompeji 253
1861 ❊ Die erste Schlacht am Bull Run,
 Washington DC, Virginia 267

Vergangene, gegenwärtige und künftige Lektüren 285
Bildnachweise 287

*Kein Versicherungsschutz durch die Zeitreisen OHG

WYLLIE, ACTON & GOLDBLATT

ZEITREISEN OHG

Die Geschichte wiederholt sich.
Das eine Mal als Tragödie,
das andere Mal als Urlaubsreise.

ANCHE BEHAUPTEN, DIE VERGANGENHEIT SEI ein fremdes Land. Wir sagen: Holen Sie Ihren Pass. WYLLIE, ACTON & GOLDBLATT ZEITREISEN OHG (WAG) setzt Sie in einigen der aufregendsten Phasen der Geschichte ab und bringt Sie sicher wieder nach Hause. Mit unserer ausgereiften Chronoswoosh™-Plasma-Technologie bieten wir Ihnen einen Shuttle-Service in die Vergangenheit an, der nur geringfügig in das Raum-Zeit-Kontinuum eingreift: Nie wieder im falschen Jahrhundert versauern, nie wieder als die eigene Großtante zurückkommen.

Wir von der WAG sind überzeugt, dass sich Geschichte nicht als Farce wiederholen muss: Es kann auch ein Fest, eine Party, eine Vergnügungsreise sein. Wenn Sie ein Faible für die gute alte Zeit haben, dann sind unsere Angebote in der Abteilung AUSSTELLUNGEN UND FESTIVALS genau richtig für Sie. Besuchen Sie die Weltausstellung 1851, entdecken Sie das viktorianische London, lassen Sie sich vom Kristallpalast und den Kostbarkeiten und Kuriositäten darin verzaubern. Oder erleben Sie den Rausch und die kollektive Ekstase im Woodstock des Jahres 1969 beim legendären Kunst- und Musikfestival in Upstate New York. Erfahrenen Zeitreisenden empfehlen wir Abstecher zu Wendepunkten der Geschichte. Wir bieten handverlesene HISTORISCHE MOMENTE, in denen Sie hautnah epochale Veränderungen erleben können. Einer der spannendsten Vorgänge in den Anfängen der Französischen Revolution ist der Zug der Frauen nach Versailles. Für eher an Zeitgeschichte Interessierte haben wir Trips zu Anfang und Ende des kurzen 20. Jahrhunderts im Programm: das Attentat auf Erzherzog Franz Ferdinand in Sarajevo, das den Ersten Weltkrieg auslöste, und den Fall der Berliner Mauer 1989, der einen Schlusspunkt hinter den Kalten Krieg setzte.

Nachdenklichen Zeitgenossen offerieren wir Fahrten unter dem Motto KULTURELLE UND SPORTLICHE GROSSEREIGNISSE. Unsere Auswahl umfasst die 235. Olympischen Spiele im antiken Griechenland, eine Premiere in Shakespeares Globe Theatre, drei Auftritte der Beatles in Hamburg und den »Rumble in the Jungle«, als Muhammad Ali George Foreman besiegte – da dürfte für jeden Geschmack etwas dabei sein.

Wer keine großen Ansprüche an Komfort stellt und Lust auf echte Abenteuer hat, der wird DIE GROSSEN ENTDECKERFAHRTEN zu schätzen wissen: Sie können sechs Monate mit Marco Polo in China verbringen oder Captain Cooks erste Südseereise miterleben und drei Jahre mit der Besatzung auf der Endeavour unterwegs sein.

Wer sehr starke Nerven und ein ausgeglichenes Temperament hat, dem legen wir unsere EXTREMEREIGNISSE ans Herz: Der Ausbruch des Vesuv und der Untergang Pompejis spielen sich live vor Ihren Augen ab, wenn auch in sicherer Entfernung, und für die erste Schlacht am Bull Run im amerikanischen Bürgerkrieg mit all seiner Hybris und dem ganzen Chaos können Sie einen Logenplatz buchen.

Unabhängig von der Fahrt, für die Sie sich entscheiden, ist unser Handbuch für Zeitreisende die Eule der Minerva. Wir haben selbst erlebt, was wir in diesem Reiseführer beschreiben, wir sind in der Dämmerung zurückgekehrt und haben mit dem Wissen der Nachgeborenen für Sie einen Parcours durch die Vergangenheit zusammengestellt. Wir werden Sie jedes Mal zur richtigen Zeit am richtigen Ort absetzen. Neben den Highlights jeder Tour erläutert dieser Reiseführer, wo Sie übernachten und wie Sie verpflegt werden, sowie Details zu Zahlungsmitteln und natürlich zur Rückreise. Der liebe Onkel Karl pflegte zu sagen: »Die Menschen machen ihre eigene Geschichte, aber sie machen sie nicht aus freien Stücken, nicht unter selbstgewählten, sondern unter unmittelbar vorgefundenen, gegebenen und überlieferten Umständen.« Wir können Sie nicht Geschichte machen lassen, die ist bereits fertig, aber bei uns können Sie sich die Umstände aussuchen. Die Vergangenheit erwartet Sie – und wir bringen Sie hin!

DAS KLEINGEDRUCKTE:
REISEKONDITIONEN

AUSSEHEN UND BEKLEIDUNG

Es ist wichtig, dass Sie in der Menge verschwinden und so wenig wie möglich auffallen. Dafür stellt Ihnen die WAG alle erforderlichen Kleidungsstücke und Accessoires zur Verfügung. Sollten Sie Ihr Outfit lieber selbst gestalten wollen, lesen Sie bitte aufmerksam unsere Hinweise. Falls Ihre Hautfarbe oder Physiognomie erheblich von der damaligen Bevölkerung abweichen sollten, wird unsere Abteilung für Maskenbild und Prothesen tätig.

GESUNDHEIT

☞ Alle Reisenden werden vor Antritt der Reise gründlich von einem Arzt untersucht, denn eine scheinbar harmlose Virusinfektion kann in einer Gesellschaft, die noch keine Antikörper dagegen entwickelt hat, verheerende Auswirkungen haben. Umgekehrt werden Reisende in Hochrisikogebiete nach ihrer Rückkehr einem Gesundheitscheck unterzogen und notfalls unter Quarantäne gestellt, damit von ihnen keine Gefahr für ihre Zeitgenossen ausgeht. Einige der angebotenen Reisen sind anstrengender als andere, insbesondere die langen Fahrten und die Extremtouren. Wir behalten uns das Recht vor, Zeitreisende, die aufgrund ihrer gesundheitlichen Verfassung gefährdet erscheinen, von einzelnen Arrangements auszuschließen. Wir raten allen Teilnehmern zu einer entsprechend rückdatierten Reisekrankenversicherung.

SPRACHKOMPETENZ UND KOMMUNIKATION

☞ Reiseteilnehmer sollten sich darüber im Klaren sein, dass ihre Sprachkenntnisse im Reiseland nur sehr begrenzt einsetzbar sind, Ausnahmen bilden lediglich die angebotenen Touren in die jüngste Vergangenheit. So werden selbst englische Muttersprachler, die unvorbereitet ins elisabethanische London reisen, die Einheimischen kaum verstehen und sich ihnen auch nicht verständlich machen können. Daher bietet die WAG Grundkurse in der jeweiligen Landessprache an und solche zu Körpersprache, allgemeinen Verhaltensregeln, Sitten und Gebräuchen. Die angegebenen Preise verstehen sich inklusive der zweitägigen Vorbereitungs- und Orientierungsschulung einschließlich Übernachtung. Bitte beachten Sie, dass diese Schulung obligatorisch ist und alle Reiseteilnehmer ein Mindestmaß an Kenntnissen nachweisen müssen.

RAUM-ZEIT-KONTINUUM

☞ Alle Touren sind so gewählt, dass Sie sich leicht in die Vergangenheit integrieren können, ohne Aufmerksamkeit zu erregen. (Aus diesem Grund können wir zum Beispiel die Mondlandung oder den intimen Umgang mit, sagen wir, Napoleon oder Cäsar nicht in unser Programm aufnehmen.) Dennoch müssen Sie mit größter Vorsicht agieren und dürfen nichts tun, was mit den Ereignissen, an denen Sie teilnehmen, interferieren könnte. Das Raum-Zeit-Kontinuum ist robust genug, um Ihre Anwesenheit und kleinere Interaktionen mit der historischen Umgebung zu bewältigen – Zeichen setzen dürfen Sie nicht. Die WAG behält sich das Recht vor, Reisende, die im Begriff sind, diese Regel zu übertreten, unverzüglich zurück in die Gegenwart zu befördern. Etwaige Erstattungsansprüche sind in diesem Fall verwirkt.

Kontakte zu Personen im Umfeld und Alltagshandlungen wie Essen und Trinken sind erlaubt. Derartige Eingriffe in den Lauf der Geschichte sind vernachlässigbar, umgekehrt müssen Sie ebenfalls mit kleineren Verschiebungen Ihrer Identität rechnen (etwa, dass Sie bei Ihrer Rückkehr Speed Metal lieber mögen als Jazz oder Ihr Partner Richard statt Luise heißt). Für derartige Veränderungen übernehmen wir keine Verantwortung.

Es versteht sich von selbst, dass Mitbringsel strengstens untersagt sind, es würde dem Handel mit Antiquitäten schweren Schaden zufügen. Mobiltelefone oder Kameras sind vor der Abreise abzugeben, und über Selfies denken Sie bitte erst gar nicht nach.

Die WAG lehnt für etwaige Folgen einer Übertretung dieser Bedingungen und Klauseln jede Haftung ab.

ERSTER TEIL

AUSSTELLUNGEN UND FESTIVALS

DIE ERSTE
WELTAUSSTELLUNG

―◌◌◌◌◌◌―

LONDON,
1. MAI – 11. OKTOBER 1851

DIE ERSTE WELTAUSSTELLUNG ODER, WIE SIE seinerzeit offiziell hieß, die »Große Ausstellung industrieller Erzeugnisse aller Nationen«, feierte 1851 einen Sommer lang in London den menschlichen Ideenreichtum. Im größten Gewächshaus, das je gebaut wurde, zeigten über 100 000 Aussteller ihre Produkte und zogen 6 039 195 Besucher an. Das entsprach rund zwei Siebteln der damaligen Bevölkerung Großbritanniens; pro Öffnungstag befanden sich rund 50 000 Personen auf dem Gelände. Gut die Hälfte der Aussteller stammte trotz des globalen Anspruchs entweder aus dem Gastgeberland oder dessen Kolonien, was der Schau einen Anstrich von »Großbritannien gegen den Rest der Welt« verlieh. Das Vereinigte Königreich steuerte damals auf den Zenit seiner Macht zu: 1851 wurde hier fast die Hälfte der weltweiten Eisenproduktion abgewickelt und mehr als die Hälfte der Baumwollkleidung produziert; als das Land mit den höchsten Staatseinkünften der Welt konnte es sich bei diesem Heimspiel problemlos im besten Licht zeigen und wusste seine Stellung als einladende Nation durchaus zu nutzen.

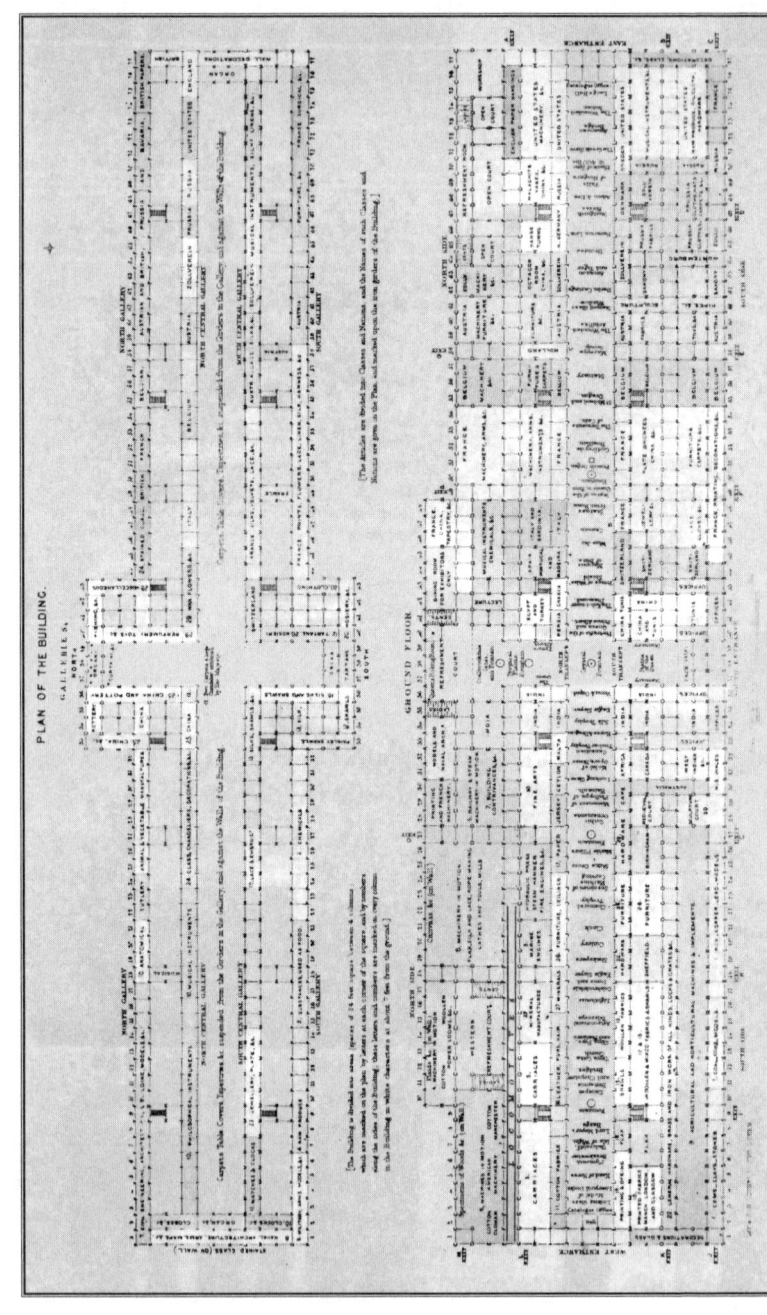

ERSTE WELTAUSSTELLUNG ✳ 1.MAI–11.OKTOBER 1851

Heute sind wir an internationale Messen und Expos gewöhnt und müssen uns in die Neuheit des Konzepts erst hineindenken. Damals verschlug es den Menschen den Atem. Nie zuvor hatten sich Vertreter so vieler Länder an einem Ort versammelt – außer vielleicht auf dem Schlachtfeld –, und nie zuvor waren Angehörige verschiedener Gesellschaftsschichten so sehr auf Tuchfühlung gegangen, wenigstens nicht in Großbritannien.

Die Behörden hatten, was den Wegfall der sozialen Trennung betraf, allergrößte Befürchtungen gehegt, saß ihnen doch das Schreckgespenst der Französischen Revolution im Nacken und das Revolutionsjahr 1848, das ganz Europa erschüttert hatte. Während der Öffnungstage ging es dann aber ausgesprochen höflich und gesittet zu, Bauern und Barone drängten sich dicht an dicht, gleichermaßen fasziniert von den ausgestellten Waren wie voneinander.

Mit einer Zeitreise zur Weltausstellung können Sie eigentlich nichts falsch machen. Die Exponate sind schon für sich genommen bemerkenswert, und die Reaktionen der zeitgenössischen Besucher werden Sie begeistern. Vieles, was uns mit unserem vom 21. Jahrhundert geprägten Blick überhaupt nicht auffällt, versetzte die Menschen im viktorianischen Zeitalter in höchstes Entzücken. Tilgen Sie die peinlichen Erinnerungen an den Londoner Millennium Dome aus Ihrem Gedächtnis, und besuchen Sie eine Ausstellung, die die Welt wirklich verändern sollte.

Noch eins: Der zweitägige Ausflug ist für die Dauer der Weltausstellung jederzeit möglich. Weitere Informationen dazu finden Sie unter der Rubrik »Eintrittskarten«.

⟪ EIN FALTPLAN ZUR AUSSTELLUNG WIRD ALLEN
REISETEILNEHMERN ZUR VERFÜGUNG GESTELLT.

HINTERGRUNDINFO:
DIE ERFINDUNG DER EXPO

Die Weltausstellung verdankt ihre Existenz zwei Herren: HENRY COLE, einem der Väter der Briefmarke, und Franz Albrecht August Karl Emanuel von Sachsen-Coburg und Gotha, Herzog zu Sachsen, Gemahl von QUEEN VICTORIA, besser bekannt als PRINZ ALBERT. Bevor er das Projekt unter seine Fittiche nahm, litt er an einer Art Prinz-Charles-Syndrom: dem dringenden Bedürfnis, jenseits der repräsentativen Aufgaben als Prinzgemahl seine Rolle zu finden. Mit der Expo schien er das Problem in den Griff zu bekommen und sogar die Londoner Besserwisser zu beeindrucken, die ihn bisher nur als unerträglich penetranten, sittenstrengen deutschen Parvenü gesehen hatten.

Prinz Albert war seit 1843 Vorsitzender der SOCIETY OF ARTS (der späteren Royal Society of Arts), die sich bei ihrer Gründung 1754 die Förderung nützlicher Erfindungen in die Statuten geschrieben hatte. 1845 veranstaltete die ruhmreiche Gesellschaft eine kleine Ausstellung hinter ihrem Hauptsitz. Dort wurde unter anderem Felix Summerly (alias Henry Cole) für ein wunderschönes Teegeschirr mit einem Preis bedacht. Er trat daraufhin der Gesellschaft bei und unterbreitete Prinz Albert 1848 den Vorschlag zu einer nationalen Ausstellung mit drei Jahren Planungsvorlauf.

Der Prinz zauderte und hielt sich mit konkreten Aussagen zurück. Cole ließ ihn nachdenken und fuhr 1849 nach Paris zu einer Ausstellung. Im Vorfeld hatte es Überlegungen gegeben, sie für ausländische Aussteller zu öffnen. Die Idee war zwar durchgefallen, aber Cole nahm sie als Anregung mit nach Hause. Eine internationale Ausstellung in London würde Handel und Gewerbe ankurbeln. Absagen anderer Nationen standen nicht zu befürchten. Zu groß wären die Angst, etwas zu verpassen, und die Lust am Wettbewerb. Und das Empire stünde im Zentrum der Aufmerksamkeit. Was wollte man mehr?

Cole suchte Prinz Albert neuerlich auf, diesmal mit dem Vorschlag für eine internationale Ausstellung – und Albert war Feuer und Flamme. Danach ging alles sehr schnell. Die Finanzierung sollte über private Geldgeber, nicht über das Parlament laufen, und im Januar 1850 setzte die Queen eine königliche Kommission ein, um den Traum in die Tat umzusetzen.

ERSTE WELTAUSSTELLUNG ✳ 1. MAI – 11. OKTOBER 1851

Am 21. März fand in der Londoner City ein opulentes Bankett statt, um das Projekt zu bewerben und Unterstützer zu gewinnen. Unter den knapp zweihundert Gästen waren zahlreiche Bürgermeister aus allen Teilen des Landes, ausländische Gesandte, Politiker und ranghohe Militärs. Am Ende des Abends sagte Prinz Albert der erlauchten Tischgesellschaft: »Gentlemen, die Ausstellung 1851 wird der Menschheit offenbaren, an welchem Punkt sie steht und was die einzelnen Länder unternehmen können, um den Fortschritt weiter zu befördern.« Sie werden diese Prophezeiung auf Ihrer Reise bestätigt finden.

⇉ REISEVERLAUF ⇇

Das Gelände der Weltausstellung erstreckte sich auf rund 73 000 Quadratmetern am südlichen Rand des HYDE PARK. Keineswegs zufällig wird 21 Jahre später direkt gegenüber das Albert Memorial errichtet werden, das den namengebenden Prinzen mit dem Katalog der Great Exposition in der Hand unter einem Baldachin zeigt.

Es gab große Vorbehalte gegen die Standortwahl der Ausstellung. Die hochherrschaftlichen Bewohner von Kensington fanden die Aussicht, dass niederes Volk ihre Wege kreuzen würde, äußerst abstoßend und drohten mit Streik. Der hätte dann so ausgesehen, dass sie für die Dauer der Expo auf ihre Landsitze umgesiedelt wären und die »Season«, also die Ballsaison Mai/Juni, boykottiert hätten. Die meisten blieben dann aber doch in London. Und selbst wenn nicht – das Zusatzgeschäft mit den Besuchern sanierte so manchen Geschäftsmann der Umgebung. Maßgeblich profitierte unter anderem ein gewisser CHARLES HARROD, der in Knightsbridge, einem Dorf wenige hundert Meter südlich des Parks, einen Gemüseladen betrieb und Sie sicherlich gern für ein Picknick ausstattet. In einigen Jahren wird er übrigens gewaltig expandieren.

SÜDEINGANG ZUM KRISTALLPALAST.
BITTE RECHNEN SIE MIT DEUTLICH MEHR PUBLIKUMSANDRANG,
ALS AUF DER POSTKARTE ZU SEHEN IST.

DER KRISTALLPALAST

Die königliche Kommission schrieb für das AUSSTELLUNGS-GEBÄUDE zunächst einen Wettbewerb aus, doch unter den 245 Einreichungen konnte kein Entwurf wirklich überzeugen. Deswegen legte die Kommission einen eigenen Entwurf vor, für den weitgehend ISAMBARD KINGDOM BRUNEL verantwortlich zeichnete. Am 22. Juni 1850 wurde er in der *Illustrated London News* vorgestellt und fiel allgemein durch. Er war erstens unfassbar öde, und das Ausstellungsgebäude sollte zweitens aus Backstein errichtet werden. Bei der Größe wären 19 Millionen Backsteine notwendig gewesen – und die wären selbst dann nicht zusammengekommen, wenn sämtliche Ziegeleien Großbritanniens rund um die Uhr bis zum Eröffnungstermin nur noch für die Ausstellung gearbeitet hätten. Der Zeitplan wäre nicht zu halten gewesen.

ERSTE WELTAUSSTELLUNG ❋ 1. MAI – 11. OKTOBER 1851

Das Projekt stand auf der Kippe, der Retter nahte in Gestalt eines Gärtners. JOSEPH PAXTON, der im Dienst des Duke of Devonshire stand, experimentierte schon länger mit vorgefertigten gusseisernen Bauteilen. In Chatsworth hatte er damit ein Riesengewächshaus für die Riesenseerose *Victoria regia* gebaut und bewiesen, dass er mit seiner bahnbrechenden neuen Technik in kürzester Zeit ein gewaltiges Gebäude errichten konnte, das den Bedürfnissen der Weltausstellung genügte. Er bekam den Auftrag.

Natürlich gab es Kritiker – JOHN RUSKIN verunglimpfte Paxtons Werk als Gurkengestell –, und doch war der Kristallpalast, wie Sie sehen werden, mindestens so beeindruckend wie alles, was man darin antrifft. Die Kreuzung aus mittelalterlicher Kathedrale und Gründerzeit-Kopfbahnhof ähnelte im Grundriss einem schmalen Kreuz. Der Bau ruhte auf 300 gewaltigen Eisensäulen, maß rund 530 Meter in der Längs- und 120 Meter in der Querachse und war dank über 300 000 Glasscheiben lichtdurchflutet.

PRAKTISCHE TIPPS

Wir haben im MIVART'S Zimmer für Sie reserviert. Das Hotel in der Brook Street wird kurz nach der Expo von Mr. und Mrs. Claridge gekauft werden, aber für die Dauer der Weltausstellung bekommen Sie ein Zimmer mit Halbpension für erstaunlich günstige 15 Shilling (das entspricht in heutiger Währung 165 britischen Pfund). Wenn Sie es volkstümlicher haben wollen, können wir Ihnen ein Bett in THOMAS HARRISONS MÖBELLAGER an der Ranelagh Road in Pimlico anbieten, das während der Ausstellung als Hostel mit 1000 Betten in Schlafsälen genutzt wird und unter dem Namen The Mechanics Home firmiert. Es verfügt über Speise- und Raucherzimmer, vernünftige Waschgelegenheiten und einen Arzt. Und das alles für 1 Shilling und 3 Pence pro Nacht.

Wir setzen Sie direkt bei Ihrer Londoner Unterkunft ab oder irgendwo in England, von wo aus Sie mit einer DAMPFEISENBAHN in die Hauptstadt reisen können. Das neue Transportmittel wird Ihre Mitreisenden in helle Aufregung versetzen, Sie hingegen werden begeistert den wüsten Gerüchten darüber lauschen, was Sie in London erwartet. Einmal am Zielort, sollte die Weiterfahrt kein Problem darstellen. Lassen Sie sich nur bitte nicht von Omnibus- und Droschkenkutschern übers Ohr hauen, die bei Regenwetter Wucherpreise verlangen.

≫ EINTRITTSKARTEN

Wie Sie die Weltausstellung erleben, hängt vom Zeitpunkt Ihres Besuchs ab. Die Eintrittskarten sind für die ersten Wochen teurer, sodass Sie mit deutlich weniger Gedränge rechnen müssen und eher berühmte Persönlichkeiten zu Gesicht bekommen. Dann entgeht Ihnen jedoch die Begegnung mit dem sogenannten gemeinen Volk, und das wäre schade, denn allein der Anblick eines Zeitgenossen, dem der Mund angesichts all der Neuheiten offen steht, ist die Reise schon wert. Was die VIPs betrifft – die Wahrscheinlichkeit, QUEEN VICTORIA zwischen den Ständen anzutreffen, ist groß, sie pilgert insgesamt fast dreißig Mal über die Expo und kann gar nicht genug kriegen von dem Spektakel, ehe sie Anfang Juli nach Balmoral Castle in die schottische Sommerfrische fährt. Wenn Sie die Königin sehen wollen, müssen Sie allerdings früh aufstehen, denn die Queen pflegt mehrere Stunden vor der offiziellen Öffnungszeit einzutreffen, bleibt aber lange genug, um noch einigen ihrer Untertanen zu begegnen. Kleiner Hinweis: Ihre Majestät ist die kleine, pummelige Lady mit dem fliehenden Kinn und der Krone auf dem Kopf. Was andere Berühmtheiten betrifft – auch CHARLES DICKENS, CHARLES DARWIN, GEORGE ELIOT, LEWIS CARROLL, EMILY BRONTË oder ALFRED LORD TENNYSON könnten Ihnen über den Weg laufen.

Die Eintrittspreise variieren erheblich. Eine DAUERKARTE kostet für Männer 3 und für Frauen 2 Guineen (was in heutigen Preisen 346 beziehungsweise 231 britischen Pfund entspricht). Die Eröffnungsveranstaltung ist Inhabern einer Dauerkarte vorbehalten, davon abgesehen spricht nichts für den Erwerb einer solchen. Am zweiten und dritten Tag kostet der Eintritt 1 Pfund, für die nächsten 18 Tage

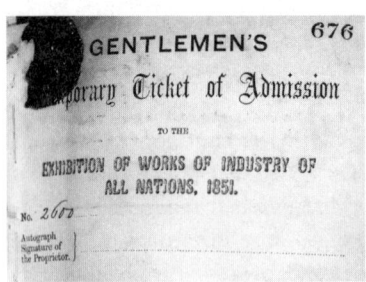

ERSTE WELTAUSSTELLUNG ✳ 1. MAI – 11. OKTOBER 1851

fällt der Preis auf 5 Shilling. Ab dann kostet der Eintritt bis zum Ende der Ausstellung Montag bis Donnerstag 1 Shilling, freitags 2 Shilling 6 Pence und samstags 5 Shilling.

≫ KLEIDUNG

Wir bieten Ihnen verschiedene Möglichkeiten an, je nachdem welcher Gesellschaftsschicht Sie sich zurechnen lassen wollen. Für den Herrn sind Zylinder und Spazierstock unabdingbar, überhaupt verzichtet er, egal welcher Klasse er angehört, niemals auf eine Kopfbedeckung. Die Bartmoden, für die das viktorianische Zeitalter heute berühmt ist, sind noch nicht auf der Insel angekommen, einen Herrn mit Vollbart oder gewaltigen Koteletten hält man für einen Franzosen. Die Damen statten wir mit rüschenbesetzten Krinolinen aus, deren Unterkonstruktion allerdings noch aus mit Rosshaar verstärktem Leinen besteht, nicht aus Stahlreifen, die einige Jahre später auf den Markt kommen. Fast alle Damen tragen unabhängig von der Standeszugehörigkeit eine Schute.

≫ VERPFLEGUNG

Das auf dem Ausstellungsgelände angebotene Essen ist beschämend. In den zwei ERFRISCHUNGSRÄUMEN erhalten Sie für 6 Pence einen Teller Kochschinken oder eine Fleischpastete, für Brot und Butter werden 2 Pence extra berechnet. Für ein Glas Sodawasser der Firma Schweppes (das »offizielle Getränk« der Veranstaltung) müssen Sie 6 Pence berappen, ein kleines Eis kostet ebenfalls 6 Pence, ein großes 1 Shilling. Die Preise sind für die damalige Zeit sehr hoch, außerdem gibt es zahlreiche Beschwerden über ungewaschene Kellnerinnen. Wir raten zu einem PICKNICKKORB. Damit umgehen Sie nicht zuletzt das Alkoholverbot. Sie können im Mivart's ein Lunchpaket erwerben oder, wie bereits erwähnt, CHARLES HARRODS GEMÜSELADEN in Knightsbridge einen Besuch abstatten.

Für die Dauer der Ausstellung betreibt ein Franzose namens Alexis Soyer, der erste berühmte Küchenchef Großbritanniens, ein vornehmes Restaurant mit 1500 Sitzplätzen. Es befindet sich wenige Fußminuten vom Gelände entfernt (auf dem Platz steht heute die Royal Albert Hall) und heißt THE SYMPOSIUM OF ALL NATIONS. Für ein mehrgängiges französisch-englisches Menü zahlen Sie zwischen 2 und 10 Shilling. Soyer hat in den Jahren zuvor seine wohltätige Ader ausgelebt – mit Suppenküchen im von der Großen Hungersnot geplagten Irland.

> **NOTLAGEN**
>
> Abgesehen von TASCHENDIEBEN sind Sie im Kristallpalast eigentlich recht sicher. Wegen der – weitgehend unbegründeten – Ängste der herrschenden Klasse patrouillieren unzählige Polizisten, teilweise undercover.
>
> In der Nähe der Glasfontäne hat die Polizei außerdem einen Schalter für verloren gegangene Kinder und Fundsachen eingerichtet.

Für die Notdurft stehen kostenpflichtige TOILETTEN bereit, ein historisches Novum dank des englischen Klempners und WC-Erfinders George Jennings, eine der Neuheiten der Weltausstellung, die die Öffentlichkeit für 1 Pence ausprobieren kann. Männer können gegebenenfalls Urinale benutzen, die sind umsonst, Frauen jedoch bleibt keine Wahl, sie müssen in den Geldbeutel greifen.

1. MAI: DIE ERÖFFNUNG

Wenn Sie sich für eine Dauerkarte entschieden haben, können Sie der Eröffnungszeremonie am 1. Mai beiwohnen. KÖNIGIN VICTORIA UND PRINZ ALBERT treffen erst kurz vor zwölf ein, die Türen zum Kristallpalast öffnen sich um neun Uhr morgens. Sie sollten deutlich früher aufbrechen und mit einer langen Anfahrt rechnen. Der Hyde Park und die Straße zum Buckingham Palace sind schon um sechs Uhr morgens verstopft, und am späteren Vormittag säumt eine Million Menschen, rund ein Zehntel davon Ausländer, die Strecke.

Im Ausstellungsgebäude sollten Sie sich umgehend einen Sitzplatz möglichst nahe bei dem PODIUM in der Mitte sichern. Dort wird die Queen auf einem kunstvoll gefertigten Stuhl mit purpurroter Samtpolsterung unter einem Baldachin aus blauer Seide sitzen. Der Stuhl wurde eigens aus der indischen Abteilung der Ausstellung herbeigeschafft. Ab zehn Uhr trudeln die vornehmen Herrschaften ein, darunter der 82-jährige DUKE OF WELLINGTON und der noch ältere MARQUESS OF ANGLESEY, die ein paar freundliche Worte wechseln – ein unvergesslicher Moment, war doch der Kontakt zwischen beiden abgebrochen, als Wellington während der Schlacht bei Waterloo gegenüber dem damaligen Lord Uxbridge einen gewissen Mangel an Mitgefühl bewies. Mit »Bei Gott, mein Bein ist weg!« hatte Uxbridge den unsterblichen Dialog eröffnet. Mit »Bei Gott, das ist weg« hatte Wellington reagiert, und damit war das Gespräch auch schon zu Ende gewesen.

Kurz vor zwölf erreicht die erwartungsfrohe Stimmung ihren Höhepunkt. Trompetenfanfaren, Kanonensalven vom anderen Ufer des Serpentine-Sees und ohrenbetäubendes Jubelgeschrei, dessen Echo von den Galerien zurückgeworfen wird, verkünden die Ankunft der königlichen Familie. Wenig später stimmt die gewaltige Orgel am Südeingang die Nationalhymne an, und nachdem der letzte Ton verklungen ist, hält Prinz Albert eine vor Selbstlob triefende Rede, anschließend ergreift die Queen das Wort, der Erzbischof von Canterbury segnet die Ausstellung,

DIE OFFIZIELLE ERÖFFNUNG DURCH VICTORIA UND ALBERT.
BITTE ERWARTEN SIE KEINE BUNTEN BALLONS,
DIE VERANSTALTUNG IST STEIF UND FÖRMLICH.

und ein aus mehreren Kirchenchören gebildeter Riesenchor schmettert das »Halleluja« aus Händels *Messias*. Dann gibt es einen kuriosen Zwischenfall. Ein Chinese tritt vor das Podium und verbeugt sich mehrfach vor dem königlichen Paar. Alle halten ihn für einen hohen Würdenträger, tatsächlich ist es nur der Kapitän einer Dschunke, die in Limehouse vor Anker liegt. Seine Gefühle haben ihn überwältigt.

Zum Schluss schreitet die königliche Familie mit ihrem Gefolge einmal die Längsachse der Ausstellungshalle ab und nimmt einige der Exponate in Augenschein. Bevor sie den Kristallpalast verlässt, erklärt die Queen die Ausstellung für eröffnet. Übrigens, kaum ist sie vom Podium heruntergestiegen, wetteifern einige aufgeregte Damen schon darum, sich in den Stuhl zu setzen, der vom Allerwertesten Ihrer Majestät angewärmt ist.

Nun können Sie den Kristallpalast auf eigene Faust erkunden.

DIE EXPONATE

Kein Reiseführer ohne Angaben dazu, wie viel Zeit man für welches Museum veranschlagen sollte – und so lassen auch wir es uns nicht nehmen, Ihnen eine Hausnummer für die erste Weltausstellung an die Hand zu geben: Laut *The Times* bräuchte man 200 Stunden, um allen Exponaten Gerechtigkeit widerfahren zu lassen. Aussteller aus GROSSBRITANNIEN und den KOLONIEN DER KRONE sind im westlichen, alle anderen im östlichen Flügel untergebracht. Beide Flügel haben zwei Ebenen, wobei die Exponate auf der Galerie im Allgemeinen kleiner und absonderlicher sind. Sie werden dort reichlich bizarren Hokuspokus entdecken.

Der HAUPTEINGANG liegt im Süden, dort ist der Publikumsandrang am größten und ergießt sich direkt ins Querschiff. Das vielgerühmte Tonnendach über dem Querschiff war ursprünglich nicht vorgesehen, Paxton hat es kurzerhand ergänzt, damit zehn alte Ulmen nicht gefällt werden mussten, sondern im Gebäude Platz fanden. Das gibt Ihnen einen Begriff von der Größe des Palastes, und mit jedem Schritt, den Sie dem herrlichen SPRINGBRUNNEN am Schnittpunkt von Quer- und Längsschiff näher kommen, werden Ihnen die Dimensionen deutlicher werden. Der Springbrunnen selbst wurde von Follett Osler aus poliertem rosafarbenem Glas geschaffen, er ist mit seinen mehr als acht Metern Höhe ein gut sichtbarer Orientierungspunkt und ständig von picknickenden Grüppchen umlagert.

GROSSBRITANNIEN UND SEINE KOLONIEN

Wenn Sie vom nördlichen Querschiff links abbiegen, gehen Sie durch die weniger spannenden EXPONATE AUS INDIEN (die richtig guten Sachen befinden sich auf der gegenüberliegenden Seite) und den HOF DER SCHÖNEN KÜNSTE − eine irreführende Bezeichnung für die eklektische Schau von Kunstblumen aus Menschenhaar bis hin zu einer Anrichte aus Eichenholz. Ihr Holz stammt von Kenilworth Castle, das durch einen Roman von Sir Walter Scott berühmt geworden ist. Dahinter beginnt der Bereich, in dem MASCHINEN IN AKTION zu sehen sind, der wahrscheinlich beliebteste Bereich der ganzen Ausstellung. Hier erhält man Einblick in wundersame neuen Technologien, die die Welt verändern werden. Angetrieben werden die Maschinen durch Dampf aus mehreren Kesseln außerhalb des Gebäudes. Zu den Höhepunkten gehören der DAMPFHAMMER von JAMES NASMYTH, mit dem sich große Stahlbrocken zu Platten verarbeiten, aber auch gekochte Eier in einem Weinglas aufschlagen lassen, ohne dass das Glas Schaden nimmt (was Sie nach Ihrem Besuch als Augenzeuge bestätigen können), und die PATENTFALTMASCHINE von DE LA RUE, die aus gewöhnlichen Papierbögen pro Stunde 2700 akkurat verarbeitete, gummierte und

KLEINE PROBEFAHRT GEFÄLLIG?
TRANSPORTMITTEL NEBST ZUBEHÖR FÜR DEN MODERNEN
MAHARADSCHA AN EINEM INDISCHEN STAND.

fein säuberlich gestapelte Briefumschläge macht. Sehr beliebt ist auch ein Apparat, der hundert Zigaretten pro Minute ausspuckt.

Gegenüber stehen die LOKOMOTIVEN, darunter eine der London and North Western Railway Society mit 1140 Pferdestärken sowie eine, wie es der Hersteller umschreibt, »Eisenbahn für die Straße«, der Prototyp einer STRASSENBAHN also, wobei diese Bezeichnung erst noch erfunden werden muss. Die zeitgenössischen Besucher reagieren auf derartige Fahrzeuge wie Menschen des 21. Jahrhunderts beispielsweise auf unbemannte Flugzeuge.

Wenn Sie sich an den Dampfmaschinen sattgesehen haben, gehen Sie zurück zum Hauptweg und schauen Richtung Westen: Sie werden sich selbst im GRÖSSTEN SPIEGEL DER WELT entdecken. Er reflektiert das gesamte Längsschiff und verdoppelt den Raum optisch, wobei die Glasfontäne in der Mitte trotz ihrer Höhe aufgrund der enormen Entfernung im Spiegel winzig wirkt. Schlendern Sie nun parallel zum Hauptweg wieder zurück. Sie werden zunächst auf einen maßstabgetreu verkleinerten NACHBAU DES LIVERPOOLER HAFENS inklusive 1600 Miniaturschiffen stoßen, dann auf weitere Modelle. Eins zeigt die kürzlich in Betrieb genommene BRITANNIA-BRÜCKE, eine technische Meisterleistung, die mit zwei Röhren die Meerenge Menai Strait im Norden von Wales überspannt. Im Folgenden gibt es so gut wie nichts, was es nicht gibt: Um Ihre Aufmerksamkeit buhlen Straußenfedern, frühe Fotografien, der Kiefer eines Pottwals, eine Demonstration der Leuchtfunktion von Leuchttürmen sowie eine riesige verzinkte Vase mit Bildnissen von Prinz Albert, William Shakespeare, Isaac Newton, Francis Bacon and James Watt.

Nach einer wohlverdienten Verschnaufpause am gläsernen Springbrunnen ist es Zeit, den südlichen Teil des Westflügels in Angriff zu nehmen. Den Auftakt bildet wiederum INDIEN, das Kronjuwel des British Empire, mit vier spektakulären Geschenken des NAWAB VON BENGALEN an Königin Victoria: den bereits erwähnten samtgepolsterten Thron mit Baldachin, zwei Sänften, eine davon aus Elfenbein, sowie ein exquisiter Howdah. Falls Sie die Ausstellung in den ersten Wochen besuchen, werden Sie die Konstruktion ebenso verständnislos anstarren wie alle anderen Besucher. Dann erst wird ein ausgestopfter Elefant aus dem Saffron Walden Museum in Essex herbeigeschafft, um die Sache aufzuklären: Ein Howdah ist eine überdachte Sitzmöglichkeit für das Reisen auf dem Rücken dieser Tiere.

Daran anschließend finden sich Exponate aus KANADA, WESTINDIEN, SÜDAFRIKA und NEW SOUTH WALES. Besonderes Interesse wecken kanadische Schneeschuhe, Schlitten und andere Hilfsmittel für extreme Minustemperaturen. Den geringsten Sex-Appeal haben die Produkte aus Lebertran, für die Neufundland wirbt. Die Westindischen Inseln glänzen mit einem Meer aus Früchten und Blumen, Südafrika und Australien punkten mit exotischer Fauna, darunter ein ausgestopftes Schnabeltier, ein zentnerschwerer Stoßzahn und mehrere Straußeneier.

Zwischen diese Präsentation kolonialer Erzeugnisse und solcher aus Großbritannien schieben sich AUGUSTUS PUGINS MITTELALTERHOF und der RAUM FÜR BRITISCHE BILDHAUER. Pugin setzt absichtlich einen Kontrapunkt zur Industrielastigkeit der britischen Selbstdarstellung. Er präsentiert einerseits liturgische Gegenstände, andererseits Möbel, Tapisserien und dergleichen, alles in allem eine sehr viktorianische Version der Gotik, eine Idealisierung der Zeit um 1450. Die Handwerkskunst beeindruckt, doch die meisten Besucher finden, die Artefakte hätten im Kontext der schönen neuen Welt, die die Expo heraufbeschwört, nichts zu suchen.

Die Abteilung für britische Bildhauer ist hingegen fast immer brechend voll, trotz oder vielmehr wegen der abfälligen Besprechungen in den Zeitungen. Besucherandrang wie Negativpresse verdanken sich den vielen Akten, vor allem den weiblichen Akten. NACKTE DAMEN, und seien sie aus Stein, sind 1851 alles andere als ein gewohnter Anblick.

Von hier bis zum westlichen Ende der Ausstellungshalle steht der Besucher wieder ganz im Bann der industriellen Revolution. Am Hauptweg folgen die Präsentationen der Städte BIRMINGHAM (Gaslampen und andere häusliche Gebrauchsgegenstände für die Mittelschicht), SHEFFIELD (Produkte aus Stahl, darunter die Mutter aller Taschenmesser mit 80 Klingen), YORKSHIRE (Wollstoffe) und MANCHESTER (Baumwolle). Eine Reihe dahinter üben Landwirtschaftsgeräte und -maschinen eine magnetische Anziehungskraft auf das Landvolk in Arbeitskitteln aus, Menschen, die von einer besseren und leichteren Zukunft träumen.

Widmen wir uns nun dem Obergeschoss.

ERSTE WELTAUSSTELLUNG ❊ 1. MAI – 11. OKTOBER 1851

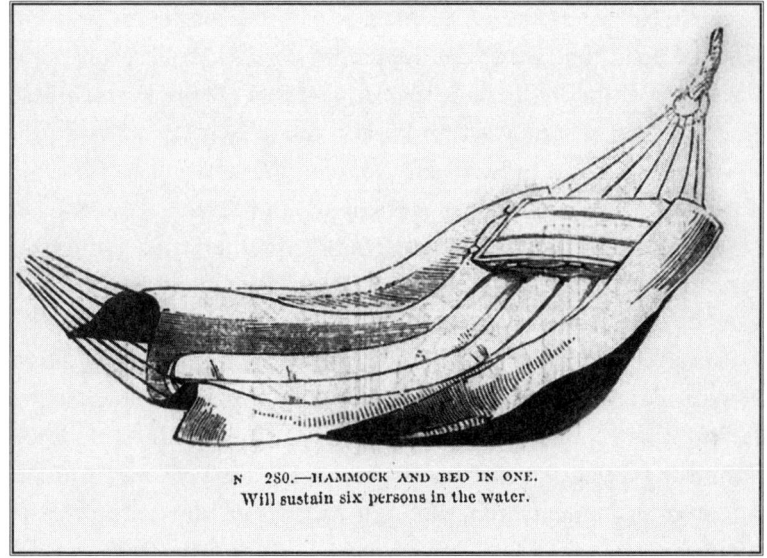

N 280.—HAMMOCK AND BED IN ONE.
Will sustain six persons in the water.

AUSGEKLÜGELTE ERFINDUNGEN WERDEN AUF DER ERSTEN WELTAUSSTELLUNG GROSSGESCHRIEBEN. DIESER TYPISCH BRITISCHE BEITRAG – EINE HÄNGEMATTE, DIE SICH AUCH ALS RETTUNGS-BOOT EINSETZEN LÄSST – BEGEISTERT DIE MASSEN.

BRITISCHE GALERIE

Die Galerie zieht sich die Außenwand des Kristallpalasts entlang und lässt in der Mitte eine kreuzförmige Fläche frei. Werfen Sie einen Blick über die Brüstung, um die Erhabenheit Ihrer Umgebung auf sich wirken zu lassen: Tief unter Ihnen strömen Menschenmassen, hoch über Ihnen spannt sich das Glasdach, besonders eindrucksvoll im Querschiff mit dem Tonnengewölbe. Wenn Sie Ihre Erkundung direkt über dem Südeingang beginnen, können Sie auf einem ausgiebigen Spaziergang gegen den Uhrzeigersinn den gesamten Westteil der oberen Ausstellungsfläche besichtigen, die den kleineren britischen Ausstellern vorbehalten ist.

Zunächst sind in der britischen Sektion BEKLEIDUNGSNEU-HEITEN zu sehen, etwa der konkav geformte Wellington-Zylinder oder Gummizüge, die künftig lästige Schnürverschlüsse überflüssig machen. Das Prunkstück ist ein Paar Schottensocken, bestickt mit 1300 Diamanten. Auf der Westgalerie werden Sie dann mit Seidenstoffen aus Spitalfields und Paisley, Polsterarbeiten, Chemikalien, pharmazeutischen Produkten und Schusswaffen zugeballert. Damals revolutionär: das Zielfernrohr auf dem Gewehrlauf.

Unterwegs sollten Sie unbedingt die Abteilung für PHILOSOPHISCHE, MUSIKALISCHE, HOROLOGISCHE und CHIRURGISCHE INSTRUMENTE mitnehmen. Sie führt Ihnen den beispiellosen Erfindungsgeist des viktorianischen Zeitalters vor Augen, unter anderem mit einem wasserdichten Zeitmesser, der unter Wasser lustig vor sich hin tickt, elektrischen Uhren (die sind erst der Anfang!) und mehreren Globen, darunter einer aus aufblasbarem Spezialpapier. Die Hauptattraktion ist jedoch Dr. Frohwetters Sturmmelder, die vermutlich erste Wetterstation auf Blutegelbasis, die Ihnen untergekommen sein dürfte. Blutegel verlassen das Wasser, wenn der Luftdruck fällt, weil sich so ein Tiefdruckgebiet und damit Regen ankündigt. Der Apparat nutzt dieses Verhalten: Der Exodus der Tiere bringt eine Klingel zum Läuten.

Sollte dieses Exponat Ihre Neugier auf Blutegel angefacht haben: Im Schaukasten mit chirurgischen Instrumenten liegt ein mechanisches Exemplar neben einem Spazierstock mit integriertem Pillendöschen, medizinischen Geräten und einem Klistier. Nicht weit davon können Sie sich ein Bett anschauen, das den Schläfer zur vorher eingestellten Zeit auskippt. Entsprechend der altehrwürdigen britischen Tradition hat sich ein leutseliger Bobby als Versuchskaninchen erboten. Ein weiteres medizintechnisches Wunderwerk ist eine bewegliche Menschenpuppe aus 7000 stählernen Einzelteilen.

ERSTE WELTAUSSTELLUNG ❋ 1. MAI – 11. OKTOBER 1851

Damit sind Sie im Obergeschoss des Nordflügels angelangt, der mit edlem britischem Porzellan aus Staffordshire und Worcestershire angefüllt ist. Von hier führt eine Treppe hinunter, und die sollten Sie nehmen, um gewisse Dinge zu erledigen; die entsprechenden Lokalitäten befinden sich zu beiden Seiten des Erfrischungsraums – Ihre letzte Chance, bevor Sie sich dem Rest der Welt zuwenden.

DER REST DER WELT

Die Welt außerhalb des British Empire teilt sich die andere Hälfte des Kristallpalastes. Die wichtigsten Länder finden Sie gleich rechts und links vom Hauptweg, kleinere Nationen wurden überall dort untergebracht, wo noch ein Fleckchen frei war. Das Muster wiederholt sich auf der Galerie. Am besten laufen Sie im Zickzack den Hauptweg entlang, dann entgeht Ihnen kein Exponat. Im Obergeschoss empfiehlt sich das nicht, dort halten Sie sich besser an den Rundgang, wenn Sie nicht einen grausigen Tod sterben wollen. Irgendwann denken Sie: Ach, das ist aus Österreich, und dann wissen Sie, dass Sie wieder am Ausgangspunkt angelangt sind.

ERDGESCHOSS

Doch vor dem Ausflug in die Gefilde jenseits des Empire ein letzter Blick auf dessen Glorie: Der 191 Karat schwere KOH-I-NOOR, seit der Annexion des Punjab vor zwei Jahren in britischem Besitz, wird in einer Art Luxus-Vogelkäfig unweit der Glasfontäne präsentiert. Wenn Sie sich so weit durch die Schaulustigen vorgekämpft haben, dass Sie einen Blick auf den Diamanten erhaschen, sind Sie mit hoher Wahrscheinlichkeit bitter enttäuscht. Schlecht geschliffen und beleuchtet, kann der spektakuläre Stein seine Leuchtkraft nicht entfalten. Ein Jahr später wird er mit nur noch 109 Karat jeden Betrachter blenden, jetzt aber ist er bloß ein ziemlich spektakulärer Reinfall – anders als die Riesenklunker der Hope-Sammlung ganz in der Nähe, die miteinander und mit einem Riesennugget aus der Mariposa-Mine in Kalifornien um die Wette funkeln.

Jetzt aber endlich zum Rest der Welt. Ihr Parcours beginnt nordöstlich der Glasfontäne mit Wasserpfeifen und kunstsinnig verzierten Waffen. Die Fläche teilen sich ÄGYPTEN, PERSIEN, GRIECHENLAND und das OSMANISCHE REICH, wobei Griechenland hauptsächlich Marmorstatuen ausstellt und die Türken ihre Leidenschaft für das Rauchen mit einem Krückstock demonstrieren, der auch als Pfeife dient.

Gegenüber liegt die CHINESISCHE ABTEILUNG, die eher von Londoner Kaufleuten als vom Reich der Mitte selbst bestückt wurde, erwartungsgemäß überwiegend mit Porzellan, Lackarbeiten, Seide und Bambus. Die Phantasie der Besucher regen indes groteske Schnitzarbeiten aus Baumwurzeln sowie eine Sammlung essbarer Vogelnester am stärksten an, Letztere Hauptzutat für eine Suppe. Die Nester bestehen aus dem Speichel von Seglervögeln, und das ist kaum geeignet, europäische Vorurteile gegenüber fernöstlichen Gepflogenheiten zu zerstreuen.

Östlich der chinesischen Abteilung hat die SCHWEIZ ihren Auftritt. Sie zeigt pfiffig geschnitztes Spielzeug und Möbelstücke, den größten Eindruck hinterlassen jedoch die Uhren. Diese sind in allen denkbaren Formen und Kombinationen zu sehen: in Armbänder oder Ringe eingearbeitet, verbunden mit einem Kompass und vieles andere mehr. Königin Victoria ist von diesem Bereich der Weltausstellung besonders angetan. Auf der anderen Seite des Hauptwegs schließen sich SPANIEN, PORTUGAL UND IHRE KOLONIEN an. Tabakerzeugnisse, von Havanna-Zigarren bis Manila-Stumpen, sind prominent vertreten, und über der gan-

ERSTE WELTAUSSTELLUNG ❊ 1. MAI–11. OKTOBER 1851   35

zen Abteilung hängt der Duft mehrerer Fässer mit Schnupftabak. Außerdem hat man eine Wand aus der Alhambra von Granada nachgebildet und eine hübsche Stierkampfarena aufgebaut.

Daran angrenzend stellen sich Regionen vor, die später einmal ITALIEN bilden werden, im Einzelnen Rom, die Toskana und das Königreich Sardinien, zu dem 1851 das Piemont und die Provinz Savoyen gehören. Hier sind vor allem Mosaike zu sehen, exquisit graviertes Perlmutt und Miniaturen aller Art, auf die Spitze getrieben mit einem Kirschkern, in den der heilige Georg samt Drachen und vierundzwanzig winzige Menschenköpfe geschnitzt sind.

Noch weiter östlich finden sich rechts und links des Hauptwegs die französischen Stände. Mit 1740 Ausstellern ist FRANKREICH nach dem Gastgeberland am stärksten vertreten. Dem alten Feind scheint, sehr zum Verdruss der Briten, alles viel lässiger von der Hand zu gehen: Britisches Porzellan kann sich mit der Eleganz eines Tafelgeschirrs aus Sèvres nicht messen, auch die französische Tapisserie spielt in einer anderen Liga. Zum Glück fallen Landwirtschaftsgeräte und überhaupt Maschinen jenseits des Ärmelkanals deutlich klobiger aus und sind auch in puncto Funktionalität zweitklassig. Frankreich protzt zudem mit einer gut fünf Meter hohen Statue der Queen aus Zink – ein Material, das Victoria nicht gewohnt ist.

Hinter Frankreich schließen sich zu beiden Seiten des Mittelgangs BELGIEN und die NIEDERLANDE an. Die holländischen Exponate reichen von den stärksten Magneten der Welt bis zum Kniphausen-Habicht, einem lebensgroß geschmiedeten Vogel, der über und über mit Rubinen, Granaten und Amethysten besetzt ist. Die Belgier präsentieren Skulpturen, darunter die größte der ganzen Weltausstellung – ein Kreuzritter zu Pferde aus dem 11. Jahrhundert.

Ein Stück weiter den Mittelgang hinunter stoßen wir auf

ÖSTERREICH, ein Riesenreich, das weite Teile Mitteleuropas, des Balkans und des heutigen Norditalien umfasst. Aus dem zuletzt genannten Gebiet stammen zarte venezianische Glasarbeiten sowie eine Sammlung MAILÄNDER SKULPTUREN, die sich beim Publikum solcher Beliebtheit erfreuen, dass sich die Behörden zu einer Einbahnstraßenregelung durch das Areal gezwungen sehen. Budapest bringt sich mit Reliefs aus getriebenem Silber und Kupfer ein, auf denen die siegreichen Schlachten von Alexander dem Großen zu sehen sind, während Wien eine Uhr mit zweiundsiebzig Ziffernblättern beisteuert. Die österreichische Hauptstadt wirbt außerdem mit Parfums – auf die Damenwelt wirkt der erste der beiden Eau-de-Cologne-Brunnen wie ein Magnet.

EIN ATEMBERAUBENDER ANBLICK:
DIE ULME RAGT HINTER DER GLASFONTÄNE HOCH
ÜBER DER UMLAUFENDEN GALERIE AUF.

ERSTE WELTAUSSTELLUNG ❋ 1. MAI – 11. OKTOBER 1851

Auf Österreich folgen, da das Deutsche Reich erst zwanzig Jahre später gegründet werden wird, DIE DEUTSCHEN LÄNDER, und entsprechend ist der Bereich unterteilt in Sachsen, Preußen, die Hansestädte Bremen, Hamburg und Lübeck sowie den Deutschen Zollverein. Dieser wartet ebenfalls mit einem Eau-de-Cologne-Brunnen auf, diesmal mit echtem Kölnischwasser, sowie einer gewaltigen Obstschale, auf der die Entwicklung der Menschheit von den Jägern und Sammlern über den Beginn der Landwirtschaft bis hin zu Wissenschaft und Technik dargestellt ist – Letztere in Gestalt eines Mannes (mutmaßlich ein Deutscher), der oben auf einer Palme stehend eine brennende Fackel gegen eine Schlange schleudert. Das beliebteste deutsche Exponat jedoch ist ein Werk von August Kiß: eine reitende Amazone, die von einem Tiger angefallen wird. Die Skulptur steht mitten auf dem Hauptweg, neben dem einzigen Beitrag von BRASILIEN: zwei Blumenbouquets, die bei näherer Betrachtung aus Federn gearbeitet sind.

Die vorletzte Nation im Ostflügel ist RUSSLAND. Zar Nikolaus I. hat eine berückende Kollektion von Juwelen geschickt, die eigentliche Sensation ist aber ein Zimmer, das, von den fast vier Meter hohen Türen bis hin zu Tischen und Stühlen, vollständig aus sibirischem Malachit besteht. Gegenüber befindet sich die recht kleine SKANDINAVISCHE ABTEILUNG, die können Sie sich offen gesagt schenken, es sei denn, Sie sind ein großer Fan von schwedischem Stahl.

Als letzter ausländischer Aussteller im Erdgeschoss folgen nun die USA, die Sie mit einem großen Modell der Niagarafälle und einem sieben Tonnen schweren Zinkklumpen empfangen. Der Erzabbau ist einer der Stützpfeiler der amerikanischen Wirtschaft, deswegen ist ihr Stand mit so vielen Erzproben bestückt, dass selbst der passionierteste Geologe überfordert ist. In den ersten Wochen haben die USA nicht mehr auszustellen, weil sich die Lieferung aufgrund von Transportschwierigkeiten verzögert. Was die Briten, die ihren transatlantischen Vettern mit einer Mischung aus Spott und Angst begegnen, diebisch freut.

Als die Exponate endlich da sind, muss das Gastgeberland einräumen, was für eine beeindruckende Schau die junge Nation auf die Beine gestellt hat. Ihre landwirtschaftlichen Geräte sind – wie sich bei mehreren Testreihen im Spätsommer zeigt – leichter, schneller und billiger als die britischen Gegenstücke. Und der Schlosser Alfred Charles Hobbs aus New England gewinnt das ausgesetzte Preisgeld in Höhe von 200 Pfund, weil er das Sicherheitsschloss der britischen Firma Chubb und Bramah knackt, während alle Teilnehmer an dem von ihm mitgebrachten Parautopic-Schloss scheitern.

Aufsehen erregen auch der REVOLVER von SAMUEL COLT, ein Sarg, der den Leichnam mittels Vakuum konserviert (genau das Richtige für die nekrophilen Viktorianer!), und eine kleine, transportable Nähmaschine. Diese eröffnet den Briten einen allerersten Blick auf eine Neuerung, die bald schon das Leben von Millionen Frauen verändern wird. Einige Jahre später wird Isaac Singer diesen Markt aufmischen.

Sollten Sie jetzt unter akuter Reizüberflutung, dem Stendhal-Syndrom, leiden: Im Erfrischungsraum warten obskure Getränke auf Käufer, von da ist auch das stille Örtchen nicht weit. So gestärkt und erleichtert, können Sie sich auf den Weg nach oben zur Abschlussrunde der Besichtigung begeben.

AUSLÄNDISCHE AUSSTELLER AUF DER GALERIE

In diesem Abschnitt gibt es – und vermutlich sind Sie darüber ganz froh – nicht ganz so viele Sensationen. Unser Vorschlag: Wenn Sie zunächst Richtung Südwesten noch einmal an den diamantbestickten Schottensocken vorbeigehen und dann nach

ERSTE WELTAUSSTELLUNG ❋ 1. MAI – 11. OKTOBER 1851

Osten abdrehen, sind Sie wieder in FRANKREICH, und zwar bei BEKLEIDUNG UND TEXTILIEN. Eines der auffälligsten Exponate hier ist ein Porträt der britischen Monarchin aus Menschenhaar. Der südöstliche Teil der Galerie ist Produkten des ZOLLVEREINS vorbehalten. Zwischen preußisch-bayerischen Klavieren und anderen Tasteninstrumenten steht ein AEOLODIKON, das mit Hilfe von Blasebälgen zum Klingen gebracht wird. Dazu kommen Holz- und Zinnspielzeug in allen erdenklichen Variationen und ein erleuchteter Weihnachtsbaum – trotz Prinz Alberts Bemühungen den meisten Briten noch immer fremd. Doch den Vogel schießt Hermann Ploucquet aus Stuttgart ab: Der Präparator hat Hunderte von Tieren ausgestopft und zu lustigen Bildern arrangiert: Frösche sitzen beim Barbier, Igel laufen Schlittschuh, ein Baummarder schulmeistert eine Häschenklasse …

❋ AUSSENGELÄNDE UND ABREISE ❋

Einige Exponate sind zu groß für eine Präsentation innerhalb des Kristallpalastes und stehen daher im Freien. Dazu gehören im östlichen Teil des Geländes ein Rettungsboot und ein GUSSEISERNER BRUNNEN aus Frankreich, ein GRANITKREUZ aus Schweden, eine TRÄNENZYPRESSE aus China und ein riesiges INDISCHES ZELT. Im westlichen Bereich finden sich gewaltige Kohlebrocken, drei Anker für Kriegsschiffe und der Prototyp eines Bahnübergangs, der ohne Gleiskörper allerdings etwas verloren wirkt. In der Nähe steht Marochettis berühmtes Standbild von RICHARD LÖWENHERZ – dort holen wir Sie ab.

WOODSTOCK FESTIVAL, BETHEL, NEW YORK STATE

15.–18. AUGUST 1969

WOODSTOCK IST DAS KRÖNENDE FINALE DER Sechzigerjahre, Hier kulminieren viele verschiedene Strömungen der amerikanischen Gegenkultur. The Woodstock Music and Art Fair: An Aquarian Exposition (Die Musik- und Kunstmesse von Woodstock: Eine Wassermann-Ausstellung), so der volle Name, fand nicht in Woodstock selbst, sondern rund siebzig Kilometer südwestlich in BETHEL auf der Farm von MAX YASGUR statt. Die Musik war der Anlass, berühmt wurde das Festival aber für die kulturelle, ja vielleicht sogar spirituelle Erneuerung, die von ihm ausging.

Statt der geplanten 100 000 Besucher kommt eine halbe Million und trampelt die lächerlich lückenhafte Einzäunung des Geländes einfach nieder. Am Freitagnachmittag lassen die Veranstalter von der Hauptbühne den Blick über die Menschenmassen schweifen und verzichten auf weitere Versuche, Eintritt zu kassieren. Nelson Rockefeller, Gouverneur des Bundesstaates New York, erklärt Bethel kurze Zeit später zum Katastrophengebiet – was die Lage präzise beschreibt.

Die Verpflegung reicht nicht für alle, die sanitären Verhältnisse stinken zum Himmel, die Zufahrtsstraßen sind völlig überlastet und kilometerweit zugestaut, Unwetter und Regen verwandeln den Boden in ein Schlammbad. Musiker schaffen es nicht rechtzeitig zu ihrem Auftritt, der ursprünglich geplante Ablauf ist binnen Kürze Makulatur, und Rauschmittel jeder Art sind allgegenwärtig. Aber mehr noch als LSD wirkt etwas anderes: Eine Welle der Hilfsbereitschaft und wechselseitigen Fürsorglichkeit erfasst die Menge.

Und auf der Bühne steht alles, was in der Rockmusik Rang und Namen hat: die Latin-Rock-Band SANTANA, die Multikulti-Funk-Formation SLY & THE FAMILY STONE, JOAN BAEZ und JOHN SEBASTIAN mit ihren Protestsongs, CROSBY, STILLS, NASH & YOUNG mit ihren melodiösen Klageliedern und natürlich JIMI HENDRIX, der hier seinen wohl legendärsten Auftritt hat. Die Veranstalter haben drei Tage Musik und Liebe angekündigt – und genau das erlebt eine halbe Million Menschen hier (auch wenn nichts nach Plan läuft).

HINTERGRUNDINFO:
WIESO WOODSTOCK?

Die Festival-Idee stammt von vier jungen Männern, alle in ihren Zwanzigern: der halbseidene MICHAEL LANG, ein supercooler Musikproduzent mit kleinkriminellem Einschlag, der durchgeknallte ARTIE KORNFELD, Vizepräsident von Capitol Records, sowie, in der Rolle der Risikokapitalgeber, ihre erzbürgerlichen New Yorker Mitbewohner, JOEL ROSENMAN und JOHN ROBERTS.

Das Quartett wollte ein Aufnahmestudio in Woodstock gründen. In dem Städtchen im Bundesstaat New York hatten sich bedeutende Musiker niedergelassen, allen voran BOB DYLAN mit seiner Band. Das Festival sollte die Anschubfinanzierung für das Studio liefern, doch daraus wurde nichts. Nach dem riesigen Zuspruch für das HUMAN BE-IN in San Francisco und das MON-

TEREY POP FESTIVAL im Sommer 1967, dem legendären SUMMER OF LOVE, wuchs sich die Idee zu etwas viel Größerem aus – unglaublich hochkarätige Musiker sagten ihre Teilnahme zu.

Plan A sah ein altes Industriegelände in Wallkill rund 50 Kilometer südlich von Woodstock als Veranstaltungsort vor. Einige Wochen vor dem Ereignis knickte der Besitzer des Geländes vor den Beschwerden der Anwohner ein und zog seine Zusage zurück. Viele Karten waren bereits verkauft, und durch eine ganze Kette von Zufällen fiel dem Milchbauer MAX YASGUR, dessen Farm in WHITE LAKE, einem Weiler bei BETHEL, New York lag, die Rolle des Festivalretters zu, obwohl er bislang eher für saure Sahne, Joghurt und Schokomilch bekannt gewesen war. In einer Nacht-und-Nebel-Aktion Ende Juli/Anfang August wurden Yasgurs Kuhweiden zum Festivalgelände umdekoriert.

Das Personal stellte die Hog Farm, eine Hippiekommune aus New Mexico. Sie war für das Catering und die Ausnüchterungszelte verantwortlich und bildete zusammen mit einer Handvoll New Yorker Polizisten (die den Job in ihrer Freizeit übernahmen) die PLEASE

DIE MACHER: MICHAEL LANG UND ARTIE KORNFELD.

FORCE, die Woodstock-eigene Security, die darauf getrimmt war, »Please don't do this, do something else« zu sagen.

Am Freitag, den 15. August, dem Eröffnungstag, war die Bühne endlich fertig, der erste erfolgreiche Soundcheck stand noch aus, und 50 000 Besucher waren bereits da, die meisten, ohne bezahlt zu haben. Sie bauten einfach ein Zelt auf, setzten sich auf die Wiese und warteten. Und der Besucherstrom riss nicht ab.

≫ REISEVERLAUF ≪

Ankunft und Abreise erfolgen in einem grün-weißen VW-BUS Baujahr 1963, der auf dem Standstreifen der Route 17, knapp einen Kilometer vor BETHEL, hält. Sobald Sie aus dem Wagen klettern, sehen Sie Tausende von Fahrzeugen, die schmale Straße, die durch die sanften Hügel und Wälder der Catskills führt, ist völlig zugeparkt. In der Mitte kriecht die Autoschlange mit weiteren Festivalbesuchern, die ihre Karren bald einfach irgendwo abstellen und den Rest der Strecke zu Fuß hinter sich bringen. Atmen Sie tief durch und genießen Sie den süßlichen, schweren Duft von frischen Kuhfladen und Colombian Gold. Die erste Abzweigung rechts führt nach Bethel und in die Ortsteile, die sich um den WHITE LAKE gruppieren. Auch hier staut sich der Verkehr, Richtung Norden geht nichts mehr. Die Einheimischen reagieren sehr unterschiedlich auf die »Kids«. Manche bauen im Vorgarten improvisierte Verkaufsstände auf, andere bewirten die jungen Leute kostenlos mit Speis und Trank – vor allem, nachdem die Gegend zum Katastrophengebiet erklärt worden ist.

Wenn Sie das kurze Stück zur Route 14 Richtung Kauneonga Lake hinaufgehen und links in den Broadway einbiegen, sehen Sie die Menschentraube vor VASSMER'S GENERAL STORE. Der Laden wird, das zeigt auch der Film *Woodstock*, von Arthur und

Marian Vassmer geführt. Während die meisten anderen Geschäfte geschlossen sind, bedienen die Vassmers an diesem langen Wochenende Tausende von Festivalbesuchern. Hier sollten Sie sich jetzt mit Schokolade, Keksen, Wein, Zigaretten, Blättchen und Klopapier eindecken – heute Festivalstandard, damals nicht.

DAS FESTIVALGELÄNDE

»By the time we got to Woodstock, we were half a million strong«, wird Joni Mitchel in ihrem berühmten Lobgesang auf das Festival singen – und Sie sind einer oder eine von dieser halben Million, wenn Sie auf der Route 17 um das Südende des White Lake herum weitergehen. Immer mit dem Strom, Sie können das Ziel nicht verfehlen. Selbst entscheiden müssen Sie nur, wann Sie rechts zum Festivalgelände abbiegen. Unsere Empfehlung: unten im Tal, kurz bevor die Straße über den Fluss führt. Lassen Sie das Wäldchen links liegen und laufen Sie zirka zehn Minuten über die Wiese. Prägen Sie sich gut ein, wo Sie die Straße verlassen haben. Vergessen Sie es ja nicht. Sie müssen Montagmorgen zurück zum VW-Bus und sind dann vielleicht nicht ganz in Topform.

CAMPINGPLATZ

Wenn Sie den vorgeschlagenen Weg gewählt haben, haben Sie jetzt das Zeltlager außerhalb des eigentlichen Festivalgeländes vor sich. Da bereits am Donnerstagabend rund 50 000 Personen angekommen sind, stehen die Zelte bis in den Wald hinein. Suchen Sie sich ein Plätzchen und halten Sie Ausschau nach Holzscheiten. Die wurden von der Hog Farm für die Camper verteilt, und die Veranstalter fordern ausdrücklich dazu auf, Lagerfeuer anzuzünden und es sich gemütlich zu machen.

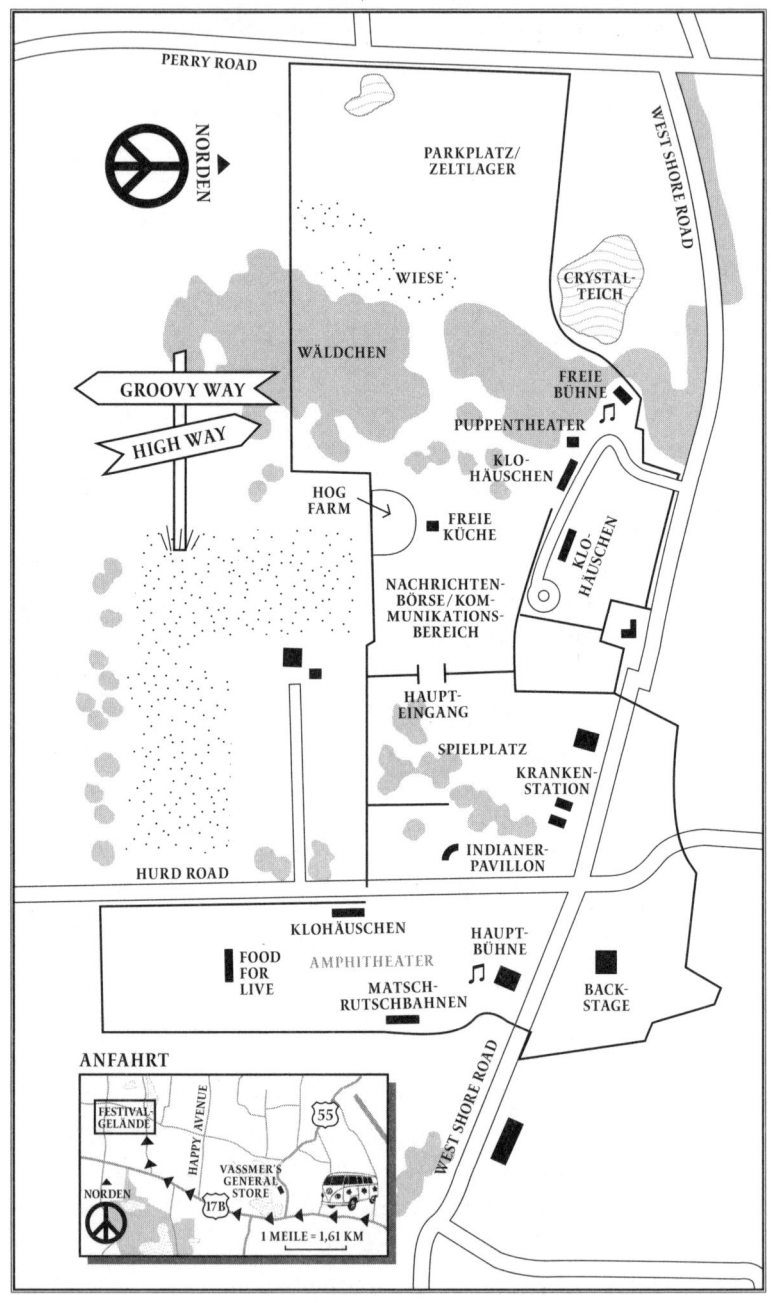

WOODSTOCK FESTIVAL ❋ 15.–18. AUGUST 1969

TOILETTEN UND WASCHGELEGENHEITEN sind dünn gesät und nichts für empfindsame Gemüter. Am besten, Sie haben sich bei Vassmer's mit einem Berg Klopapier eingedeckt. Neben mobilen Toilettenwagen unten im Tal gibt es hinter dem Indianerpavillon und in der Nähe von Hauptbühne und Verpflegungsstation weitere Klohäuschen. Für Hygienefreaks: Der FILIPPINI-TEICH liegt fünfzehn Fußminuten hinter der Freien Bühne. Wir können Ihnen das Nacktbaden, Tauchen und Planschen dort nur empfehlen, aber es ist natürlich kein Muss.

Der Bereich um dem Haupteingang wird – je nachdem, wann Sie dort eintreffen – zunehmend als provisorische NACHRICHTENBÖRSE UND KOMMUNIKATIONSZONE genutzt, unabdingbar in einer Welt ohne SMS und Smartphones. Es gibt unzählige Info-Tafeln, über und über von Zetteln bedeckte Pfosten und Zelte mit hilfsbereiten Menschen darin. Sie finden vielleicht nicht das oder die Gesuchte, aber interessante Begegnungen sind hier das ganze Wochenende lang garantiert.

ABBIE HOFFMAN, ein berüchtigter Polit-Aktivist, hat mit Einwilligung der Veranstalter ein eigenes Zelt aufgebaut und verteilt mit seinen Mitstreitern von der Youth International Party, kurz Yippie, hastig getippte INFOBLÄTTER ans staunende Publikum. Die Samstagmorgen-Ausgabe liest sich beispielsweise wie folgt: »Jetzt seid ihr noch total begeistert, aber denkt an morgen. Das Leben kann hart sein. Wer die Fakten kennt, schließt sich der Catskill-Guerilla an und teilt alles mit allen. Schnallt's endlich!« In Woodstock ist Essen Mangelware, also hören Sie auf den Mann: Geben Sie anderen von Ihren Vorräten ab und lassen Sie sich beschenken. Wasser gibt es genug, als Kranenburger (auch wenn das Leitungssystem immer mal wieder streikt) oder flaschenweise von der Nationalgarde – entgegen anderslautenden Gerüchten ist es nicht mit LSD versetzt.

WETTERBERICHT

Auf dem Weg zum Festivalgelände am FREITAG scheint die Sonne, es ist ein angenehmer Spätsommertag. Aber machen Sie sich nichts vor: Woodstock wird verregnet, und das müssen Sie mögen. Richie Havens – er steht als Erster auf der Bühne – wird sich später erinnern: »Der Regen ließ die Leute zusammenrücken ... Man hat sich gegenseitig, so gut es ging, ausgeholfen ... Das hat uns der Himmel geschickt, glaube ich.« Die meisten Festivalbesucher kommen in Jeans und T-Shirt oder sind noch spärlicher bekleidet. Das ist völlig in Ordnung, trotzdem empfehlen wir Ihnen REGENKLEIDUNG (Sie können auch die Regenmäntel und das Minizelt aus dem VW-Bus mitnehmen, sie liegen rechts neben dem Kocher).

Der freundliche Mix aus Sonne und Wolken weicht am Freitagabend einem Sturm. Gegen 22 Uhr, mitten im Auftritt von Ravi Shankar, öffnet der Himmel seine Schleusen, später beruhigt sich das Wetter etwas, aber es regnet die ganze Nacht durch, und am SAMSTAGMORGEN nieselt es immer noch. Während die ersten Bands spielen, ist es vorübergehend trocken; um die Mittagszeit folgt der nächste Guss, der bis nachmittags um vier anhält. Als das Konzert fortgesetzt wird, ist es angenehm warm, bei 21 Grad Celsius, aber sehr feucht. Die Regenpause hält nicht lange, nach kaum einer Stunde pladdert es wieder, und der Auftritt von The Grateful Dead muss auch deshalb abgebrochen werden, weil die Bandmitglieder auf der überschwemmten Bühne einen Stromschlag bekommen könnten.

Der SONNTAG beginnt sonnig, warm und mit einem lauen Lüftchen, aber gegen vierzehn Uhr ziehen dunkle Wolken auf. Joe Cocker ist gegen halb fünf Uhr mit seinem Set gerade fertig, da bricht das Gewitter los und setzt das Gelände eine Stunde lang unter Wasser. Den Rest des Tages bleibt es trocken, und wer bis MONTAGMORGEN durchhält, wird post-Hendrix mit strahlendem Sonnenschein belohnt.

VERPFLEGUNG

Das Essen in Woodstock lässt zu wünschen übrig, um es milde zu formulieren. Die Veranstalter waren nicht in der Lage, professionelle Caterer zu verpflichten, deswegen haben sie eine Truppe angeheuert,

WOODSTOCK FESTIVAL ❋ 15.–18. AUGUST 1969

»UNS SCHWEBTE FRÜHSTÜCK IM BETT FÜR 400 000 PERSONEN VOR. FÜTTERT EINANDER ... UND WER ZU MÜDE ZUM KAUEN IST, REICHE SEIN ESSEN WEITER.«

die sich FOOD FOR LOVE, also Essen für Liebe, nannte, viel versprach und wenig hielt. Trotz eines Darlehens von 65 000 Dollar ist Food for Love nach einem halben Tag ausverkauft: alle Bouletten, Hot Dogs und Softdrinks weg.

Wenn Sie einen Burger ergattern wollen, sollten Sie am Freitag spätnachmittags zum Stand von Food for Love oben am Berg mit Blick über das ganze Gelände gehen. Nachdem die Veranstalter von Woodstock auch offiziell auf Eintrittsgelder verzichtet haben, schlägt eine Gruppe von Linksradikalen aus Greenwich Village auf und skandiert, untermalt von Drohgebärden: »Essen frei für alle.« Eine Abteilung der Hog Farm / Please Force (achten Sie auf die Armbinden) bringt mit brennenden Räucherkerzen Ruhe in den Aufruhr. Die Küchencrew lässt sich unterdessen mit Joints bezahlen, konsumiert diese unverzüglich und gibt, solange der Vorrat reicht (etwa eine Stunde lang), alles kostenlos aus. Halten Sie sich ran.

Einigermaßen zuverlässig funktioniert die sogenannte FREIE KÜCHE nahe der Kommunikationszone. Dort werden während der ganzen drei Tage drei Mahlzeiten pro Tag angeboten. Das Frühstück ist eine Art Müsli aus Haferflocken, Sesamkörnern, Honig, Rosinen und Weizenkeimen. Mittagessen und Abendbrot bestehen aus einer großen Schüssel Weizengrütze oder braunem Reis mit irgendeinem Gemüse – was sich eben so auftreiben lässt – und Sojasoße. Die Schlange ist lang, aber es geht schnell.

Am besten schmeckt aber, was per Zufall an Ihnen vorbeiwandert. Samstag und Sonntag wird die Verpflegung von Hubschraubern der Nationalgarde und Rettungsdiensten aufgestockt, die Dosennahrung beisteuern, etwa kleine Dosen mit Oliven oder Thunfisch. Viel Spaß beim Öffnen. Samstagnachmittag regnet es Wurstsandwichs, Schokoladentafeln, Toast Melba und Coca-Cola-Flaschen in die Menge. Auch die Einwohner von Bethel spendieren ganze Wagenladungen selbstgeschmierter Brote und hartgekochter Eier.

DAS KUNSTFESTIVAL

Woodstock ist wegen der Musik in Erinnerung geblieben, eigentlich aber war es ganz allgemein als Kunstfestival gedacht. Davon ist nach den Planänderungen nicht viel übrig geblieben, die lohnendsten der Reste befinden sich hinter dem Wäldchen östlich des Hauptgeländes.

Zwischen Bäume geschmiegt liegt in der Nähe der West Shore Road die FREIE BÜHNE, aufgebaut und mehr oder minder kuratiert von den MERRY PRANKSTERS, einer Künstlergruppe pro LSD aus Kalifornien, die Happenings und »rauschende« Partys veranstaltet. Ihr berühmter bunter Schulbus steht direkt hinter der Bühne. Zu den Vorstellungen gehören Yogastunden, ein mitternächtlicher Auftritt von Joan Baez und eine spirituell-meditative Performance mit tibetischen Gongs. Darüber hinaus finden sich spontan Trommlergruppen zusammen – ein brandneues Phänomen. Außerdem stehen hier die Chancen gut, dass man Ihnen Halluzinogene anbietet.

Knapp 200 Meter den Hang hinauf gibt ein PUPPENTHEATER tagsüber laufend Vorstellungen. Durch den Wald hinter der Freien Bühne gelangen Sie zu dem ursprünglich als Parkplatz geplanten Areal. Es wird als Zeltplatz und zum Abhängen genutzt, vor allem die Wiese auf dem Hügel und der schattige Bereich um den CRYSTAL-TEICH sind von Besuchern belagert. Am interessantesten ist jedoch das rund vier Morgen große Wäldchen. Zwei Trampelpfade führen hindurch, die sich kreuzen, HIGH WAY respektive GROOVY WAY getauft. Sie sind mit Lichterketten beleuchtet. Entlang der Wege kann man sich die Karten legen lassen, Schmuck oder Gras kaufen, Troubadoure, Menschen, die meditieren, und schmusende Pärchen beobachten.

Die große Masse strömt zur Hauptbühne. Wenn Sie ihr durch den Haupteingang oder über die niedergetrampelten Zäune folgen, achten Sie auf die Zelte und den großen weißen Anhänger unten am Hang. Das ist die KRANKENSTATION und Anlaufstelle für alle, die medizinische Hilfe benötigen. Viele der Besucher sind barfuß unterwegs, und so mancher tritt in Scherben oder scharfkantige Metallteile. In rund tausend Fällen endet der Rauschgiftkonsum in einem Horrortrip, und die Betroffenen müssen ruhiggestellt werden. Seinen Rausch kann man auch bei den Hog-Farm-Leuten auskurieren (Näheres dazu weiter unten).

Gleich nebenan befinden sich zwei besondere Attraktionen: INDIANERPAVILLON und SPIELPLATZ. Ersterer ist eine Ansammlung von Zelten und Tipis, angefüllt mit zeitgenössischen Werken von Indianern aus New Mexico und Kalifornien; viele der Künstler sind vor Ort. Der Spielplatz beherbergt diverse Konstruktionen aus Holz und Seilen; bemerkenswert sind vor allem die Schaukel mit einem Stein als Sitzfläche, der Irrgarten und ein Klettergerüst, von dem aus Sie in einen riesigen Heuballen springen können – das sollten Sie auf jeden Fall ausprobieren.

ANTÖRNEN, MITMACHEN UND AUSFLIPPEN

Dank der vorherrschenden Haltung, alles mit allen zu teilen, können Sie sich mit Leichtigkeit zudröhnen. JOINTS und Pfeifchen machen die Runde, Sie können aber auch ganz ungeniert jemanden danach fragen. Der Besitz eines eigenen Feuerzeugs, wichtig für die schönsten

Momente während des Konzerts, ist Gold wert: Die meisten haben ihres vergessen oder verloren. Falls Sie lieber auf eigenen Stoff zurückgreifen: Für 5 Dollar bekommen Sie ein Päckchen gute kolumbianische Ware.

An LSD herrscht in Woodstock auch kein Mangel, meist in Tablettenform angeboten. Die Pranksters

ENTKLEIDUNGSORDNUNG. GANZ OHNE GEHT VÖLLIG IN ORDNUNG, ALLERDINGS EMPFEHLEN WIR IHNEN, ZUMINDEST SANDALEN ODER SCHUHE ZU TRAGEN.

geben es fast das ganze Wochenende über an ihrer Freien Bühne kostenlos ab. Die berühmte Warnung von der Hauptbühne herab, das Zeug sei nicht im engeren Sinn gesundheitsförderlich, hat natürlich ihre Berechtigung, aber man lebt nur einmal. Die Rede ist von grünen, blauen und roten Pillen, einige zwanglose Erkundigungen bringen Sie recht unkompliziert zur Quelle. Bitte beherzigen Sie die Faustregel, mit der halben Portion anzufangen und zu schauen, ob Sie das Zeug vertragen. Nachschub ist kein Problem. Diverse verschreibungspflichtige Medikamente sind im Umlauf, Amphetamine, Valium und andere Benzodiazepine, außerdem psychoaktive Pilze und Kakteen. Vorsicht mit MESCALIN: Das ist ziemlich heftig; wenn Sie kein Freund von wild herumwirbelnden Aztekenbildern sind, lassen Sie lieber die Finger davon. ALKOHOL ist reichlich vorhanden, Weinflaschen wandern von Hand zu Hand. Trotzdem – wenn ein guter Tropfen die Droge Ihrer Wahl ist, sollten Sie sich beizeiten im Liquor Store von Bethel eindecken.

Am Freitagnachmittag fällt die MEDIZINISCHE VERSORGUNG noch eher dürftig aus. Erste-Hilfe-Zelte stehen am nördlichen Rand des Hauptgeländes, dazu Sanitätswagen mit ausgebildetem Personal. Wegen der wachsenden Zahl ausgeflippter Drogenkonsumenten werden zusätzliche Zelte aufgestellt, in denen die Betroffenen von ihrem Trip runterkommen können. Diese Zelte haben größtenteils sehr markante gelbe und pinkfarbene Streifen, was auf die Zielgruppe besänftigend wirken mag oder auch nicht. Am Samstagvormittag wird mit dem Hubschrauber mehr Personal aus New York eingeflogen. Wenn Sie die Sanitäter mit einem LSD-Horrortrip konsultieren, verpassen die Ihnen eine heftige Dosis Chlorpromazin. Das beendet zwar den Trip, versetzt Sie aber in einen vegetativen Dämmerzustand.

Wer lieber auf Ansprache setzt, hat eine Alternative. Das Chill-out obliegt überwiegend den Mitgliedern der Hog Farm, unterstützt von Menschen, die ihren eigenen Horrortrip überwunden haben und nun Leidensgenossen beistehen. Ihr Rat: Die Sache aussitzen und irgendwie genießen. Der Samstagabend ist ein besonders günstiger Zeitpunkt fürs Ausflippen: John Sebastian (dessen Auftritt auf der Hauptbühne dann schon vorbei ist) spielt mit ein paar Bandmitgliedern der Lovin' Spoonful unplugged, um die Nerven der versammelten LSD-Geschädigten zu beruhigen.

TAG FÜR TAG: DIE MUSIK

Die HAUPTBÜHNE liegt in einem natürlichen Amphitheater und wird von einer riesigen Menschenmenge umlagert. Den besten Blick hat man von der kleinen Straße auf der Kuppe des Hügels. Die Bühne wirkt von dort oben trotz ihrer siebenundzwanzig Meter Breite winzig. Sie wird von einem hohen Lattenzaun geschützt, damit sich die Musiker backstage in Ruhe auf ihren Auftritt vorbereiten können. Schauen Sie sich in aller Ruhe die Zeltstadt und die merkwürdige Holzkonstruktion an, über die man zur Bühne gelangt. Beachten Sie außerdem die 16 Lautsprechereinheiten auf 21 Meter hohen Türmen, die am Hang aufgestellt wurden. Viele Zuschauer

sind auf diese Türme geklettert, um das Bühnengeschehen besser im Blick zu haben. Es hat keine Unfälle gegeben, trotzdem raten wir dringend davon ab, es ihnen nachzutun.

Lassen Sie nun die Masse an Zuschauern auf sich wirken. Sie haben bis zu 300 000 Menschen im Blickfeld. Die meisten sind natürlich junge Leute aus der weißen Mittelschicht, viele aus New York, aber in dem Pulk können Sie auch Amerikaner afrikanischer, indianischer oder asiatischer Herkunft, College-Studenten und Aussteiger, Hippies und Yippies, Folksong-Fans, Preps, Polit-Aktivisten und Hare-Krishna-Jünger entdecken.

Überlegen Sie, von wo aus Sie das Spektakel verfolgen wollen:

in Zaunnähe, irgendwo in der Mitte oder ganz hinten? Wofür Sie sich auch entscheiden, der Klang ist überall ziemlich gut, wenn man die Umstände bedenkt. Während des Konzerts können Sie den Standort nicht mehr wechseln – solange die Musik ertönt, käme nicht einmal ein Käfer über die Wiese. Besorgen Sie sich rechtzeitig etwas zu essen, gehen Sie vorher noch mal aufs Klo. Bei den Toiletten bilden sich, sobald der Regen einsetzt, tolle RUTSCHBAHNEN und riesige Pfützen.

FREITAG, 15. AUGUST

Seit dem Morgen füllt sich die Fläche vor der Hauptbühne, unzählige Menschen warten schon dort – das Konzert soll am frühen Nachmittag anfangen. Stunde um Stunde verstreicht, ohne dass sich etwas tut, doch seien Sie unbesorgt, irgendwann geht es los.

Kurz nach fünf Uhr steht CHIP MONCK – der die nächsten drei Tage die meisten Ansagen machen wird – am Mikro und verkündet: »Setzt euch! Steht auf! Macht, was ihr wollt, wir jedenfalls sind so weit und fangen jetzt an. Meine Damen und Herren, Applaus für Mr. Richie Havens!« RICHIE HAVENS und diejenigen aus seiner Band, die es hergeschafft haben, werden förmlich auf die Bühne geschoben – sie sind als einzige Gruppe halbwegs einsatzbereit. Der Bassist direkt hinter Havens ist mit seinem Instrument auf dem Rücken 32 Kilometer durch das Verkehrschaos gelaufen. Havens hält sich und das Publikum zwei Stunden lang bei Laune, mit improvisierten Folksongs und Protestliedern einschließlich seiner berühmten Interpretation von *Freedom*.

Hinter den Kulissen suchen die Organisatoren verzweifelt nach Musikern, die physisch und geistig anwesend sind. Zu ihrem Glück hängt der Yoga-Guru SWAMI SATCHIDANANDA backstage ab und lässt sich einspannen. Ungefähr ab neunzehn

»MUSIK KANN WUNDER WIRKEN.«
SWAMI SATCHIDANANDA SPRICHT AM FREITAG-
NACHMITTAG ZU DEN BESUCHERN.

Uhr werden Sie seine monotone, hohe Stimme hören, auch wenn er selbst mit seiner safrangelben Robe, üppigen Locken und prächtigem weißen Wallebart nur als winzige Figur auf der Bühne zu sehen ist. Er sitzt im Schneidersitz zwischen seinen uniform gekleideten Anhängern und erklärt: »Musik kann Wunder wirken. Musik ist himmlischer Klang, und dieser Klang, nicht atomare Schwingungen, regiert das Universum. Die Energie, die Macht von Klängen ist viel, viel größer als jede andere Macht der Welt.« Recht so, Bruder! Zum Abschluss singt er mit dem Publikum das *Hari-Om*.

Kurz nach halb acht geht es dann endlich richtig los. SWEETWATER, die das Konzert eigentlich hätten eröffnen sollen, spielen Folkrock mit Cello und Querflöte. 20.20 Uhr ist der kraushaarige BERT SOMMER dran, einer von mehreren Folksängern, die sich mit der Klampfe selbst begleiten. Bei seinem aktuellen Hit *Jennifer* und einer großartigen Interpretation von SIMON & GARFUNKELS *America* geht das Publikum am stärksten mit. Eine halbe Stunde später gehört die Bühne TIM HARDIN, einem aufsteigenden Stern am Folk-Firmament. Er war, das sagen Zeugen, die ihn hinter der Bühne erlebt haben, sturzbetrunken und hatte eine Heidenangst vor den Menschenmassen. Trotzdem legt er eine erstklassige Performance hin, spielt seinen *Simple Song of Freedom* und den Hit *If I Were a Carpenter*.

Wetter und Musik ändern sich gegen 22 Uhr schlagartig. RAVI SHANKAR, der große Meister der Sitar, nimmt auf der Bühne Platz und schafft drei klassische indische Stücke, bevor der Himmel seine Schleusen öffnet und der erste von mehreren heftigen Schauern herunterkommt. Gegen 23 Uhr ist der Guss vorbei, und MELANIE, die Newcomerin aus New York, hat ihren Auftritt. Der Ansager kündigt aber nicht nur die Folksängerin an, sondern sagt: »Hier ist heute die größte Menschenmenge versammelt, die je ein Konzert besucht hat, aber es ist so finster, dass man die

Hand nicht vor Augen sieht. Also, wenn ich ›drei‹ sage, zündet jeder ein Streichholz an.« Wer rechtzeitig ein Zündbriefchen rausgekramt kriegt, macht mit; wenn Sie unseren Rat mit dem Feuerzeug beherzigt haben, laufen Sie deutlich weniger Gefahr, sich die Finger zu verbrennen. Melanie ist von dem Anblick hinreichend inspiriert, um den Hit *Lay Down (Candles in the Rain)* zu schreiben.

Fünf Minuten vor Mitternacht steht ein sehr junger, sehr zugedröhnter ARLO GUTHRIE auf der Bühne. Der Sohn der amerikanischen Folk-Legende Woody Guthrie hat gedacht, er käme erst am nächsten Tag dran, und seit fünf Stunden keinen Joint ausgelassen. Dass er jetzt vor so vielen Menschen am Mikro steht, bringt ihn einigermaßen aus der Fassung. Er hat ein paar Hänger, sein Gedächtnis lässt ihn zwischendurch im Stich, aber die Kifferparanoia von *Coming into Los Angeles* und das widerständige Kirchenlied *Amazing Grace* passen ganz hervorragend hierher. Gegen ein Uhr nachts beschließt dann JOAN BAEZ das Programm und dreht, obwohl sie im sechsten Monat schwanger ist, so richtig auf. Die Königin der US-Folk-Szene wird unter anderem *We Shall Overcome* singen, äußerst angemessen bei dem Wetter.

SAMSTAG, 16. AUGUST

Der Erste auf der Bühne ist TOM LAW von der Hog Farm. Er lässt das Publikum an einer ausgedehnten Meditations- und Yoga-Einheit teilhaben. Ab elf wird Müsli in großen Plastikschüsseln linker Hand der Bühne angeboten. Das eigentliche Konzert beginnt verhalten: Ab 12.30 Uhr spielt die wenig bekannte Gruppe QUILL ein kurzes Set, begleitet von vielen Rasseln und anderen Schlaginstrumenten, die zuvor an die Menge ausgegeben werden. Sie dürfen sich gern eins aussuchen, aber nicht mit nach Hause nehmen, das verursacht Störungen im Raum-Zeit-Kontinuum.

»WIE WOLLT IHR DEN KRIEG BEENDEN, WENN IHR SO LEISE SINGT?«
EINS ZU NULL FÜR COUNTRY JOE. FALLEN SIE MIT EIN!

Da einige Künstler immer noch durch Abwesenheit glänzen, kommen Frühaufsteher in einen besonderen Genuss. Gegen dreizehn Uhr gibt COUNTRY JOE MCDONALD ein Solo und animiert die Zuhörer zu einer Variante des *Fish Cheer*: »Gebt mir ein F! Gebt mir ein U! Gebt mir ein C! Gebt mir ein K! Was heißt das?« Grölen Sie mit, nur keine Hemmungen! Der Sprechgesang geht über in den fetzigen Ragtime *I-Feel-Like-I'm-Fixin'-to-Die*, ein Antikriegslied voll rabenschwarzen Humors à la Tom Lehrer. Und zum ersten Mal während des Festivals singen alle mit.

Wie viele andere auch sind Sie sicher scharf auf den Auftritt von SANTANA. Sehen Sie also zu, dass Sie gegen vierzehn Uhr bereit sind. Der rasende Sound von E-Gitarre, Keyboard und Percussion, die Latino-Rhythmen, die leidenschaftliche Performance – es ist einer der musikalischen Höhepunkte des Wochenendes, und die Menge geht begeistert mit. Der Song *Soul Sacrifice* ist wohl so etwas wie der Erste unter Gleichen. Direkt vor der Bühne tanzt ein nackter Mann mit einem Lamm auf dem Arm. Er läuft seit eineinhalb Tagen fast ununterbrochen mit dem Tier übers Gelände.

Leichter Regen sorgt nach Santana für Abkühlung, aber die Sonne kommt wieder raus, wenn JOHN SEBASTIAN – er trägt Nickelbrille und ein Hemd mit Paisleymuster – gegen halb vier loslegt. Der ehemalige Leadsänger der Lovin' Spoonful setzt gerade zu einer Solokarriere an, die unter keinem guten Stern steht. Aber in Woodstock stimmt noch alles. Produzent John Morris wird es später so formulieren: »Da passierte etwas Magisches auf der Bühne, als John Sebastian herauskam.« Sein kurzer, sanfter Auftritt mit der akustischen Gitarre wird Ihre Stimmung heben, Ihre Kleidung wird trocken, während Sebastian, so bekifft wie das ganze Publikum, den Text zu seinen Liedern größtenteils vergisst und trotzdem die richtigen Worte findet. Als er seinen Blick schweifen lässt und, überwältigt von der Menschenmenge, sagt: »Wow, wir sind wirklich eine ganze Stadt«, da erheben sich alle wie ein Mann. Anschließend folgt Bluesrock von der KEEF HARTLEY BAND und dann eine Mischung aus Folk und Jazz von der schottischen INCREDIBLE STRING BAND, wobei die Briten die meisten Zuschauer mit ihren diatonischen Improvisationen und ausgefallenen Tonarten wohl eher verwirren.

Der Mainstream gewinnt gegen halb acht mit CANNED HEAT und Songs wie *Going Up the Country* oder *On the Road Again* wieder die Oberhand, markant akzentuiert vom Falsett des Leadsängers Bob Hite. Mitten im Set klettert ein ganz Gewitzter aus dem Publikum auf die Bühne und umarmt Hite, dann teilen sich die beiden eine Zigarette und tanzen zusammen. Gegen einundzwanzig Uhr servieren MOUNTAIN gradlinigen, schnörkellosen Rock. Musiker und Publikum haben ihre liebe Not mit dem einsetzenden Regen, doch halten Sie durch: Für halb elf sind THE GRATEFUL DEAD angesagt. Die Band hat die letzten zwei Stunden in einer gigantischen Schlange verbracht, um sich ihr Honorar in bar abzuholen; in dieser Zeit hat sich die Bühne in einen regelrechten See verwandelt. Die Band wird diesen Auftritt im Rückblick sicher nicht zu ihren Glanzleistungen rechnen, aber im Publikum werden viele die kauzigen Experimente, improvisierten Läufe und harten Beats trotz der Übersteuerung als typisch Grateful Dead in Erinnerung behalten. Mitten im fünften Song, *Turn on Your Love Light*, streiken die Verstärker und bringen den Auftritt zu einem abrupten Ende.

Der Regen lässt nach, und auf der Bühne jagt ein Wahnsinnsauftritt den nächsten. Verpassen Sie keinesfalls gegen drei Uhr früh CREEDENCE CLEARWATER REVIVAL, die mit ihrem Swamp-Rock allen einheizen, die noch wach sind – im Film über Woodstock fehlt der Auftritt, weil die Band ihre Zustimmung zu Aufnahmen verweigerte. JANIS JOPLIN und die KOZMIC BLUES BAND sind aufgrund ihres exorbitanten Schampuskonsums grottig, aber Janis' versoffenes Blues-Geheul während der Zugabe, *Ball and Chain*, wird Sie voll und ganz entschädigen. Am Sonntagmorgen um halb vier warten SLY AND THE FAMILY STONE, lockerflockige Multikulti-Alchemisten aus Kalifornien, mit einer Mischung aus Soul, psychedelischem Rock und Funk auf. Zu diesem Zeitpunkt schläft der größte Teil des Publikums bereits. Wer einen mitgebracht hat, ist in seinen Schlafsack gekrochen, die anderen sind einfach auf dem Boden zusammengesackt. Doch die ekstatische Interpretation der Band von *Gonna Take You Higher* bringt alle buchstäblich auf die Füße; egal wie komatös einer eben noch dalag – er tanzt. THE WHO heizen den Leuten ab 5 Uhr früh mit einem Set aus ihrer Rockoper *Tommy* ein, ihr Auftritt ist denn auch entsprechend großspurig, bombastisch und laut. Achten Sie auf ABBIE HOFFMAN, der sich nach *Pinball Wizard* ein Mikro schnappt und weitschweifig gegen die Verhaftung eines führenden Mitglieds der White Panther Party wettert. Der Gitarrist der Who, Pete Townshend, befördert ihn schließlich (obwohl er in der Sache einer Meinung mit Hoffman ist) mit seinem Instrument unsanft von der Bühne.

Es wird hell zum schaurig-eklektischen Sound von JEFFERSON AIRPLANE, einer der schrägsten Bands aus San Francicso. Paul Kantner, der Gitarrist, wird später sagen: »Die Leute sind mitgegangen, wenn sie die Augen zwischendurch mal aufkriegten. Aber die meisten lagen völlig erledigt in ihren Schlafsäcken rum.« Versuchen Sie wenigstens die letzte Nummer mitzukriegen: *White Rabbit* wird Sie dann in ein surreales Wunderland zwischen Halbschlaf und Traum schicken.

SONNTAG, 17. AUGUST, UND MONTAG, 18. AUGUST

Am Sonntagmorgen werden Sie, nicht anders als die Leute um Sie herum, vermutlich recht lange brauchen, bis Sie in die Gänge kommen. Auf der Bühne passiert auch nichts. Erst gegen 14 Uhr erscheint JOE COCKER mit THE GREASE BAND, alle total auf LSD. Minutenlang spielen sie sich mit Instrumentals warm, bis Cocker lallend und torkelnd endlich seinen Gesang beisteuert. Die Musiker holpern durch Dylans *Just Like a Woman* und *I Shall be Released* und laufen dann mit einem sensationellen, herzergreifenden *With a Little Help From My Friends* zu Höchstform auf. Sie sollten bis zum Ende des Sets vor der Bühne ausharren, obwohl

WOODSTOCK FESTIVAL ❉ 15.–18. AUGUST 1969

sich hinter der Bühne Sturmwolken zusammenballen. Pünktlich zum Schlussapplaus beginnt es heftig zu stürmen und zu regnen. Wenn Sie in der nächsten Stunde vor Ort bleiben, können Sie amüsiert die vergeblichen Versuche von Ansager und Publikum verfolgen, die entfesselten Elemente mit »No-rain-no-rain«-Sprechchören zu besänftigen. Oder Sie schlittern oben auf dem Hügel nach Herzenslust im Matsch.

Ab 17 Uhr lassen die Niederschläge nach. Um sechs kommt die Sonne wieder heraus, und wenn Sie Adleraugen haben, können Sie eine winzig kleine Figur mit Brille und Pfeife zum Mikro gehen sehen. Die REDE VON MAX YASGUR ist einer der Höhepunkte des Tages. Große Gefühle ergreifen die Menge, ja eine

DENKEN SIE DARAN: VERGESSEN SIE KEINESFALLS,
WO DAS AUTO STEHT. SIE WOLLEN SCHLIESSLICH NICHT NOCH
EINMAL DIE SIEBZIGERJAHRE DURCHLEBEN, ODER?

Welle von Liebe breitet sich aus, wenn der Eigentümer des Geländes diese Sätze spricht: »Ihr habt der Welt etwas bewiesen, ihr habt bewiesen, dass eine halbe Million junger Leute für drei Tage zusammenkommen und Musik hören kann und einfach nur Spaß dabei hat und sonst nichts. Gott segne euch dafür.« Dann geht es mit der Musik vom Samstagmittag weiter, COUNTRY JOE nimmt den *Fish Cheer* wieder auf, diesmal mit Band. Kurz nach acht drücken die britischen Bluesrocker TEN YEARS AFTER mit einer hämmernden Interpretation von Sonny Boy Williamsons *Good Morning Little School Girl* sowie den wahnwitzigen und gleichzeitig total präzisen Gitarrenläufen von Alvin Lee bei *I'm Going Home auf* die Tube.

Falls Ihnen langsam die Puste ausgeht: Die Stimmung wird bald ruhiger und besinnlicher. THE BAND, die kurz zuvor das erste Album ohne Bob Dylan eingespielt haben, glänzen mit Folkrock, vor allem mit dem durch den Film *Easy Rider* weltberühmten Song *The Weight*. (Auf Bob Dylan warten Sie übrigens vergeblich. Er ist vor dem ganzen Trubel nach New York geflohen.) Ab Mitternacht ist dann JOHNNY WINTERS Bluesrock-Gitarre zu hören. Der Albino aus Texas verzaubert Sie, bis er Montagmorgen um halb eins vom exzentrischen Jazzrock von BLOOD, SWEAT & TEARS abgelöst wird. Gegen drei Uhr in der Frühe werden Sie für Ihr Durchhaltevermögen mit der neu gegründeten Gruppe CROSBY, STILLS & NASH belohnt, die lässig auf Barhockern sitzen und ihr Set mit einer makellosen Interpretation von *Suite: Judy Blue Eyes* eröffnen. Sauber gesungene Harmonien und herzergreifende, melancholische Melodien, begleitet von der akustischen Gitarre, werden ihr Markenzeichen werden. Nach einigen Liedern kommt ein schlecht gelaunter, aber erstklassiger NEIL YOUNG dazu, der zunächst ein Duett mit Stephen Stills singt; dann spielen alle zusammen ein kurzes Set mit E-Gitarre, darunter auch das tiefbewegende *Long Time Gone*.

Es dämmert, und Sie sind von den klagenden Gesängen vermutlich in höhere Sphären entrückt. Vielleicht sind Sie auch schlammverkrustet, klatschnass vom Regen und am Ende Ihrer Kräfte, aber es geht noch fünf Stunden weiter. Um sechs Uhr morgens serviert die PAUL BUTTERFIELD BLUES BAND munteren weißen Chicago-Blues mit Talking Guitars und jammernder Mundharmonika. Spätestens SHA-NA-NA sollten Sie dann mit einem Retro-Set voller Pop-Klassiker endgültig wach kriegen. Ihre Interpretation von *Jail House Rock* und *At the Hop* bringt alle zum Tanzen und Mitsingen, für acht Uhr morgens eigentlich viel zu fetzig.

Nach einer Stunde Pause – zu nutzen ganz nach Gusto – beginnt das Finale. Kurz nach neun spielen JIMI HENDRIX und seine fünfköpfige Band *Getting My Heart Back Together Again*. Zwei Stunden psychedelisch-aufwühlenden Rock später sieht das Gelände vor der Bühne wie ein Schlachtfeld aus. Das Publikum ist auf weniger als 50 000 Menschen geschrumpft, sie hocken verloren zwischen Müllbergen, heruntergebrannten Lagerfeuern und den vergessenen Habseligkeiten der anderen. Hendrix spielt immer noch, krächzt zwischendurch ins Mikro, er würde nur ein bisschen improvisieren, und dann legt er mit *Star Spangled Banner* los und sorgt zum Schluss mit *Hey Joe* für Gänsehaut. Sie erleben Musikgeschichte.

ZWEITER TEIL

HISTORISCHE MOMENTE

DER ZUG DER FRAUEN NACH VERSAILLES

—◆◆◆◆◆◆—

4.–6. OKTOBER 1789

DIE FRANZÖSISCHE REVOLUTION GEHÖRT ZU den größten Volkserhebungen aller Zeiten. Ihr charakteristischstes Merkmal war Chaos, ihr Ausgang alles andere als vorherbestimmt. Mehrmals mischten sich die Einwohner von Paris ganz entschieden in den Lauf der Dinge ein, und jedes Mal führte das zu einer noch radikaleren Gangart. Der Zug der Frauen nach Versailles ist die Blaupause für die späteren Empörungen, denn die Frauen erreichten etwas, und das machte Mut und gab den Menschen genug Selbstvertrauen, um ins Geschehen einzugreifen.

Mehr als 48 Stunden lang belagerten Frauen, die ihren Lebensunterhalt mit harter Arbeit selbst verdienten – die Zeitgenossen nannten sie Amazonen –, das Versailler Schloss, bis KÖNIG LUDWIG XVI. und MARIE ANTOINETTE ihre Siebensachen packten und sich nach Paris und damit faktisch in Gefangenschaft begaben. Das prunkvolle Schloss stand danach leer, in den reich ornamentierten Zimmern und Spiegelsälen wandelte keine Menschenseele. Die Türen wurden verriegelt, die Tore geschlossen, und die berühmten Gärten sicherten bewaffnete Wachleute. Die Köpfe von König und Königin fielen erst ein paar Jahre später unter der Guillotine, aber ihr Sterben begann an dem Tag, als die Frauen sie zum Umzug in die Stadt zwangen. Unser Programm sieht als Auftakt der Reise am 4. Oktober 1789 einen Ausflug in das Nachtleben von Paris vor, das sich Ende des 18. Jahrhunderts rund um den JARDIN DU PALAIS ROYAL konzentrierte. Am folgenden Tag schließen Sie sich den Frauen auf dem Weg nach VERSAILLES und ihrer Forderung nach Brot an, kehren mit ihnen im Triumph nach Paris zurück und feiern die Nacht durch.

HINTERGRUNDINFO:
DIE REVOLUTION UND DIE »ÖSTERREICHISCHE HURE«

Am 14. Juli 1789 drangen die Pariser in die BASTILLE und befreiten die Insassen von Frankreichs berüchtigtstem Gefängnis. Es stand für alles Morsche, Verfaulte des Ancien Régime, das binnen weniger Jahre hinweggefegt wurde. Der Sturm auf die Bastille wurde frenetisch gefeiert, aber die Begeisterung hielt nicht lange an. Zwar warf die NATIONALVERSAMMLUNG im August 1789 den Feudalismus auf den Abfallhaufen der Geschichte und verfasste die ERKLÄRUNG DER MENSCHEN- UND BÜRGERRECHTE; unter den Pariser Bürgern machte sich jedoch Angst breit, Angst vor einem Gegenschlag der Reaktion, sei es durch eine militärische Intervention von außen oder einen Putsch der französischen Aristokratie. Versorgungsschwierigkeiten verschärften die wachsenden Spannungen. Nach mehreren schlechten Jahren wurde 1789 wieder genug Getreide geerntet, aber die Flüsse führten zu wenig Wasser, um die Körner zu Mehl zu verarbeiten. Deswegen wurde Brot knapp und teuer. Die Preise zogen bis zum September um 60 Prozent an, zahllose Bäcker wurden wegen überhöhter Preise angegriffen und Fuhrwerke mit Getreidelieferungen überfallen: In der französischen Hauptstadt stand es Spitz auf Knopf.

MARIE ANTOINETTE
SPIELT DIE BÄUERIN.

Am 2. Oktober hieß die königliche Leibgarde das flandrische Regiment (die Schwarzen Musketiere), das zum besseren Schutz des Königspaares nach Versailles verlegt worden war, mit einem verschwenderischen Bankett willkommen – eine Provokation für das einfache Volk, dem es am Nötigsten mangelte. Während der Festlichkeiten grölten die Soldaten monarchistische Lieder. An ihren Hüten trugen sie weiße oder schwarze Kokarden, die Farben von König oder Königin also, mehr noch, es wurde kolportiert, sie hätten die **DREIFARBIGE KOKARDE** der Revolution mit Füßen getreten und bespuckt. Die Gerüchte, die Paris erreichten, waren grotesk überzeichnet. **MARIE ANTOINETTE** wurde eine Orgie mit den Musketieren nachgesagt. Das war der Tropfen, der das Fass zum Überlaufen brachte: Die Frauen marschierten nach Versailles.

Während Sie mit ihnen unterwegs sind, wird es Sie vielleicht überraschen, mit welch abgrundtiefem Hass, schlimmen Flüchen und sexuellen Anspielungen sie über Marie Antoinette herziehen. Mit fünfzehn verheiratet, mit neunzehn Königin, hatte die Habsburgerin einen schlechten Ruf. Die Franzosen empfanden ihre Kleidung als unangemessen, und dass sie meist ohne den Herrn Gemahl ins Theater oder zu geselligen Veranstaltungen ging, kam auch nicht gut an. 1777 erschien das erste Werk eines stetig anschwellenden Stroms pornografischer Literatur über die Königin, *Anandria*, mit den üblichen Zutaten: lesbische Liebe, Nymphomanie und Onanie. Lieder, satirische Gedichte und weitere Romane folgen demselben Muster. Die höchsten Auflagen erreichte das *Essai historique sur la vie de Marie-Antoinette*. Nach der Erstausgabe 1781 erschien ab 1783 bis zu ihrem Tod Jahr für Jahr eine aktualisierte Neuauflage.

Näher an der Wahrheit war die Annahme, die Königin sei im Umgang mit Geld genauso unmoralisch wie im Bett. Die Menschen hungerten, sie aber verprasste unglaubliche Beträge, unter anderem wegen einer Schwäche für Diamanten. Die toxische Kombination von kolportierter Lüsternheit und tatsächlicher Verschwendungssucht ist der Grund für den Hass, den Sie in den nächsten Tagen bei den Frauen erleben werden. Glauben Sie nur bitte die Geschichte mit dem Kuchen nicht, den das Volk essen soll, wenn es kein Brot hat – so etwas hat Marie Antoinette nie gesagt. Es wäre auch ziemlich unklug gewesen.

≫ REISEVERLAUF ≪

Sie kommen am Sonntag, den 4. Oktober 1789, um halb vier nachmittags im Hof des HÔTEL DE SOUBISE, 60 Rue des Francs-Bourgeois an. Das Soubise ist ein *hôtel particulier* – eine Art Nobel-Bed-&-Breakfast – im Zentrum von Paris, eines der vielen Stadtpalais für Superreiche, die meist leerstehen, weil ihre Besitzer nur ein paar Tage im Jahr in der Hauptstadt weilen. Im Haus des Fürsten von Soubise (der natürlich abwesend ist) erwarten Sie Dutzende von Zimmern mit exquisiten Möbeln und Gemälden, Marmorbadewannen, Bidets und großen Betten im Rokokostil. Eine kleine Armee von Bediensteten hält den Betrieb aufrecht. Für Damen wie Herren stehen gepolsterte Stühle mit einem Loch in der Mitte und einer Halterung für den Nachttopf zur Verfügung, der für Herren schlicht und funktional gestaltet ist. Damen nutzen ein üppig mit Ornamenten verziertes sogenanntes *bourdalou*, dessen Form stark an eine Sauciere erinnert. Das Ausleeren können Sie den Angestellten überlassen.

Für die Nacht in Paris werden Sie wie typische Mittelstandspariser eingekleidet: die Männer mit Perücke, dunkelgrünem Frack (vorn taillenkurz, hinten knielang), weißen Beinkleidern, wadenhohen Lederstiefeln und Zylinder. Frauen tragen das Haar zum Knoten aufgesteckt, einen voluminösen Schal sowie ein relativ schlichtes, tief ausgeschnittenes Kleid, dessen rüschenbesetzter Rock bis zum Boden reicht. Falls gewünscht, erhalten Herren zusätzlich einen Spazierstock mit silbernem Knauf und Damen einen Sonnenschirm.

SONNTAGNACHT AM PALAIS ROYAL

Nach Einbruch der Dunkelheit trifft sich Tout-Paris im Jardin du Palais Royal, er steht jedermann offen. Der Herzog von Orléans hat das Anwesen 1776 geerbt und in eine Vergnügungsstätte umgewandelt. In den langen Arkaden, die eine baumbestandene Promenade säumt, sind zahlreiche BOUTIQUEN, heute natürlich geschlossen – es ist schließlich Sonntag –, aber Sie können durch die Fenster einen Blick auf todschicke Kleider, stylische Perücken und exquisite Spitzenunterwäsche erhaschen.

Auf der PROMENADE verkaufen fliegende Händler allen erdenklichen Kram, darunter eine Unmenge von PUBLIKATIONEN, die, seit die Revolution die Zensur abgeschafft hat, massenhaft gedruckt werden: Periodika wie die forsch geschriebene *Révolutions de Paris* mit Augenzeugenberichten und erläuterten Illustrationen oder der *L'ami du Peuple (Der Volksfreund)* mit Jean Paul Marats flammenden Aufrufen, man möge mit den royalisti-

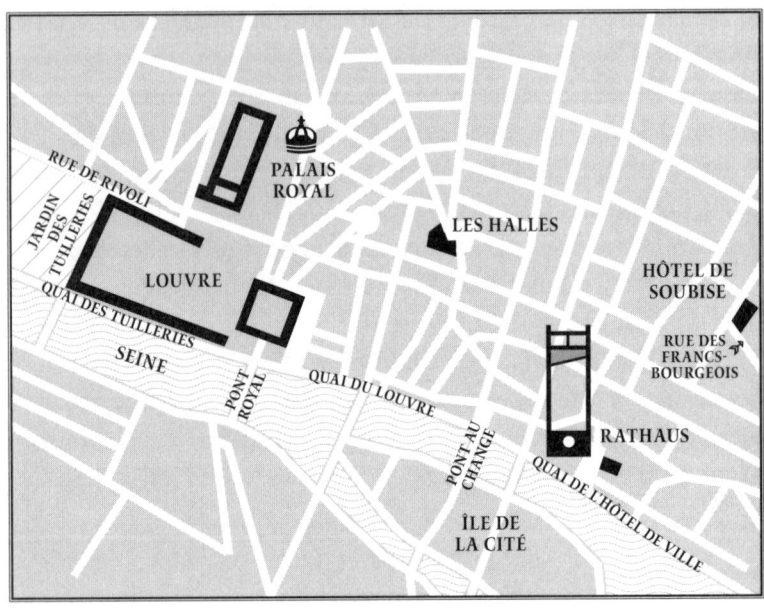

schen Geldsäcken und doppelzüngigen Aristokraten kurzen Prozess machen; satirische Pamphlete; politische Traktate und Bänkel-Lyrik. Für nur 12 Sous werden Knallfrösche, Raketen und andere FEUERWERKSKÖRPER angeboten, viele Käufer zünden sie an Ort und Stelle, was einiges zur Jahrmarktsatmosphäre beiträgt.

Bei Ihrem Rundgang werden Sie LIMONADIERS ihre Ware anpreisen hören. Probieren Sie! Auf ihre Limonade sind die Franzosen wohl mit Recht stolz, sie gilt als die beste in ganz Europa, und angesichts der Sorgfalt, die in die Zubereitung gesteckt wird, nimmt das nicht wunder. Die Schale von drei bis vier Zitronen wird in einen Krug mit frischem Quellwasser eingestreut und darf zugedeckt einige Stunden ziehen. Dann kommt der Saft der Zitronen hinzu, und nach weiteren 30 Minuten Wartezeit wird der Sud achtmal durch ein grobes Leintuch filtriert, anschließend mit Zucker versetzt und noch zweimal durch Leintücher abgeseiht. Das Ergebnis ist ein sehr erfrischendes, durstlöschendes Getränk. Nach ein, zwei Gläsern müssen Sie wahrscheinlich die Blase entleeren: Es gibt öffentliche Latrinen, geschlossene Räume mit Sitzreihen aus Holz und einem Deckel auf jedem Loch. Zeitgenössische, eher volkstümliche Unterhaltung bieten das THÉÂTRE BEAUJOLAIS – gespielt wird mit Marionetten, die ungefähr einen Meter hoch sind, neben ihnen agieren Kinder auf der Bühne – und das THÉÂTRE DES VARIÉTÉS-AMUSANTES, das vor stets ausverkauftem Haus Burlesken und Rührstücke präsentiert. Neuheiten wie die LATERNA MAGICA und OMBRES CHINOISES, eine Art Schattentheater, haben sich in dem hölzernen Säulengang angesiedelt, der den Garten zur Schmalseite hin abschließt, und im MONSTROSITÄTENKABINETT ist ein 200 Kilo schwerer Mann – Paul Butterboldt – die sicher gewichtigste Attraktion. Irgendwo steht noch ein exkommunizierter Priester herum, der obszöne Lieder singt und sich selbst auf der Gitarre begleitet. Den sollten Sie keinesfalls verpassen!

Das gilt auch für die WACHSARBEITEN IM SALON DE CIRE von Philippe Curtius (bei ihm ging übrigens Madame Marie Tussaud in die Lehre). Er ist der Pionier in dieser Kunstform und Inhaber des Grand Couvert, des ersten einschlägigen Pariser Museums. Im Palais zahlen Sie 12 Sous für einen Platz im vorderen Bereich, 2 Sous kostet ein Platz ganz hinten. Dafür bekommen Sie die Mitglieder verschiedener Königshäuser, Intellektuelle wie Voltaire oder berühmte Militärs zu sehen.

Wer es gern sportlich mag, kann im ersten Stock an BILLARDTISCHEN zum Queue greifen oder eine SPIELHÖLLE aufsuchen. Ab 22 Uhr streifen unzählige PROSTITUIERTE durch die Wandelgänge des CAMP DES TARTARES.

VERPFLEGUNG

Sollten Sie Hunger verspüren, müssen Sie das Palais nicht verlassen: Hier finden Sie die edelsten Restaurants von ganz Paris. Das beste und teuerste ist das CAFÉ DE CHARTRES, wo man Sie mit *plats bourgeois* (heute hieße das *haute cuisine*) verwöhnt: Lammhaxe aus der Pfanne, Kaninchenschnitzel an Gurke, Kalbsbraten im Teigmantel oder frittierte Weinblätter. Etwas preiswerter und genauso gut ist LES TROIS FRÈRES PROVENCAUX, das von drei Brüdern aus Marseille betrieben wird und südfranzösische Spezialitäten wie *bouillabaisse* oder *brandade* (Fischpüree) auf der Speisekarte hat. Eigentlich gehört zu jedem Essen ein frisches, weiches *pain mollet*, Weißbrot, etwa das raffinierte *pain de fantaisie*, doch in Zeiten des Mangels und der allgemeinen Brotknappheit backt niemand mehr solche extravaganten Sorten – es würde die Restaurantbesitzer nur in Schwierigkeiten bringen.

Neben Speiselokalen gibt es im Palais zahlreiche Cafés, in denen Sie einen Kaffee, Sorbet oder Eiscreme sowie ein Gläschen Likör als Diges-

CAMILLE DESMOULINS HÄLT VOR DEM CAFÉ DE FOY EINE REDE.

tif nehmen können. Besonders angesagt ist gerade das CAFÉ DE FOY, in dem führende Revolutionäre wie Georges Danton oder Camille Desmoulins verkehren. Der Kaffee kommt aus der Karibik, genauer aus Santo Domingo, und er wird schwarz und stark oder mit Milch als *café au lait* serviert, Sie können aber auch einen *mocha* bestellen. Nehmen Sie draußen unter den Kastanienbäumen Platz, und lauschen Sie den leidenschaftlichen politischen Debatten, die Männer verschiedenster Couleur führen. An vielen Tischen wird Schach gespielt. SCHACH ist fester Bestandteil der Kaffeehauskultur, das Niveau außerordentlich hoch und die Konkurrenz hart. Hier können Sie sich mit den besten Schachspielern des revolutionären Paris messen. Etwas vornehmer geht es im CAFÉ DE LA RÉGENCE mit seinen Marmortischen, Spiegelwänden und Kandelabern zu.

❯❯ FRANZÖSISCHES BROT

Brot spielt in den Ereignissen, deren Zeuge Sie sein werden, eine entscheidende Rolle, und das ist symptomatisch für seine Bedeutung in der französischen Gesellschaft des ausgehenden 18. Jahrhunderts. Es gibt die verschiedensten Formen und Größen, rund, oval oder länglich, es gibt auch schon die langen, dünnen Stangen – sie heißen allerdings noch nicht Baguettes, das Wort kommt erst um 1920 auf – mit dem unverwechselbaren Geschmack, der sich speziellen Zutaten verdankt: Salz (graues aus den Salzwiesen, weißes aus der Normandie), Wasser (aus Flüssen, Quellen und Brunnen oder aufgefangenes Regenwasser), Butter, manchmal Milch und Zucker, gelegentlich ein Ei, damit der Laib schön glänzt. Weißmehl wird nach dem Mahlen für die drei wichtigsten Teigsorten durch Tuche gesiebt: *ferme* (hart), *molle* (weich) und *bâtard* (Bastard). Letzteres liegt in der Mitte zwischen hart und weich, *pain bâtard* verdrängt das Hartbrot allmählich aus der Rolle der meistgegessenen Sorte.

Brot ist auch eine Klassenfrage. Die Reichen essen meistens *pain mollet*, es ist innen weich, außen knusprig und schmackhaft; die bürgerliche Mittelschicht bevorzugt *bâtard*-Brote wie das *pain bourgeois* (ein sprechender Name); die große Mehrheit jedoch muss sich mit Hartbrot zufriedengeben, dem *pain du commun*. Während der Reise können Sie die verschiedenen Brotsorten ausprobieren – denn das ist schließlich Anlass für den Marsch der Frauen nach Versailles.

DIE UNTERSCHICHT

Wenn Sie das Leben der arbeitenden Bevölkerung kennenlernen wollen, mit deren Vertreterinnen Sie morgen nach Versailles ziehen, empfehlen wir einen kurzen Spaziergang in die wenig vornehme Gegend um den Großmarkt LES HALLES. Die Gasthäuser sind gut besucht und schenken einen vernünftigen Schoppen Bordeaux oder Burgunder aus; Sie bekommen hier auch eine herzhafte Suppe. Wenn dazu überhaupt Brot gereicht wird, dann ein *pain à soupe*, hergestellt aus Brotresten und *bâtard*-Teig, oder ein dunkles Brot wie das lokal weitverbreitete *gros pain de Paris*. Wenn Sie noch tiefer eintauchen wollen, gehen Sie in einen der vielen Eckläden. Kaufen Sie sich eine Flasche Wein zum Mitnehmen oder, noch besser, trinken Sie Ihren Schoppen gleich vor Ort im Stehen (Stühle gibt es keine) und mischen Sie sich unter die Tagelöhner, Kaminfeger, Kutscher, Huren und Kleinkriminellen.

In diesem Viertel redet jeder POISSARD, einen derben, lebenslustigen Dialekt, der in den Markthallen zu Hause ist und nicht nur von den Fischweibern, den Poissarden, gesprochen wird. Grammatik und Syntax sind stark verkürzt, vieles wird einfach weggelassen, dafür wird umso mehr gereimt. Poissard ist perfekt für Witze und lasterhafte Lieder. Bürgerliche und Adlige haben es für sich entdeckt, sie finden es schick, hier und da ein paar rustikale Ausdrücke einzuflechten.

MONTAG, 5. OKTOBER 1789

Nach einer kurzen Nacht – Paris schläft nicht vor vier Uhr in der Frühe – müssen Sie um sieben in Ihrem proletarischen Outfit zum FRÜHSTÜCK erscheinen. Frauen tragen bitte eine weiße

ZUG DER FRAUEN NACH VERSAILLES ❈ OKTOBER 1789

Haube, eine weite blaue Bluse und eine weiße Schürze über einem bauschigen Faltenrock, Männer rote Mütze, weißes Hemd, braune Lederweste und blaue *culottes* (Kniebundhosen). Beide Geschlechter schmücken sich mit der TRIKOLORE, am besten als Schärpe diagonal von der rechten Schulter zur linken Hüfte oder waagerecht um die Taille geschlungen.

Probieren Sie in der Patisserie ein *pain à café*, ein gehaltvolles Brötchen. Es schmeckt, wie der Name sagt, sehr gut zum Kaffee, wir empfehlen jedoch eine Tasse heiße Schokolade, entweder als dunkler Sud aus Kakaopaste, vermischt mit Vanille und Zucker, oder die cremige Variante mit Milch. Seit die Schokolade im 17. Jahrhundert nach Frankreich gekommen ist, wird *chocolat chaud* immer beliebter, in letzter Zeit ist sie, oft verfeinert mit Gewürzen wie Zimt, Muskat oder Nelke, der Renner. Marie Antoinette hat einen eigenen *chocolatier*, der neue Sorten für sie erfinden soll. Sie können auch einen Windbeutel probieren, wofür viel Butter, Wasser, Mehl und Eier zu einem Brandteig verrührt werden, der beim Backen zu einem leichten, fluffigen Gebäck aufgeht. Erfunden hat ihn Talleyrands Patissier Jean Avice.

Beim Kauen können Sie die Glocken von Sainte-Marguérite Sturm läuten hören, bald fallen Dutzende anderer Kirchen ein und rufen die Einwohner von Paris dazu auf, sich einer jungen Frau anzuschließen, die eine Trommel schlägt und lauthals schreit: »Wann bekommen wir endlich Brot?« Der Zug hinter ihr schwillt auf 7000 Personen an, überwiegend Marktfrauen, Händlerinnen, Fischverkäuferinnen, Hausiererinnen aus dem Faubourg Saint-Antoine, die sich mit Messern und Knüppeln bewaffnet haben und von einigen Männern aus den umliegenden Bezirken begleitet werden.

Gemeinsam marschiert die aufgebrachte Menge zum HÔTEL DE VILLE, dem Pariser Rathaus, vor dem bereits mehrere Massenproteste stattgefunden haben.

VOR DEM RATHAUS

Sie sollten gegen acht Uhr morgens auf der PLACE DE GRÈVE vor dem Rathaus sein. Dann bekommen Sie noch mit, wie die Frauen und einige Herren die Türen aufbrechen. Folgen Sie ihnen, wenn Sie mögen, in das Gebäude. Dort werden Akten durcheinandergewirbelt und Schubladen aufgerissen, aber nicht um zu plündern und zu stehlen – jemand lässt ein Bündel 1000-Livre-Scheine mitgehen, gibt das Geld aber einige Wochen später zurück, 3,5 Millionen Livre in bar werden hingegen nicht angerührt –, die Leute suchen vielmehr nach Waffen und werden fündig: 700 Flinten und Musketen sowie zwei Kanonen schleppen sie auf den Platz. Dort fordert der Mob immer aggressiver den Kopf des Bürgermeisters, JEAN-SYLVAIN BAILLY, ein auf die Monde des Jupiter spezialisierter Astronom, der mit dem König und seinem flandrischen Regiment in einen Topf geworfen wird.

Gegen elf kippt die Stimmung, die Frauen singen »A Versailles, ou à la lanterne«, keine leere Drohung, hat es sich doch eingebürgert, die Feinde des Volkes an Laternenpfählen aufzuhängen und ihnen dann die Köpfe abzuschneiden. Mathieu Jouve Jourdan, besser bekannt als JOURDAN COUPE-TÊTE, steht mit einer ganzen Palette von Hackebeilen und Fleischermessern schon bereit, von Kopf bis Fuß schwarz angezogen. Dem ehemaligen Metzgermeister eilt ein furchterregender Ruf voraus, weil er in die Ermordung des letzten Kommandanten der Bastille verwickelt war. Nachdem die wütenden Menschenmassen den Mann mit Messern und Bajonetten zu Tode malträtiert hatten, hackte Jourdan ihm noch den Kopf ab. Auf eine Stange gespießt wurde er dann zum Rathaus getragen. Die Revolution hatte ihr erstes prominentes Todesopfer.

Die Frauen fesseln ABBÉ LEFÈBVRE, den zweiten Bürgermeister, Jourdan wetzt die Messer, doch STANISLAS MAILLARD, einer der

Helden bei der Erstürmung der Bastille, greift zu Lefèbvres Gunsten ein und überredet die Frauen, ihn freizulassen. Und er gibt den Startschuss für den Marsch auf Versailles.

DER MARSCH

Maillard geht mit einigen Trommlern voraus, die Frauen setzen sich im strömenden Regen, der den ganzen Tag nicht nachlässt, in Bewegung. Sie werden mit dem ganzen Tross die Seine überqueren, bis zum anderen Ende der Île de la Cité laufen, dem Seine-Ufer Richtung Pont Neuf auf dem Quai des Orfèvres folgen, neuerlich die Seine überqueren, am Louvre und den Tuilerien vorbeilaufen, kurz auf der Place Louis XV. (heute Place de la Concorde) haltmachen, dann geht es mit einem Umweg über die Champs-Élysées wieder am rechten Seine-Ufer entlang durch Chaillot, irgendwann wieder über die Seine nach Sèvres, da ist

FRAUEN AUF DEM MARSCH. ZWANZIG KILOMETER SIND EINE GANZ SCHÖNE STRECKE, WENN MAN BEI STRÖMENDEM REGEN EINE KANONE HINTER SICH HERZIEHT.

dann schon ein gutes Stück geschafft, fehlt nur noch Viroflay, der letzte Halt vor Versailles. Unterwegs werden lustige Liedchen à la »Was machen wir mit *bon papa*« (gemeint ist der König) geschmettert und Schaulustige gedrängt, sich dem Zug anzuschließen. Achten Sie einmal auf die Ladenbesitzer: Sie vernageln ihre Geschäfte in Windeseile mit Brettern.

IN VERSAILLES

Nach ungefähr sechs Stunden erreichen Sie Versailles und marschieren mit allen anderen über die Hauptstraße, die AVENUE DE PARIS, wo Sie von den hiesigen Offiziellen mit freundlichen Worten und Fässern voll Wein empfangen werden. Achten Sie auf die atemberaubende Erscheinung von THÉROIGNE DE MÉRICOURT, eine wunderschöne junge Frau, die in einer purpurroten Reitjacke auf einem kohlschwarzen Pferd sitzt und auf dem Kopf einen federgeschmückten Hut trägt; die frühere Kurtisane wird zur Leitfigur der Revolution und verkörpert die Emanzipation der Frau.

Die meisten Teilnehmerinnen des Zuges besorgen sich erst einmal etwas zu trinken, aber eine Abordnung der Frauen geht in Begleitung einiger Männer, die eine der Kanonen ziehen, weiter die Hauptstraße hinunter, bis sie vor der PLACE D'ARMES und damit direkt vor dem Schloss stehen. Die schmiedeeisernen Tore schirmen die COUR ROYALE hermetisch ab und werden von der königlichen Leibgarde, den Cent-suisses oder Hundertschweizern und den verhassten Schwarzen Musketieren bewacht. Unbeeindruckt drohen die Frauen, das Feuer zu eröffnen, und werfen dem König seine Weigerung vor, die Erklärung der Menschenrechte zu unterschreiben.

LUDWIG XVI., soeben in aller Eile von der Jagd in Meudon zurückgekehrt, empfängt eine Abordnung. Die siebzehnjährige

ZUG DER FRAUEN NACH VERSAILLES ❊ OKTOBER 1789

THÉROIGNE DE MÉRICOURT WAR DAS VORBILD FÜR DIE PERSONIFIKATION DER FREIHEIT IN DELACROIX' REVOLUTIONSGEMÄLDE *DIE FREIHEIT FÜHRT DAS VOLK*.

Blumenhändlerin PIERRETTE CHABRY fällt vor lauter Aufregung, dem König so nah zu sein, in Ohnmacht. Er bringt sie mit Riechsalz wieder auf die Beine. Danach verspricht er allen, jedes derzeit auf dem Weg nach Paris befindliche Weizenkorn würde sofort ausgeliefert.

Sein Angebot stößt bei den draußen wartenden Frauen auf gesundes Misstrauen, wobei die Nerven zusehends blank liegen, weil mehrere Versuche, durchs Tor zu gelangen, vom FLANDRISCHEN REGIMENT vereitelt werden. Der König, der die Frauen aus verständlichen Gründen nicht noch mehr gegen sich aufbringen will, lässt alles, was die Schlossbäckerei hergibt, unter ihnen verteilen. Holen Sie sich ein Stück von dem hervorragen-

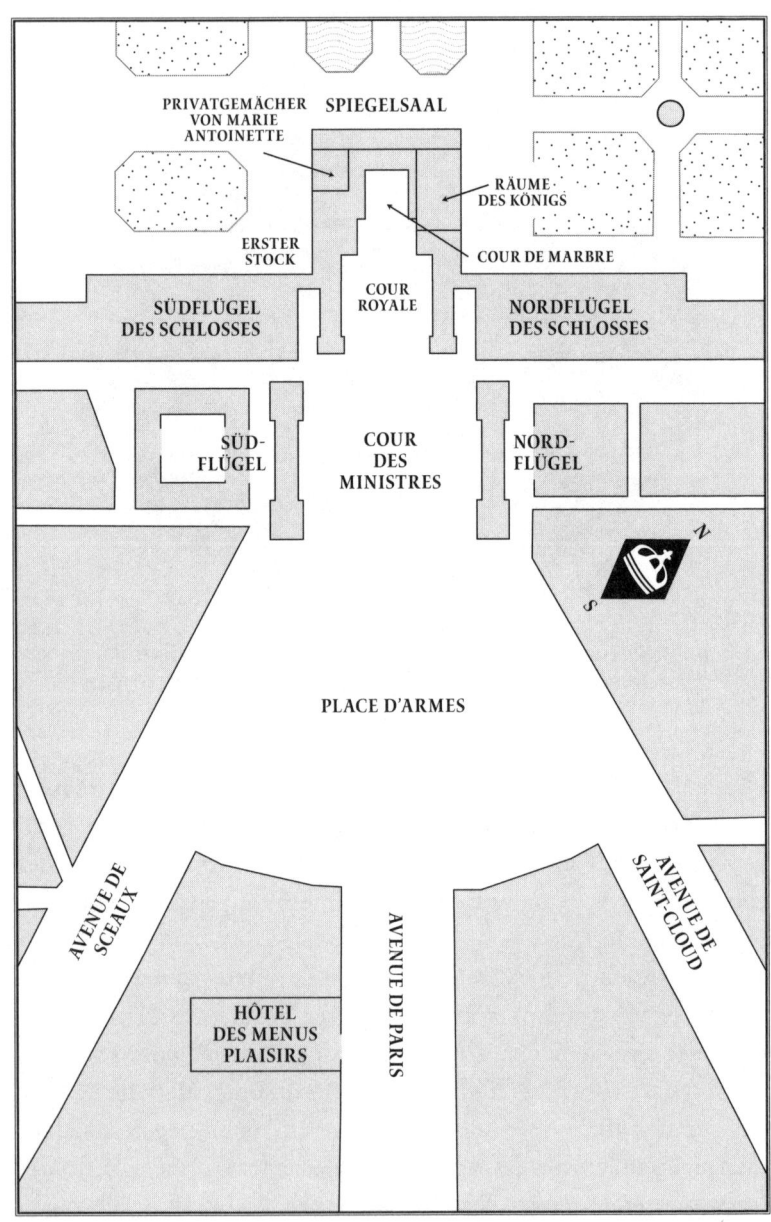

den Brot, es dürfte für die nächste Zeit das Einzige sein, was Sie zu essen bekommen. Gegen 18 Uhr erklärt sich der König bereit, die ERKLÄRUNG DER MENSCHEN- UND BÜRGERRECHTE und alle anderen im August von der Nationalversammlung verabschiedeten Dekrete zu unterschreiben und damit den feudalen Ständestaat abzuschaffen. Dieses Zugeständnis besänftigt die Menge fürs Erste. Die nächsten Stunden wird es, abgesehen von gelegentlichen Schusswechseln, ruhiger zugehen.

L'HÔTEL DES MENUS PLAISIRS

Vielleicht möchten Sie einfach nur draußen herumschlendern – das ist hochinteressant, aber dann verpassen Sie die Vorfälle im VERSAMMLUNGSSAAL. Ganz in der Nähe des Versailler Schlosses, in dem Gebäudekomplex an der Avenue de Paris mit der heutigen Hausnummer 22, traten am 5. Mai 1789 die *États généraux* (Generalstände) zusammen, aus denen sich am 17. Juni die Nationalversammlung konstituierte. Der Saal ist nicht ganz 50 Meter lang und halb so breit und war für die Eröffnungszeremonie am 5. Mai umgebaut und erweitert worden, damit alle Vertreter der drei Stände (Klerus, Adel, Bürgertum) darin Platz fanden. Zehn Meter Deckenhöhe, eine Kuppel in der Mitte, Wandgemälde, dorische Säulen, ansteigende Sitzplätze um die ausgedehnte Debattierfläche im Zentrum – der Anblick wird Ihnen den Atem rauben.

Zunächst folgen nur wenige STANISLAS MAILLARD in den Versammlungsraum, die Abgeordneten hören sich fassungslos seine Forderungen im Namen der Frauen an. Doch dann drängen Hunderte in den Saal, klatschnass, verdreckt und stinkend, wie nach dem langen Weg durch den Regen nicht anders zu erwarten, und so manche hat ein Jagdmesser oder einen Degen am Gürtel befestigt. Ein Riesentumult bricht los. Die Deputierten werden unsanft beiseitegeschubst, die Frauen erobern die Bänke, eine setzt sich auf den Stuhl des Präsidenten und erlässt in seinem Namen Dekrete, andere feuern Warnschüsse ab. Denkwürdige Szenen spielen sich ab, etwa als ein junger Geistlicher einer Fischhändlerin die Hand küsst, weil er einen Erzbischof vor weiteren Beleidigungen schützen will, doch die gutgemeinte Geste verfängt nicht, die Frau gibt ihm zu verstehen, dass sie einem Hund nicht die Pfoten küssen werde.

Nicht allen Vertretern der Nationalversammlung schlägt solche Verachtung entgegen. MIRABEAU wird von den Frauen umschwärmt – der korpulente, pockennarbige Revolutionär ist längst für seine donnernde Rhetorik und seinen messerscharfen Verstand berühmt. ROBESPIERRE hingegen ist bisher nur ein schmächtiger Advokat aus der Provinz, der aussieht, als hätte er einen Besenstiel verschluckt, und höfliche Worte und aufmunternde Geräusche von sich gibt. Seine Zeit als Architekt des Großen Terrors kommt erst noch.

DIENSTAG,
6. OKTOBER

Gegen Mitternacht werden Sie viele, viele Stiefel im Marschschritt hören und Tausende von Fackeln sehen, die sich durch die Dunkelheit nähern. Die NATIONALGARDE rückt an, fast 20 000 Mann stark, in Sechserreihen kommen die Soldaten in ihren blau-weiß-roten Uniformen die Avenue de Paris herunter, jeder mit einer ebenfalls blau-weiß-roten Kokarde am Hut. Die halbprofessionelle Miliz wurde zur Verteidigung der Revolution gegründet und ist GENERAL LAFAYETTE unterstellt, der ruhmreich im amerikanischen Unabhängigkeitskrieg gekämpft hat und der dem Zug auf einem Schimmel voranreitet. Dem Verband folgen Tausende bewaffneter Zivilisten. Die Männer sind erst um 16 Uhr in Paris losgelaufen, weil Lafayette seine Leute eigentlich vom

Marsch nach Versailles abbringen wollte und erst aufgab, als ihm einige seiner Offiziere die schöne Aussicht von einem Laternenpfahl schmackhaft machen wollten.

Nach seiner Ankunft verschwindet er sofort im Schloss zu einer Audienz beim König und lässt Sie ungeduldig wartend zurück. Als er endlich wieder herauskommt, verkündet er gute Neuigkeiten: Das flandrische Regiment wird entlassen. Die meisten Revolutionäre geben sich damit zufrieden, sie sind ohnehin ziemlich erschöpft, und so begibt sich Lafayette gegen drei Uhr in der Früh, überzeugt, das Schlimmste abgewendet zu haben, zum Haus seines Großvaters in der Nähe und haut sich aufs Ohr.

Kaum ist er weg, feuert ein Schwarzer Musketier von einem Fenster des Schlosses auf einen siebzehnjährigen Schreinerlehrling, JÉRÔME HÉRITIER, und der fällt tot um.

ZURÜCK IN DER NATIONALVERSAMMLUNG

Aus dem Schloss treffen im weiteren Verlauf der Nacht immer wieder neue Meldungen ein, jedes Zugeständnis des Königs wird mit stürmischem Applaus begrüßt und Lafayettes Besuch zugeschrieben. Allerdings nimmt die Begeisterungsfähigkeit mit wachsender Müdigkeit deutlich ab. Viele Frauen schlafen auf den Bänken ein, manche sogar im Stehen. Wenn Sie mögen, können Sie sich auch für ein Nickerchen irgendwo zusammenrollen. Bloß schlafen Sie um Himmels willen nicht zu lange: Gegen vier Uhr morgens geht's im Schloss richtig rund.

IM SCHLOSS

Eine große Abordnung der königlichen Truppen wird, aus welchen Gründen auch immer, mitten in der Nacht ans andere Ende der Palastanlage verlegt, wodurch der COUR DES MINISTRES nahezu ungeschützt zurückbleibt. Die Frauen nutzen ihre Chance, brechen durch die Sperren und strömen in den COUR DE MARBRE, den innersten Hof des Schlosses, der verschwenderisch mit Marmor ausgestattet ist. Er besitzt einen direkten Zugang zu den königlichen Gemächern, die alle ineinander übergehen. Sie liegen im ersten Stock des Hauptgebäudes, während die Regierungseinrichtungen und der Hofstaat im Süd- und Nordflügel – zusammen fast einen Kilometer lang – untergebracht sind.

Gegen zwanzig vor fünf scheren einige Frauen aus der großen Menge aus und wollen MARIE ANTOINETTE zur Strecke bringen, ihre Eingeweide in die eigenen Schürzen einschlagen und forttragen; eine kreischt gar, sie würde der Hure das Herz aus dem Leib reißen, den Kopf abschlagen und die Leber zu Frikassee verarbeiten. Andere Frauen streifen durch die Zimmer der mit Abstand reichsten Menschen Frankreichs und stehlen Wertgegenstände, Wandteppiche, Kerzenleuchter, Schmuck, Porzellanfiguren. Der HERZOG VON ORLÉANS (dem das Palais Royal gehört) steht mit grauem Frack, Schlapphut und Reitgerte im Treppenhaus und hebt träge den Arm, um den Leuten den Weg zu den Räumen der Königsfamilie zu weisen. Unterwegs können Sie vor Angst besinnungslose Höflinge sehen, die sich unter Stühlen und hinter Sofas verstecken.

Zwei Leibwächter, TARDIVET und MIOMANDRE DE SAINTE-MARIE, stehen an der Tür zu Marie Antoinettes persönlichem Reich. Tardivet begeht den Fehler, zu schießen, verwundet jemanden und wird sofort gefasst und enthauptet. Kümmern Sie sich nicht weiter um die scheußliche Szene, behalten Sie vielmehr Miomandre im Auge, der mit dem Rücken zur Tür steht, die ins Vorzimmer der Königin führt. Er öffnet sie rasch, ruft einer Zofe zu, sie solle die Königin retten, die wollten sie umbringen. Kaum ist die Tür wieder zu, fällt der Mob über ihn her und schlägt ihm den Schädel mit Gewehrkolben ein.

ZUG DER FRAUEN NACH VERSAILLES ✴ OKTOBER 1789

Eine paar Frauen stürmen in Marie Antoinettes Schlafzimmer, doch die Königin ist gerade noch rechtzeitig entwischt und erreicht, nur mit dem Unterrock bekleidet, den abschließbaren SALON DE L'ŒIL-DE-BŒUF (er hat seinen Namen von einem ovalen Fenster), in das sich der König und die beiden Kinder bereits geflüchtet haben. Frustriert lassen die Verfolgerinnen ihre Wut am Bett aus und zerstechen es mit ihren Klingen.

Viele Frauen marodieren durch den herrlichen SPIEGELSAAL mit seinen siebzehn bodentiefen Fenstern und den siebzehn ihnen gegenüberliegenden Spiegeln, bis die NATIONALGARDE unter der Führung von LAZARE HOCHE, die Gewehre im Anschlag, zur Verteidigung Aufstellung nimmt. Hinter umgeworfenen Tischen verschanzt, unterbinden die Männer jeden weiteren Schritt.

DER SCHLOSSGARTEN

Sollte Ihnen dieses Ausmaß von Mord und Totschlag auf den Magen geschlagen sein, empfehlen wir einen Gang durch den vergleichsweise stillen Schlossgarten. Wenn Sie an den streng geometrisch angelegten Blumenbeeten vorbeigehen und die Allée d'Apollon mit dem Brunnen überqueren, erreichen Sie das Herzstück der Anlage, den GRAND CANAL, ein kreuzförmiges Wasserbassin von anderthalb Kilometern Länge und 60 Metern Breite. Der eine Arm heißt BRAS DE LA MÉNAGERIE, weil er auf die königliche Sammlung exotischer Tiere weist, der andere Arm, BRAS DE TRIANON, geht Richtung Grand und Petit Trianon, zwei klassizistische Schlösser im Norden des Parks. Im kleineren der beiden steht Marie Antoinettes Spezialkommode – ein Wasserklosett nach neuestem technischem Stand.

Im baumbestandenen Teil des Parks stoßen Sie überall auf bemerkenswerte Bauten wie den abgelegenen FREILUFTBALLSAAL, ein AMPHITHEATER MIT MINI-WASSERFALL und eine GALERIE mit einer beeindruckenden Reihe antiker Statuen, die man aus Rom herbeigeschafft hatte. Sie sollten aber nicht zu weit laufen, um halb zehn beginnt im Schloss das dramatische Finale.

DIE BALKONSZENE

Während ein Patt im Schloss alles lahmlegt, hat sich die tobende Menge draußen ein paar Schwarze Musketiere geschnappt und will ihnen unter Anleitung von Jourdan »Coupe-Tête« die Bäuche aufschlitzen. Die KÖPFE DER LEIBWÄCHTER Tardivet und Miomandre werden, auf Piken gesteckt, herumgetragen, Miomandres Haupt von einem Aktmodell in pseudorömischer Robe. Spaß und Spiel nehmen allerdings ein jähes Ende, als LAFAYETTE auf seinem Schlachtross angesprengt kommt. Wütend stürzt er sich ins Gewühl, befreit die Flandrischen und stellt notdürftig die Ordnung wieder her.

LAFAYETTE VERHINDERT DEN MORD AN DER KÖNIGIN, INDEM ER MARIE ANTOINETTE DIE HAND KÜSST.

ZUG DER FRAUEN NACH VERSAILLES ❊ OKTOBER 1789

Lafayette befiehlt der Nationalgarde, die Place d'Armes, die Innenhöfe im Palast sowie den Anfang der Avenue de Paris zu sichern, und eilt dann zum Schloss, wo er im Salon de l'Œil-de-Bœuf empfangen wird. Hier redet er auf König und Königin ein, sich nach Paris zu begeben. Widerwillig schicken sich die beiden ins Unvermeidliche. Trotzdem braucht Lafayette geschlagene zwei Stunden, bis er endlich ihre Einwilligung hat. Sie müssen mit der Menschenmenge also ausharren und im COUR DE MARBRE angespannt auf den Ausgang warten, immer in der Angst, die Nationalgarde könnte ein Blutbad anrichten.

Endlich, gegen zehn Uhr vormittags, tritt Lafayette mit dem König auf den Balkon. LUDWIG XVI. verspricht, nach Paris zurückzufahren und sich seiner Verantwortung zu stellen – und die Menge bricht spontan in Jubel aus. Dann steckt Lafayette einem Soldaten aus der königlichen Leibgarde die dreifarbige Kokarde an den Hut. Auch diese Geste kommt bei den Menschen gut an, die Rehabilitierung des Regiments ist also geglückt. Fehlt nur noch der schwierigste Teil: MARIE ANTOINETTE kommt heraus. Um zu retten, was noch zu retten ist, hat sie ihre Kinder bei sich, buhlt um die Herzen der Menschen, aber ein Aufschrei geht durch die Menge: »Pas d'enfants!« (Keine Kinder!)

Am 27. Juni 1789, gut ein Vierteljahr zuvor, hatte Marie Antoinette an derselben Stelle gestanden und ihre Kinder einer ähnlich großen Menschenmenge gezeigt, die anlässlich der Gründung der Nationalversammlung gekommen war, und damals hatte man ihr zugejubelt. Heute nicht. Über den Marmorhof senkt sich feindseliges Schweigen. Lafayette merkt, dass ein falscher Ton einen Aufstand provozieren würde, den nichts und niemand mehr aufhalten könnte, neigt sich zeremoniell über die Hand der Königin und wendet so die Katastrophe ab. Schreien Sie ruhig mit dem Mob Hurra!

DIE LEIBWÄCHTER TARDIVET UND MIOMANDRE KEHREN ZU IHREM PECH IN LUFTIGER HÖHE ZURÜCK IN DIE STADT.

RÜCKKEHR NACH PARIS UND ABREISE

Gegen 13 Uhr brechen Sie mit rund 60000 anderen in Versailles auf. Am Kopf und Ende des Zuges laufen Soldaten der Nationalgarde, in der Mitte der schwerfälligen Prozession fährt die goldene Kutsche mit dem König, der Königin (die eine Schachtel Diamanten mitgenommen hat) und ihren Kindern, eskortiert von Lafayette und gefolgt von Kutschen voller Höflinge, Minister und Deputierter der Nationalversammlung. Die überwältigende Mehrheit wogt um dieses Defilee der Promis herum. Man beäugt die kostbare Fracht der Karren und Fuhrwerke, die das Mehl aus den Vorratskammern des Schlosses nach Paris transportieren.

Die Stimmung ist ausgelassen. Viele Frauen recken ihre Waffen in die Höhe und rufen beherzt, sie brächten den Bäcker, die Bäckerin und den Bäckerssohn, und die Nationalgardisten stecken sich ganz im Geist des Moments Brotlaibe auf die Piken. Ebenfalls auf Piken gespießt und mit neuen gepuderten Perücken aus Sèvres erreichen die Köpfe der gelynchten Leibwächter Tardivet und Miomandre Paris, die später am Palais Royal zur Schau gestellt werden.

Während der Zug die Vororte durchquert, verbarrikadieren sich die meisten Bürger in ihren Häusern. Ein paar zieht es aber doch auf die Straße: Wutentbrannte Bauern bewerfen die königliche Kutsche mit Dreck.

Gegen 18 Uhr sind Sie wieder im wogenden Gedränge an der PLACE DE GRÈVE. Die Menschen wollen das Königspaar auf dem Weg ins Rathaus sehen, wo sie vom Bürgermeister Bailly und Abgesandten aller sechzig Pariser Distrikte empfangen werden. Anschließend treten König & Co. wieder auf einen Balkon, diesmal erschallen Jubel- und »Vive le Roi!«-Rufe. Der so Gefeierte zieht sich bald darauf mit seiner zerzausten Königin in die Tuilerien zurück, wo sie ab jetzt daheim sind.

Paris feiert bis weit in die Morgenstunden. Die Straßen vibrieren förmlich vor Freude. Genießen Sie die ekstatischen Feierlichkeiten! Wir holen Sie mittags im HÔTEL DE SOUBISE ab.

DAS ATTENTAT AUF ERZHERZOG FRANZ FERDINAND

―◦◦◦◦◦◦―

SARAJEVO,
28. JUNI 1914

DIE WELT WAR NACH DER ERMORDUNG VON ERZherzog Franz Ferdinand und seiner Gattin Sophie, Herzogin von Hohenberg, nicht mehr dieselbe. Die tödlichen Schüsse haben eine Kette von Ereignissen ausgelöst, die den Ausbruch des Ersten Weltkriegs, den Tod von Millionen Menschen, den Zusammenbruch mehrerer Großreiche, eine völlig veränderte Landkarte in Osteuropa und dem Nahen Osten und zahlreiche weitere Umwälzungen nach sich zogen, die das 20. Jahrhundert prägten. Mag sein, dass sich der Krieg schon vorher abzeichnete, aber er wäre anders verlaufen und hätte andere Folgen gehabt, wäre nicht der österreichische Thronfolger erschossen worden.

Das Attentat selbst war den Launen des Schicksals unterworfen: Glück und Zufall bestimmten den Ausgang. So hauchfein sind hier Erfolg und Misserfolg voneinander getrennt, dass das Raum-Zeit-Kontinuum bei einer geringfügigen Verzögerung oder Beschleunigung im Ablauf massiv Schaden nehmen würde. Reiseteilnehmer sollten sich dieser Verantwortung bewusst sein und unsere Anweisungen strikt befolgen.

ERZHERZOG
FRANZ FERDINAND
VON ÖSTERREICH

HINTERGRUNDINFO:
SERBIEN UND HABSBURG

Der erzwungene RÜCKZUG DES OSMANISCHEN REICHS hinterließ auf dem Balkan im Laufe des 19. Jahrhunderts ein Machtvakuum, in das die unabhängig gewordenen Länder drängten. Sie rechtfertigten ihren gewaltigen Gebietshunger mit historischen Ansprüchen. Besonders SERBIEN berief sich lautstark auf alte Rechte, die Nationalisten träumten von einem Großserbien mit sämtlichen Landstrichen Österreich-Ungarns, auf denen sich die serbische Diaspora angesiedelt hatte. Vor allem BOSNIEN hatten sie im Visier. 1878 war das Land beim Berliner Kongress unter ÖSTERREICHISCH-UNGARISCHE VERWALTUNG gestellt worden, was die eben dem osmanischen Joch entronnenen Serben zutiefst verärgerte.

1908 annektierten die Habsburger Bosnien ganz offiziell und überstrapazierten damit die Geduld der heißblütigen, oft in Geheimbünden organisierten serbischen Idealisten, die sich gegen kaiserlich-königliche Ansprüche verschworen. Einer von ihnen war der junge Mann, der den Finger am Abzug hatte: GAVRILO PRINCIP. Er wurde im Juli 1894 in Obljaj geboren, einem rückständigen Dorf nahe der kroatischen Grenze. Princip wurde wegen politischer Umtriebe von der Schule geworfen und für den Militärdienst als untauglich eingestuft. 1914 hatte der so Gedemütigte einen hochprozentigen Cocktail aus Anarchismus, revolutionärem Sozialismus und serbischem Nationalismus intus und war bereit, sein Leben für die Idee zu geben. Als **MITGLIED DER SCHWARZEN HAND**, einer Untergrundorganisation mit Verbindungen zum serbischen Geheimdienst, beschloss Gavrilo Princip, den Erzherzog bei dessen Besuch in der Hauptstadt zu ermorden.

Der 28. Juni war aus einer Reihe von Gründen ein bedeutender Tag: Es war der Hochzeitstag des königlichen Paares, es war Sankt-Veits-Tag, ein Feiertag, und es war der Jahrestag der **SCHLACHT AUF DEM AMSELFELD 1389**, bei der die serbischen Truppen mit den Osmanen um das Schicksal ihres Reichs gerungen hatten. Obwohl die Serben den osmanischen Sultan töteten, erlitten sie eine katastrophale Niederlage mit dem Ergebnis, dass die Osmanen 500 Jahre lang über sie herrschten. Nach so langer Zeit stand die Schlacht im Zentrum des serbischen Nationalstolzes, der Niederlage wurde Jahr für Jahr inbrünstig gedacht.

Es war Wahnsinn, dass der Erzherzog am Sankt-Veits-Tag Sarajevo besuchte, eine Provokation ohnegleichen.

≫ REISEVERLAUF ≪

Die Reise soll Sie so dicht wie möglich ans Geschehen bringen, ohne Sie persönlich oder das delikate Gleichgewicht der Geschichte in Gefahr zu bringen. Am besten stellen Sie sich vor, Sie wären in geheimer Mission unterwegs und müssten die Attentäter auf Schritt und Tritt beschatten, das heißt möglichst unauffällig bleiben und nach genauem Zeitplan operieren. Davon hängen der Erfolg der Operation und Ihre sichere Rückführung ab.

Alle Reisenden müssen sich in Sarajevo polizeilich registrieren lassen, was Zeitreisenden aus naheliegenden Gründen nicht möglich ist. Wir setzen Sie in der Morgendämmerung des 28. Juni in einem Unterschlupf ab. Männer sollten ein schlichtes Jackett, Schlips und weißes Hemd tragen, dazu entweder Fez oder Fedora. Falsche Schnurrbärte werden, falls erforderlich, vor Ort zur Verfügung gestellt. Frauen erscheinen bitte im bodenlangen Kleid, mit Handschuhen und einem der modischen großen Hüte.

Für den Fall, dass Sie von der Polizei angehalten werden sollten, statten wir Sie mit falschen Papieren und einer falschen Identität aus. Sie erhalten außerdem eine Karte Ihres Operationsgebiets auf Reispapier, die Sie aufessen müssen, wenn Sie verhaftet werden.

FRÜHSTÜCKSTREFFEN

Sie verlassen den Unterschlupf um 7.30 Uhr und gehen in die KONDITOREI VLAJNIĆ in der Ćumurija. Unterwegs wird Ihnen auffallen, wie multikulturell Sarajevo ist: Moscheen und Synagogen stehen dicht an dicht mit serbisch-orthodoxen und katholischen Kirchen. Kein Wunder, dass die Stadt »Jerusalem Europas« genannt wird. An vielen Gebäuden wehen anlässlich des hohen Besuchs die FLAGGE DER HABSBURGER (schwarz-gelb mit dem kaiserlichen Adler) und die rot-gelbe FLAGGE BOSNIENS.

Betreten Sie die Konditorei um 7.44 Uhr. Sie bestellen einen Kaffee und etwas zu essen. Sehr zu empfehlen sind *burek* oder *sirnica*, mit Hackfleisch oder einer Art Schichtkäse gefüllte Teigblätter. Süßmäuler sind mit einem Apfelstrudel gut beraten. Nehmen Sie möglichst weit weg vom Eingang Platz. Gleich betritt ein schmächtiger Mann mit großem Schädel und schmalem Oberlippenbart, schwarzem Jackett und kragenlosem weißem Hemd das Geschäft. Das ist TRIFKO GRABEŽ. Begleitet wird er von DANILO ILIĆ, der das Attentat mitorganisiert hat und, abgesehen vom gestreiften Schlips, praktisch genau wie Grabež angezogen ist und ganz ähnliche Gesichtszüge hat, nur seine Frisur ist anders (er trägt die Haare deutlich kürzer als Grabež). Die jungen Männer unterhalten sich lachend über den Verkaufstresen mit dem Inhaber Đuro Vlajnić und dessen Mitarbeiterin Erna Atias. Wenig später gesellt sich NEDELJKO ČABRINOVIĆ dazu, Neđo gerufen. Er sieht vornehmer aus und trägt einen feineren Anzug. Čabrinović begrüßt die beiden anderen, bestellt Gebäck und Kaffee für alle, dann gehen die drei direkt an Ihnen vorbei in den hinteren Teil des Raumes. Pünktlich um acht kommt GAVRILO PRINCIP herein – Sie werden ihn sofort erkennen. Jackett und Hemd schlackern an ihm, das Haar ist kurz geschnitten, die Nase breit, dünner Oberlippenbart, dunkle Augen, konzentrierter Blick; der gehetzte Gesichtsausdruck wird Ihnen nicht mehr aus dem Sinn gehen. Er stellt sich zu seinen Mitverschwörern, aber nur ganz kurz, gerade lange genug, um jedem eine Ampulle Zyankali und Neđo außerdem noch eine Bombe zuzustecken.

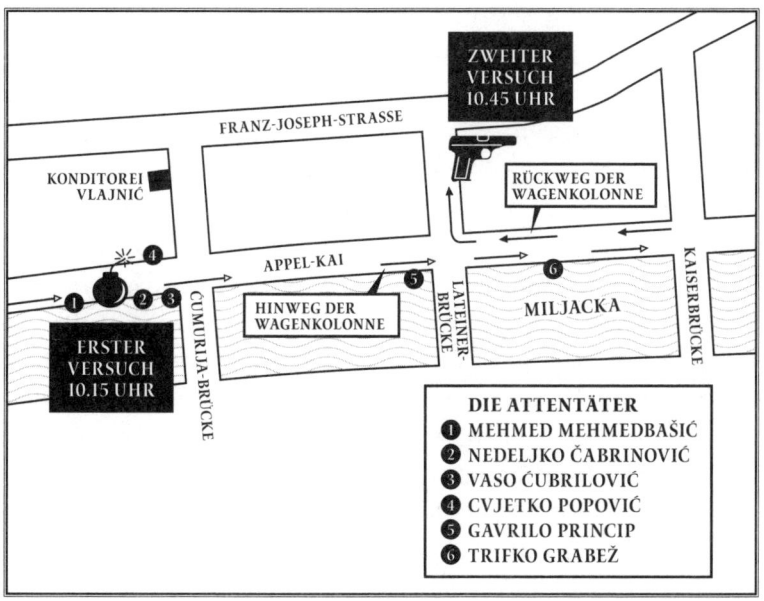

Schauen Sie nicht direkt hin. Die vier sind sehr nervös und würden ihr Vorhaben beim geringsten Verdacht sofort abbrechen. Sobald sie weg sind, warten Sie noch mindestens zehn Minuten, bevor Sie die Konditorei verlassen.

AUFSTELLUNG NEHMEN

Jetzt haben Sie Zeit für eine Erkundungstour. Wenden Sie sich nach Verlassen des Cafés in südliche Richtung und laufen Sie die knapp hundert Meter zur ĆUMURIJA-BRÜCKE. Am Fluss entlang führt der APPEL-KAI, über den die Wagenkolonne mit dem Erzherzog fahren wird. Hier, bei der Brücke, wird der erste, erfolglose Anschlag stattfinden. Der Attentäter wird an dem LATERNENPFAHL stehen, wenn er die Bombe wirft. Richtung Osten können Sie weitere Brücken über die MILJACKA sehen. Die nächste heißt LATEINERBRÜCKE, es ist die älteste der Stadt. Dort wartet Gavrilo Princip.

Sie können sich auch auf die andere Straßenseite stellen. Von dort haben Sie den besten Blick auf den Wagen des Erzherzogs und die Folgen der Explosion. Diese Straßenseite ist dank alter, hoher Bäume und mächtiger Villen im Wiener Stil schattig, und deswegen stehen hier mehr Schaulustige als auf der Uferseite. Allerdings riskieren Sie, von Granatsplittern getroffen zu werden.

Wenn Sie sich Ihre Stelle für später ausgesucht haben, gehen Sie rasch weiter; Sie könnten unerwünschte Aufmerksamkeit erregen, wenn Sie länger verweilen. Biegen Sie bei der Lateinerbrücke wieder links ab, dann sind Sie fast schon an der Kreuzung zur FRANZ-JOSEPH-STRASSE, einer Parallelstraße des Appel-Kais. An der Ecke liegt MORITZ SCHILLERS DELIKATESSENGESCHÄFT, wie das Ladenschild, die Waren im Schaufenster sowie eine Sektwerbung vom Boden bis unter die Decke verraten. Der zweite Anschlag findet direkt davor statt. Da in diesem Augenblick

ATTENTAT AUF FRANZ FERDINAND ✺ 28. JUNI 1914

Menschentrauben die Straße säumen werden, erregen Sie nirgends Verdacht, egal wo Sie sich hinstellen. Damit ist die Aufklärungsarbeit getan. Sie müssen noch ungefähr eine Stunde totschlagen und spätestens um Viertel vor zehn wieder bei der Ćumurija sein. Dann säumen bereits zahlreiche Menschen die vorgesehene Route, und Sie wollen ja etwas sehen.

Angesichts der knappen Zeit schlagen wir vor, dass Sie zurück zur Lateinerbrücke und auf die andere Seite der Miljacka wechseln. Dort können Sie sich in einem entzückenden Park auf eine schattige Bank setzen und den Blick über die hohen Berge ringsum schweifen lassen, an deren Hängen sich Obstgärten und hübsche Villen abwechseln.

Oder Sie laufen weiter auf der Franz-Joseph-Straße und besichtigen den BASAR. Das Viertel heißt BAŠČARŠIJA, und mitten in dem lebhaften Marktgeschehen steht die größte MOSCHEE der Stadt mit einem spektakulären 42 Meter hohen Minarett. Benannt nach GAZI HUSREV BEG, dem osmanischen Statthalter, der den Bau veranlasste, entstand sie Mitte des 16. Jahrhunderts. Mit ihren unzähligen Buden und Ständen, Teppichhändlern, Handwerkern, Gemüseverkäufern, Sattlern und Kupferschmieden, Männern mit Fez, Weste und Pluderhose und verschleierten Frauen in bunten Trachten ist die Gegend wirklich sehenswert.

DER ERSTE VERSUCH

Allerspätestens zehn vor zehn müssen Sie an der ĆUMURIJA-BRÜCKE parat stehen. Es ist warm und sonnig, die wartende Menge fröhlich gestimmt. Angesichts der Gefahr überrascht Sie vielleicht, wie wenig Polizei unterwegs ist. Gegen zehn sind ALLE ATTENTÄTER auf ihrem Platz, in regelmäßigen Abständen auf beiden Seiten des Appel-Kais. Den Anfang macht MEHMED MEHMEDBAŠIĆ, dann folgt ČABRINOVIĆ. Er steht wie Sie an der

DREI DER ATTENTÄTER: TRIFKO GRABEŽ, NEDELJKO ČABRINOVIĆ UND GAVRILO PRINCIP, FOTOGRAFIERT IN BELGRAD IM MAI 1914.

Ćumurija-Brücke, VASO ĆUBRILOVIĆ ein kleines Stückchen weiter, und CVJETKO POPOVIĆ ist auf der Straßenseite gegenüber, Ecke Ćumurija, postiert. PRINCIP treibt sich bei der Lateinerbrücke herum, und den Schluss macht TRIFKO GRABEŽ an der Kaiserbrücke. Alle sechs haben eine Bombe dabei, vier zusätzlich einen belgischen Revolver, FN Browning, Kaliber .38 ACP.

Die WAGENKOLONNE mit dem Thronfolger ist um 9.45 Uhr am Bahnhof losgefahren und kommt nach einem kurzen Besuch der Kaserne um 10.08 Uhr am Appel-Kai in Sicht. Im ersten Fahrzeug sitzen Polizisten. Sie sind für die persönlichen Leibwächter des Erzherzogs eingesprungen, die irrtümlich am Bahnhof zurückgelassen wurden. Im zweiten Auto befinden sich der Bürgermeister Fehim Čurčić und der Polizeichef.

ATTENTAT AUF FRANZ FERDINAND ❊ 28.JUNI 1914

Im dritten Wagen, einem schwarzen Kabriolett von Gräf & Stift, fährt das THRONFOLGERPAAR. Der Erzherzog trägt einen Hut mit extravagantem hellgrünem Federbusch, eine blaue Husarenuniform mit einer Reihe von Medaillen auf der Brust und weiße Handschuhe. Die Herzogin sitzt neben ihm im langen weißen Kleid mit roter Schärpe um die Taille und einem feschen breitkrempigen Hut mit Straußenfedern und weißem Schleier, einem Hermelinpelz und zwecks Kühlung einem weißen Sonnenschirm sowie einem dunklen Fächer. Sie hält ein Blumensträußchen in der Hand. Ihnen gegenüber sitzt der österreichische Statthalter OSKAR POTIOREK, der Fahrer ist LEOPOLD LOJKA, der eine entscheidende, undankbare Rolle im weiteren Verlauf spielen wird, und neben ihm hat GRAF FRANZ VON HARRACH Platz genommen, der den Sportwagen 1910 gekauft hat. Die Kolonne beschließen weitere vier Fahrzeuge mit verschiedenen Amtsträgern und ihren Mitarbeitern.

Um 10.12 Uhr fährt der Wagen mit dem Erzherzog am ersten Attentäter, Mehmedbašić, vorbei, aber der bleibt untätig. An der Ćumurija-Brücke macht sich Čabrinović bereit. Nachdem er die Konditorei verließ, war er bei Josef Schrei, um von sich ein Foto für die Nachwelt anfertigen zu lassen, dann ist er zum Appel-Kai gelaufen. Um 10.15 Uhr können Sie, falls Sie nahe genug dran sind, beobachten, wie er die Bombe aus der Jackentasche holt und mit einem Schlag gegen den Laternenpfahl entzündet. Doch statt bis zwölf zu zählen, damit die Zündschnur weit genug heruntergebrannt ist, wirft er sie sofort Richtung Auto.

Die Bombe ist noch in der Luft, da gibt der Chauffeur, der den Schlag an den Laternenmast gehört und für einen Schuss gehalten hat, schon Gas. Deswegen fällt sie nicht in den Wagen, sondern auf das zurückgeschlagene Verdeck, rollt dann herunter und landet vor dem nächsten Wagen, detoniert und sprengt einen kleinen Krater ins Pflaster.

Nach der Explosion müssen Sie entscheiden, ob Sie die chaotischen Szenen um sich herum beobachten oder Čabrinovićs Selbstmordversuche. Er schluckt erst das Zyankali, doch das Gift ist alt und wirkt nicht, wie es soll, dann springt er in die Miljacka, aber die führt viel zu wenig Wasser. Der Fluss ist im Sommer ein stinkendes, trübes Rinnsal, der Wasserstand liegt bei gerade mal zwei, drei Zentimetern. Vier Männer fischen ihn heraus, darunter ein Gendarm mit gezücktem Säbel und ein muslimischer Kriminalbeamter mit entsicherter Schusswaffe. Zusammen haben sie ihn schnell überwältigt.

Auf der anderen Straßenseite herrschen, während sich der Rauch verzieht, Panik und Verwirrung. Der Assistent des Statthalters hat eine Kopfwunde, auch ein österreichischer Offizier ist leicht verletzt, sieben Schaulustige wurden von Splittern getroffen, eine Frau, die von ihrem Balkon aus winkte, hat ein Loch im Trommelfell und die Herzogin einen Kratzer an der Schulter.

Nach kurzer Verzögerung setzt sich die Kolonne wieder in Bewegung und fährt zum RATHAUS, dem nächsten Halt, an den anderen Verschwörern vorbei, aber keiner unternimmt etwas.

DER ZWEITE VERSUCH

Trödeln Sie nicht. Laufen Sie zügig, aber ohne Aufsehen zu erregen, zu SCHILLERS DELIKATESSENGESCHÄFT in der Franz-Josef-Straße. Dort hat sich die Neuigkeit von dem Anschlag bereits herumgesprochen, mehrere Kunden und Schillers Gattin stehen draußen auf der Straße und reden mit schrillen Stimmen darüber. Vielleicht möchten Sie drinnen einen Schnaps trinken, zur Nervenberuhigung. Ein Pflaumenbrand aus der Gegend, ein *rakija*, wird Ihnen guttun. Um 10.43 Uhr müssen Sie wieder draußen sein. PRINCIP steht zwei Meter vom Eingang entfernt an einem Tisch. Nach Čabrinovićs Misserfolg ist ihm eingefallen, dass die Rückroute hier vorbeiführen soll, und er ist geistesgegenwärtig von der Lateinerbrücke hierhergelaufen.

Denken Sie beim Warten an das Thronfolgerpaar. Pflichtschuldig hält es am Protokoll fest, trotz des traumatischen Erlebnisses. Nur kurz verliert der Erzherzog die Selbstbeherrschung. Bürgermeister Čurčić hatte keine Zeit mehr, die Rede umzuschreiben, und spult die üblichen Begrüßungsformeln ab, da fällt ihm Franz Ferdinand barsch ins Wort: »Herr Bürgermeister, da kommt man nach Sarajevo, um einen Besuch zu machen, und wird mit Bomben beworfen! Das ist empörend.«

Um 10.38 Uhr verlassen Erzherzog und Herzogin das Rathaus. Sie haben zugestimmt, die ursprünglich geplante Route zu meiden, Franz Ferdinand will aber trotz des Flehens seiner Berater, die Stadt umgehend zu verlassen, unbedingt die Verwundeten im Krankenhaus besuchen.

DAS THRONFOLGERPAAR VOR DEM RATHAUS,
FÜNF MINUTEN VOR DEM ZWEITEN MORDANSCHLAG.

Aus Angst vor weiteren Attentätern soll die FRANZ-JOSEPH-STRASSE gemieden und entlang des Appel-Kais gefahren werden. Leider informiert niemand die Chauffeure über diese Planänderung, und als der erste Wagen an der Lateinerbrücke rechts abbiegt, fahren alle hinterher; der Erzherzog wird um 10.45 Uhr an SCHILLERS DELIKATESSENLADEN vorbeikutschiert.

Statthalter Potiorek, wieder im Wagen des Thronfolgers, bemerkt den Irrtum und befiehlt umzukehren. Lojka bremst, stößt zurück und hält direkt vor PRINCIP, um zu wenden. Der kann es kaum fassen, zieht den Revolver, guckt weg und schießt zweimal. Eine Kugel durchschlägt die Fahrzeugwand, trifft die HER-

PRINCIP TRITT VOR UND SCHIESST. SO HAT EIN KÜNSTLER DAS ATTENTAT FÜR DIE TITELSEITE DER ITALIENISCHEN SONNTAGSZEITUNG *LA DOMENICA DEL CORRIERE* FESTGEHALTEN.

ZOGIN, dringt durch die rechte Leiste und zerfetzt ihr den Unterleib. Das zweite Geschoss trifft den ERZHERZOG in den Nacken, verletzt seine Halsvene und bleibt im Halswirbel stecken.

Einen Augenblick sitzt das Paar unbeweglich da, dann fallen ihre Köpfe leicht seitwärts, bevor sie, als das Auto wieder anfährt und Richtung Fluss rast, vornüberkippen. Princip schluckt unterdessen seine Zyankali-Ampulle und hält sich die Pistole an die Schläfe, doch einer der Umstehenden reißt sie ihm aus der Hand, und Princip wird von aufgebrachten Polizisten, Soldaten und Zivilisten umringt und überwältigt.

Wenige Verbrechen haben den Lauf der Geschichte so massiv geändert wie dieses, und Sie wollen sicherlich alles hautnah erleben. Aber Achtung: Mehrere FOTOGRAFEN halten das Geschehen fest. Sie dürfen nicht auf eines der Bilder geraten, also entfernen Sie sich von Princip, sobald er seine Waffe abgefeuert hat. Um nicht irrtümlich für einen Komplizen gehalten zu werden, verlassen Sie den Bereich binnen zehn Minuten.

ABREISE

Sie fahren Punkt 11.45 Uhr ab. Falls Sie als Gruppe unterwegs sind, teilen Sie sich auf und gehen auf verschiedenen Wegen zurück zum Unterschlupf. Um 11.30 Uhr läuten die Glocken und verkünden der Welt den Tod des Thronfolgerpaares. Die Straßen füllen sich mit empörten, verstörten Menschen, die sich zu einer spontanen Kundgebung zusammenfinden und, anti-serbische Parolen skandierend, durch die Stadt marschieren. Da sind Sie schon längst wieder nach erfolgreicher Mission zurück.

Wenn Sie jedoch die Reise ausdehnen und die aufgeheizte Stimmung einer Stadt im Ausnahmezustand erleben wollen, können wir Ihnen mit 21.30 Uhr einen zweiten Abreisetermin anbieten. In diesem Fall werden Sie nach dem ereignisreichen Morgen sicher etwas essen wollen, also begeben Sie sich in die BAŠČAR-ŠIJA und probieren MEZE, gemischte Vorspeisen, in einem Café, oder gegrillte oder gebackene Köstlichkeiten, etwa ĆEVAPE, Hackfleischröllchen mit Salat und Zwiebeln im Fladenbrot, oder, für Vegetarier, SPINAT-PITA, Teigblätter, gefüllt mit Spinat, Käse und Feta. Im Laufe des Nachmittags werden Sie unvermeidlich in die DEMONSTRATIONEN geraten, die Sarajevo erfassen, Sie können die Wut der Menschen nach allem, was geschehen ist, bestimmt nachvollziehen.

Gegen Abend werden Sie wunde Füße und einen Bärenhunger haben. Es gibt hervorragende Restaurants mit regionalen Spezialitäten. BOSNISCHE SUPPEN sind nahrhaft und lecker. *Beya* ist Hühnerbrühe mit Karotten, Okra, Bohnen, Kartoffeln, Sellerie und Petersilie. In Sarajevo serviert man sie oft mit Fleisch vom Kalb und einem Klecks saurer Sahne, aber auch ohne diesen Klecks ist sie eine vollständige Mahlzeit. Das hiesige BIER ist gut und stark. BOSNISCHER WEIN ist meist eher ein Punsch: Zucker, Wasser, Hefe, Alkohol und ein Schuss Rum gären zwei Wochen lang in einem verschlossenen Behältnis. Milder auf der Zunge und bekömmlicher für den Kopf sind *Zilavka* (ein Weißwein) oder *Blatina* (Rotwein).

Die beste Küche hat das HOTEL AUSTRIA. Dort steigen die Honoratioren ab, wenn sie in der Stadt sind. Nach dem Anschlag ist es aber geschlossen. Interessanter wäre ein Tisch im serbisch geführten HOTEL EUROPA, das einen Tag später vom wütenden Mob gestürmt und geplündert wird. Dann erschüttert eine Orgie von Gewalt die ganze Stadt.

Meiden Sie die Wirtshäuser, in denen wimmelt es von Geheimpolizisten, Spionen und Informanten, und die greifen sich jeden, der ihnen seltsam vorkommt. Und wenn das passiert, verschwinden Sie wahrscheinlich für immer im schwarzen Loch des korrupten habsburgischen Justizsystems.

DER FALL DER BERLINER MAUER

―◦◦◦◦◦◦―

9.–11. NOVEMBER 1989

WAS IN DER LETZTEN WOCHE IN BERLIN GE-schah, war eine Mischung aus Sturm auf die Bastille und festlich-revolutionären Silvesterkrachern.« Das schrieb das *Time Magazine* kurz nach dem Fall der Berliner Mauer. Binnen dreier Tage endete die Nachkriegsära, der Kalte Krieg war faktisch vorbei. Nach 28 schmerzlichen Jahren der Trennung kam über eine Million Ostdeutsche in den Westteil, die ganze Stadt feierte eine einzige Straßenparty, man lag sich in den Armen und kam aus dem Staunen nicht heraus. Das müssen Sie wirklich erlebt haben.

HINTERGRUNDINFO:
DER KALTE KRIEG

Am ENDE DES ZWEITEN WELTKRIEGS war Deutschland in vier Sektoren geteilt, in denen jeweils eine der Siegermächte regierte: USA, UdSSR, Großbritannien und Frankreich. BERLIN lag mitten in der sowjetisch besetzten Zone und wurde ebenfalls geteilt. Als der KALTE KRIEG in offene Feindseligkeiten umschlug, wurden die amerikanische, britische und französische Zone 1949 zur BRD vereinigt, Berlin

DER TODESSTREIFEN AN DER MAUER, 1986 VON WESTBERLIN AUS FOTOGRAFIERT. DIE GRAFFITI SIND VON THIERRY NOIR.

erhielt einen Sonderstatus, und aus der sowjetischen Zone entstand wenige Monate nach Gründung der BRD die Deutsche Demokratische Republik. Aus dem amerikanischen, britischen und französischen Sektor der ehemaligen Reichshauptstadt wurde Westberlin, eine Enklave in der sozialistischen DDR.

In den Fünfzigerjahren riss der Strom der Flüchtlinge von Ost nach West nicht ab, vor allem junge, gut ausgebildete, ehrgeizige Menschen kehrten der DDR den Rücken, ein Aderlass, der die politische wie ökonomische Stabilität Ostdeutschlands gefährdete und nicht hingenommen werden konnte. Der Staat reagiert – im Kontrast zu einer Äußerung von Walter Ulbricht am 15. Juni 1961: »Niemand hat die Absicht, eine Mauer zu errichten« – am 13. August 1961 um Mitternacht mit dem BAU DER MAUER, im kommunistischen Machtbereich als »ANTIFASCHISTISCHER SCHUTZWALL« bekannt. Die Mauer umschließt mit fast 200 Kilometern Länge Westberlin und besteht aus der eigentlichen Mauer und einer Reihe weiterer Barrieren auf der ostdeutschen Seite: abgesperrte Minenfelder, Patrouillen, Wachhunde, Schießbefehl. Aber auch das schreckte so manchen DDR-Bürger nicht ab. Über hundert Menschen bezahlten den Fluchtversuch mit ihrem Leben. 28 Jahre später steht die Mauer immer noch, das Regime jedoch wankt, die Loyalität der Ostdeutschen ist von der staatlichen Tyrannei zermürbt, die Ökonomie ein Schatten der über den Bildschirm flimmernden Wirtschaftskraft Westdeutschlands. Mit **GORBATSCHOWS REFORMEN** in der Sowjetunion verändert sich der ganze Ostblock. Anfang 1989 bildet die unabhängige Gewerkschaft **SOLIDARNOŚĆ** in Polen die Regierung, in Ungarn initiiert die Sozialistische Arbeiterpartei selbst durchgreifende Reformen, öffnet die Grenze zu Österreich und hindert weder Ostdeutsche noch Rumänen mit polizeilichen Mitteln am Grenzübertritt. Mehr als eine Million Ostdeutsche nutzen diesen Fluchtweg, bis die DDR-Regierung Reisen nach Ungarn untersagt. Viele Bürger der DDR suchen daraufhin Zuflucht in den Botschaften Westdeutschlands in Prag, Warschau und Ostberlin und beantragen dort Asyl. Anfang Oktober fahren Ostdeutsche in versiegelten Zügen durch ihr eigenes Land in den Westen, und in ihrer Verzweiflung machen die Verantwortlichen der DDR die Grenze gänzlich dicht. Die Bürger haben die Wahl zwischen Anpassung und Aufbegehren – und entscheiden sich für Aufbegehren, trotz jahrzehntelanger Indoktrination, Überwachung und Repression.

Die Proteste haben im September in Leipzig begonnen, finden aber bald auch in anderen ostdeutschen Städten statt. Mit dem Ruf »Wir sind das Volk« melden sich jeden Montag Hunderttausende DDR-Bürger zu Wort. Nicht immer geht es friedlich zu. Einmal kommt es in **DRESDEN** rund um den Hauptbahnhof zu einer ausgewachsenen Straßenschlacht. In **LEIPZIG** laufen bei der Montagsdemo vom 9. Oktober, organisiert von kleinen Oppositionsgruppen und der evangelischen Kirche, knapp 100 000 Menschen mit, an ihrer Spitze **KURT MASUR**, der Dirigent des Gewandhausorchesters. Mit grimmigem Ernst marschieren die Demonstranten durch die Innenstadt und zeigen, wie stark die Opposition inzwischen ist. Angesichts der schieren Menschenmassen halten sich die Sicherheitskräfte zurück – ein Triumph der friedlichen Revolution.

Einen Monat später, am 4. November, findet in **OSTBERLIN** die größte Protestkundgebung in der Geschichte der DDR statt: Über eine halbe Million Menschen versammelt sich auf dem Alexanderplatz, um den Reden namhafter Regisseure, Schauspieler, Schriftsteller, aber auch Bürgerrechtler, Politiker, Professoren und Studenten zu lauschen. Einer der Höhepunkte ist der Auftritt von **STEFAN HEYM**. Die Veranstaltung hat etwas von einem Happening, nicht zuletzt wegen der vielen Transparente mit ihren phantasievollen Losungen: »Visafrei bis Hawaii«, »Wende statt Wände«, »Sägt die Bonzen ab – nicht die Bäume« und »Rücktritt ist Fortschritt«.

In der Zwischenzeit konferiert die SED hektisch über die Frage, wie gegen die Freiheitsbestrebungen vorzugehen sei. Eine komplizierte Abfolge von Ereignissen, in denen Missverständnisse, Inkompetenz und Panik an der Tagesordnung sind, führt schließlich dazu, dass sich der glücklose **GÜNTER SCHABOWSKI** am Abend des 9. Novembers in einer live im Radio und Fernsehen übertragenen Pressekonferenz zur Frage der neuen Reisebestimmungen verplappert. Unfähig, deren Inhalt präzise wiederzugeben, sagt er, sie gälten ab sofort (eigentlich sollen sie erst allmählich in Kraft treten) und seien auch an den Grenzübergängen nach Westberlin anzuwenden (was ursprünglich nicht vorgesehen war).

Dann überschlagen sich die Ereignisse.

≫→ REISEVERLAUF ←≪

Sie treffen am 9. November 1989 um 18.00 Uhr in **OSTBERLIN**, **FINNLÄNDISCHE STRASSE 15** ein. Wir setzen Sie im Hausflur ab, 200 Meter vom Grenzübergang Bornholmer Straße entfernt. Wenn Sie das Haus verlassen, sehen Sie rechts den neonbeleuchteten Wachturm und die hohen Stacheldrahtzäume am Checkpoint. Am 11. November um Mitternacht werden Sie hier wieder abgeholt. Während Ihrer Reisezeit haben Sie herrliches Wetter, bei strahlendem Sonnenschein ist es ziemlich frisch, nachts fallen die Temperaturen auf zirka null Grad. Ziehen Sie sich warm an und tragen Sie festes Schuhwerk.

FALL DER BERLINER MAUER ❋ 9.–11. NOVEMBER 1989

UNTERBRINGUNG, VERPFLEGUNG UND GEGENKULTUR

Wir haben für Sie ein Zimmer im Ostberliner HOTEL METROPOL an der Friedrichstraße gebucht, vis-à-vis vom Bahnhof Friedrichstraße. Das 1977 eröffnete Flaggschiff der Interhotels ist ausschließlich westlichen Besuchern vorbehalten und akzeptiert nur harte ausländische Währungen. Der Siebzigerjahre-Charme – knallorange Akzente, braun gemusterte Tapeten – ist schon ein bisschen angeranzt, aber während dieses aufregenden Wochenendes haben Sie hier eine erholsam ruhige Oase. Beachten Sie bitte, dass alle Räume stark verwanzt sind, erwähnen Sie also weder die WAG oder überhaupt Zeitreisen noch irgendwelche Vorfälle, die jetzt noch in der Zukunft liegen.

Wer den Nervenkitzel sucht, dem können wir die Unterbringung in der Hausbesetzerszene am PRENZLAUER BERG, dem Zentrum der ostdeutschen Gegenkultur, empfehlen. Versuchen Sie Ihr Glück in der Lychener Straße 61 oder in der Fehrbelliner Straße 7.

In Ostberlin sollten Sie unbedingt OSTPRODUKTE probieren – nichts wird nach dem Fall der Mauer wieder so schmecken wie jetzt. Hotdogs haben eine besonders zweifelhafte Farbe und Konsistenz, Limonaden sind gruselige Chemiecocktails, nicht einmal der Schnaps ist richtiger Schnaps.

Vermutlich werden sich die meisten unserer Gäste vorrangig für die Ereignisse an der Mauer interessieren. Wenn Sie auch in die WESTBERLINER GEGENKULTUR hineinschnuppern wollen, schlagen wir das PIKE in Kreuzberg vor, der Club befindet sich in einem Hinterhof an der Heinrich-Heine-Straße. In der Nacht vom 9. auf den 10. November spielen die ostdeutschen Punker DIE ANDEREN im Pike, und sie sind nicht die erste ostdeutsche Band, die hier in letzter Zeit aufgetreten ist. Sie werden in eine biergeschwängerte Atmosphäre eintauchen, das Publikum tanzt Pogo.

Einen Besuch wert ist auch der DSCHUNGEL, ein Club aus den Siebzigerjahren, der ausgesprochen schillernde Gestalten anzieht. Dort wurden unlängst David Bowie und Iggy Pop gesichtet.

DONNERSTAG, 9. NOVEMBER: DIE GETEILTE STADT

Nachdem Sie wissen, wo der Grenzübergang Bornholmer Straße liegt, sollten Sie sich ein wenig Zeit für die heruntergekommenen Häuser in Mitte nehmen. Nach dem Mauerbau zogen die ursprünglichen Bewohner des alten Arbeiterviertels nach und nach weg, mehr und mehr sammelten sich hier die unzufriedensten der DDR-Bürger. In vielen Kneipen wird über Schabowskis Pressekonferenz gerätselt und ob die Grenze wirklich an diesem Abend geöffnet wird.

Schlendern Sie nicht zu lange herum. Ab 19.20 Uhr belagert eine ständig wachsende Menschenmenge von Osten her den GRENZÜBERGANG BORNHOLMER STRASSE. Zwei junge Männer, ARAM RADOMSKI und SIGGI SCHEFKE, fordern lautstark Antworten von den ratlosen Grenzpolizisten: Ob man nun in den Westen dürfe? Ihr Vorgesetzter kommt heraus, die Diskussion geht weiter, aber das Tor bleibt zu. Wenn Sie nahe genug herankommen, schauen Sie in die hell erleuchteten Gesichter der Polizisten, die ab und an von OBERSTLEUTNANT HARALD JÄGER, dem diensthabenden Leiter der Grenzübergangsstelle an diesem Abend, verstärkt werden. Der Mann mit dem kantigen Gesicht und Seitenscheitel sucht immer wieder und mit wachsender Verzweiflung den Kontakt zu seinen Vorgesetzten und hofft auf Ordre, wie er mit der Situation umgehen soll.

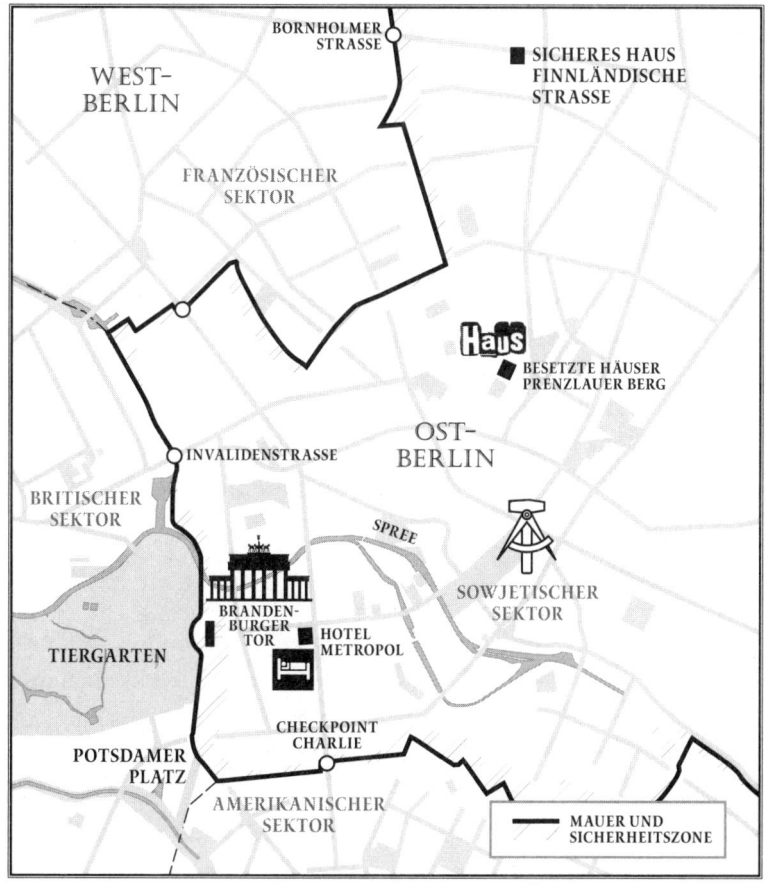

Gegen 20 Uhr stehen mehrere hundert Menschen in der Bornholmer, die wartende Autoschlange ist ziemlich lang. Gegen halb neun bahnt sich ein Fahrzeug der Polizei einen Weg bis zum Schlagbaum, aus dem Wagen heraus erklärt ein Beamter den Wartenden mit Megafon, sie sollten sich in der nächsten Polizeiwache ein Visum holen. Die meisten Menschen ignorieren die Aufforderung. Gegen 21.00 Uhr fischen die Grenzpolizisten die aus der Menge heraus, die am lautesten und hartnäckigsten schreien. Gemäß Anweisung aus dem völlig konfus reagierenden Stasihauptquartier sollen diese Menschen mit einem Stempel im Pass, der ihre Wiedereinreise verhindert, auf die andere Seite geschickt werden. Rund 30 Personen werden auf diese Weise durchgelassen; bleiben Sie lieber auf der Ostseite. Die Menschenmenge ist inzwischen auf mehrere tausend angewachsen, die ganze Bornholmer ist voll, auch in den Seitenstraßen stehen überall Neugierige. Immer wieder ertönen Rufe: »Öffnet das Tor!«

Gegen 23.30 Uhr gibt Harald Jäger auf eigene Faust den Befehl dazu. Augenblicklich drängen die Wartenden vorwärts und bahnen sich selbst ihren Weg. Es ist die Stunde der großen Emotionen: Lachende, weinende, schreiende, jauchzende Ostberliner rennen nach Westen. Werfen Sie einen Blick in die ängstlich-verwirrten Gesichter der Grenzer, wenn Sie an ihnen vorbeilaufen.

IN DEN WESTEN

Hinter dem Checkpoint müssen Sie noch über die BÖSEBRÜCKE, dann sind Sie in Westberlin. Sie könnten hier stehen bleiben und einfach nur zuschauen, wie die ganze Nacht lang Menschen aus Ostberlin durchziehen und von Westberlinern willkommen geheißen werden. Wir würden Ihnen aber vorschlagen, das Geschehen noch an anderen Stellen entlang der Mauer zu erkunden. Eine Viertelstunde Fußmarsch entfernt liegt der GRENZÜBER-

FALL DER BERLINER MAUER ※ 9.–11. NOVEMBER 1989

GANG INVALIDENSTRASSE, an dem sich Stasi und ostdeutsche Grenzpolizei sehr viel restriktiver gebärden. Unzählige schreiende, aufgewühlte Menschen stehen auf der Ostseite, und im Westen warten viele gespannt, ob die Mauer aufgeht. Noch vor Mitternacht kommen auch hier die Ersten durch. Gegen ein Uhr morgens trifft der Regierende Bürgermeister von Westberlin ein, WALTER MOMPER, leicht zu erkennen an seiner Glatze und dem leuchtend roten Schal. Per Megafon redet er zu den Menschen auf beiden Seiten der Grenze und fordert die Sicherheitskräfte drüben auf, die Grenze zu öffnen.

Biegen Sie von der Invalidenstraße die nächste Straße links ab und laufen Sie dann durch den TIERGARTEN, den großen Park in Westberlin. Die STRASSE DES 17. JUNI können Sie nicht verfehlen – achtspurig führt sie in der Verlängerung von Unter den Linden in Ost-West-Richtung mitten durch den Park. Folgen Sie der Menschenmenge, und Sie werden schon bald die Mauer sehen. Hinter ihr erheben sich die klassizistischen Säulen des BRANDENBURGER TORS.

Hier gibt es keinen Grenzübergang, das Brandenburger Tor ist weder von Osten noch von Westen zugänglich, es liegt im Niemandsland dazwischen. Trotzdem zieht es die Berliner die ganze Nacht lang hierher. Amerikanische Fernsehteams bauen ihre Ausrüstung auf, leuchten die Szenerie mit riesigen Scheinwerfern für ihre Berichterstattung aus. Die Mauer ist in diesem Abschnitt relativ niedrig und streckenweise oben flach. Anfangs laufen die Menschen davor auf und ab, gegen 21 Uhr klettern die Ersten auf die Mauer. Die Ostberliner Polizei versucht noch einige Stunden lang, die Menschen mit Wasserwerfern wieder herunterzuscheuchen. Irgendwann trotzt ein junger Mann dem Wasser mit einem Regenschirm, den ihm jemand hochgereicht hat – ein toller Anblick! Dann werden die Wasserkanonen abgestellt, und ab diesem Zeitpunkt kann man von Westen aus den

EINER GEHT NOCH: VOR DEM BRANDENBURGER TOR
AM 9. NOVEMBER 1989.

FALL DER BERLINER MAUER ❖ 9.–11. NOVEMBER 1989

nicht abreißenden Strom von Ostberlinern beobachten, der um das gespenstisch beleuchtete Brandenburger Tor herumläuft. Ihr letzter Anlaufpunkt in dieser Nacht ist der CHECKPOINT CHARLIE im amerikanischen Sektor, der berühmteste Grenzübergang, er liegt südöstlich des Brandenburger Tors. Laufen Sie einfach entlang der Mauer bis FRIEDRICHSTRASSE. Hier sehen Sie eine kleine Baracke, die den Grenzern auf der Westseite als Amtsstube dient, und das berühmte CAFÉ ADLER, das während des Kalten Krieges gern von Spionen und Militärs besucht wurde. Wenn Sie zeitig dran sind, können Sie den Inhaber des Cafés, Albrecht Rau, beobachten, wie er mit einem vollbeladenen Tablett in den Osten geht und den dortigen Beamten Sekt und Kaffee anbietet. Sie lehnen ab, Albrecht Rau lässt sich die Stimmung davon aber nicht vermiesen. Die Wachen versuchen die Grenze mit zusätzlichen Barrieren zu sichern, vergebens: Eine Viertelstunde nach Mitternacht stolpern die ersten DDR-Bürger hinüber in den Westen.

FREITAG, 10. NOVEMBER: IM ZENTRUM BERLINS

An diesem Tag sollten Sie einfach durch Berlins Mitte laufen. Über eine halbe Million Menschen wagen den Grenzübertritt, die überwiegende Mehrheit zu Fuß. Dazu kommen rund 26 000 Autos, fast ausschließlich TRABIS und WARTBURGS. Sie werden sich rasch an den Klang der Zweitaktmotoren und den spezifischen Geruch der Abgase gewöhnen. Die giftigen Schwaden gehen auf das Ersatzgemisch aus Benzin und Öl zurück, mit dem ostdeutsche Autos gefahren werden. Manche haben die Flagge der DDR dabei, nur Hammer und Sichel sind herausgeschnitten, und der Rest ist von der westdeutschen Flagge nicht zu unterscheiden.

Sicherlich fallen Ihnen auch die Unterschiede in der Kleidung von Ost- und Westberlinern auf. Die Besucher aus dem Osten sind grau in grau gekleidet, ihre Mäntel dünn – und das wirtschaftliche Gefälle wird nicht von heute auf morgen verschwinden. Im Lauf des Vormittags trifft Bundespräsident RICHARD VON WEIZSÄCKER am POTSDAMER PLATZ ein, schüttelt Hände und verschwindet dann wieder in seinem glänzenden schwarzen Mercedes, gefolgt von einem schlammfarbenen Wartburg und einem schmutzig grünen Trabant.

Achten Sie auf den Klang der unzähligen Hämmer und Meißel, mit denen sich Menschen ein SOUVENIR AUS DER MAUER herausschlagen – am begehrtesten sind die Stücke mit Graffiti. Die Kommerzialisierung des Ereignisses hat schon begonnen: Viele der Bruchstücke und Betonbrocken werden als Souvenirs verhökert, ebenfalls populär: T-Shirts mit dem Aufdruck: »9. November 1989. Ich war dabei«.

Der Tag gehört der Einigkeit. Jeder ist ein Berliner, und jeder ist Deutscher, einschließlich der Massen, die aus anderen westeuropäischen Städten angejettet kommen, wie der Mann aus Amsterdam, der vom holländischen Blumengroßmarkt 100 000 Rosen mitgebracht hat und jetzt an die Neuankömmlinge von drüben verteilt. Und nicht nur Blumen werden verschenkt. Der öffentliche Nahverkehr ist kostenlos, die Busfahrer weigern sich, Fahrkarten zu verkaufen, und die U-Bahnen platzen aus allen Nähten. Eine Sonderausgabe der *Berliner Morgenpost* wird verschenkt, viele Berliner und manche Cafés und Restaurants bieten kostenlose Kaltgetränke, Kaffee, Tee und etwas zu essen an. An den Grenzübergängen stehen Lastwagen, von denen herunter Obst, Kaugummi und Westzigaretten verteilt werden. In Kreuzberg werden übrigens auch Joints verschenkt. Folgen Sie einfach Ihrer Nase!

Beim ersten Besuch in Westdeutschland können sich die Ostdeutschen ein Begrüßungsgeld in Höhe von 100 Westmark abholen. Dazu müssen sie bloß ihren Personalausweis in einer Bank oder einem Postamt vorweisen. Live können Sie das zum Beispiel bei der BERLINER BANK am KURFÜRSTENDAMM sehen: Kilometerlange Schlangen in Fünferreihen haben sich gebildet. Die DDR-Bürger bestaunen die schicken Läden und Kaufhäuser an der Edeleinkaufsmeile, viel Geld geben sie dort nicht aus. So mancher holt sich jedoch Südfrüchte, Bananen, Orangen, Kiwis, lauter Dinge, die es im Osten kaum zu kaufen gibt.

Für Politikinteressierte: Vor dem SCHÖNEBERGER RATHAUS halten am Abend führende Politiker aus Westdeutschland Reden. Am einfachsten erreichen Sie das Rathaus Schöneberg mit der U2 Richtung Westen und steigen am Nollendorfplatz in die U4 Richtung Innsbrucker Platz um.

Erwartet werden unter anderem Bundeskanzler HELMUT KOHL, der seinen Staatsbesuch in Polen abgebrochen hat, Außenminister HANS-DIETRICH GENSCHER, WILLY BRANDT, Alt-Bundeskanzler und ehemaliger Regierender Bürgermeister Berlins, der jetzige Regierende Bürgermeister WALTER MOMPER – ein Medienspektakel mit Fotografen, Kameramännern und Tonanglern, die dicht an den Promis ihre Arbeit tun. Kohl lässt das deutsche Vaterland und Europa hochleben und versichert allen DDR-Bürgern, dass Westdeutschland an ihrer Seite stünde.»Wir sind und bleiben eine Nation, und wir gehören zusammen.« Willy Brandt ist sichtlich bewegt, aber auch deutlich vorsichtiger:»Dies ist ein schöner Tag nach einem langen Weg. Wir sind noch nicht am Ende des Wegs angelangt. Es liegt noch eine ganze Menge vor uns.« Den berühmtesten Satz dieses Tages, ja vielleicht der ganzen Wendezeit, äußert Brandt jedoch nicht in seiner Rede vor dem Schöneberger Rathaus, sondern in einem Radiointerview einige Stunden vorher:»Jetzt wächst zusammen, was zusammengehört.«

SAMSTAG, 11. NOVEMBER: BACH UND FUSSBALL

Am Samstag geht es im Wesentlichen genauso weiter wie am Freitag, wobei immer mehr Ostdeutsche nach Westberlin strömen und immer noch von Westberlinern empfangen werden, die völlig aus dem Häuschen sind. Die Grenzübergänge sind inzwischen ganz selbstverständlich passierbar, neue Übergänge werden geschaffen, um die anderen Checkpoints zu entlasten: In den frühen Morgenstunden wird die Mauer an der ECKE BERNAUER und EBERSWALDER STRASSE von Bautrupps der DDR für einen neuen Grenzübergang aufgebrochen. Viele Bewohner des Prenzlauer Bergs werden diesen Übergang in den nächsten Monaten für einen Trip in den Westteil der Stadt nutzen.

Am späten Vormittag können Sie ein paar alteingesessene Westberliner am POTSDAMER PLATZ bei einem ähnlichen Unterfangen beobachten, allerdings eher im Heimwerkerstil: Die Gruppe parkt einen alten Jeep an der Mauer, befestigt eine gewaltige Kette an einer der Betonplatten und an der Anhängerkupplung des Jeeps, angefeuert von den Umstehenden: »Die Mauer muss weg!«, skandieren sie, und: »Ein Land, ein Volk« – das ist jetzt überall zu hören. Die Bemühungen werden jedoch von Ostberliner Polizeikräften vereitelt, die einen Wasserwerfer auf die Gruppe richten, und sie bekommen Unterstützung von Westberliner Polizisten, die ihre Wagen direkt an der Mauer parken und damit einen zweiten Versuch verhindern. Die Menschenmenge ruft den Ostpolizisten, die das Geschehen inzwischen von der Mauer aus verfolgen, zu: »Kommt runter! Wollt ihr da oben verhungern?«

Liebhaber klassischer Musik sollten an der Mauer bleiben. Westlich vom CHECKPOINT CHARLIE spielt der große russische Cellist MSTISLAW ROSTROPOWITSCH, der 1974 nach schweren Auseinandersetzungen mit der Regierung die Sowjetunion ver-

ROSTROPOWITSCH SPIELT VOR DER BERLINER MAUER BACH.
ACHTEN SIE AUF DAS GRAFFITO GANZ OBEN: »CHARLIE DANKT AB« –
SPRAYER SIND FLINK BEI DER HAND MIT IHREN FARBDOSEN.

lassen hatte, heute Morgen mit dem Flugzeug aus Paris kam und nun ein improvisiertes Konzert zum Gedenken an die Maueropfer gibt. Er eröffnet es mit einer wunderbaren Interpretation der Sarabande aus Bachs zweiter Cellosuite.

Um 15 Uhr wird im OLYMPIASTADION, das für die Olympiade 1936 gebaut wurde, ein FUSSBALLSPIEL zwischen HERTHA BERLIN und WATTENSCHEID angepfiffen. Das Stadion erreichen Sie mit der U1.

Vor der Maueröffnung war die Partie lediglich ein Wettkampf um die Tabellenspitze der 2. Bundesliga gewesen, jetzt aber feiern West- und Ostberliner mit diesem Spiel einen historischen Augenblick.

Bis 1971 residierte Hertha Berlin im Wedding, ihr altes Stadion liegt am Gesundbrunnen. 1961 wurde die Mauer ein paar Meter neben dem Stadion hochgezogen und hielt die Fans aus dem Ostteil davon ab, ihren Verein kicken zu sehen. Viele Jahre standen Ostberliner in der Nähe der Mauer, um dem Fußballspiel ihrer Mannschaft wenigstens zuzuhören, heute können sie wieder direkt dabei sein, im neuen Hertha-Stadion, dem Olympiastadion. 10 000 Freikarten werden an alle verteilt, die einen DDR-Ausweis vorweisen können. Aber es ist nicht schlimm, wenn Sie keinen haben, es gibt genug Karten zu kaufen.

Vor dem Anstoß schreit der Stadionsprecher den Namen jedes einzelnen Berliner Stadtteils ins Mikro, ob Ost oder West, und etwa 50 000 Zuschauer jubeln bei jedem Namen aus voller Kehle. Wattenscheid geht kurz vor der Halbzeit in Führung, aber in der 64. Minute erzielt der 19-jährige Sven Kretschmer den Ausgleich für die Hertha. Nach der Partie sagt Herthas Torwart Walter Junghans: »Es war eine festliche Stimmung im Stadion. So eine Euphorie nach unserem Ausgleichstor, obwohl wir vorher wirklich nicht gut gespielt haben, erlebt man nicht alle Tage. Eigentlich war das Ergebnis völlig nebensächlich.«

DRITTER TEIL

KULTURELLE UND SPORTLICHE GROSS- EREIGNISSE

DIE 235. OLYMPISCHEN SPIELE

OLYMPIA, GRIECHENLAND, IM AUGUST 161 NACH CHRISTI GEBURT

IM FÜNFTEN JAHRHUNDERT VOR UNSERER ZEITrechnung nannte PINDAR die Olympischen Spiele in einer seiner Oden »das Höchste der Kampfspiele«, und das sind sie bei Ihrer Ankunft immer noch, obwohl sie da schon etliche Jahrhunderte auf dem Buckel haben. Diese Reise versetzt Sie eine Woche lang in ein göttliches Ensemble von Tempeln, Altären und Thermen, die sich in die sanften, grünen Hügel rings um ELIS schmiegen. Die Römer haben die Anlage im Nordwesten der Peloponnes kurz zuvor umfassend renoviert und eröffnen die 235. Spiele mit dem ganzen Pomp der Antike. Die Unterkünfte sind für die damalige Zeit sensationell komfortabel. Mit dem uneingeschränkten Zugang zum gesamten Heiligtum erwartet Sie eine Woche voller Prozessionen und Opferzeremonien, Wagenrennen, Fünf-, Zehn- und Ringkämpfen, und nicht zuletzt ist es *die* Gelegenheit, eins der sieben Weltwunder mit eigenen Augen zu sehen.

EIN KÜNSTLER HAT SEINE VISION DER UMFRIEDETEN ALTIS IN KUPFER GESTOCHEN: IM VORDERGRUND DER ZEUS-TEMPEL. DAS GROSSE AMPHITHEATER LINKER HAND WERDEN SIE IM ANTIKEN OLYMPIA ALLERDINGS VERGEBENS SUCHEN – ES IST FREI ERFUNDEN.

HINTERGRUNDINFO:
DIE ANTIKEN OLYMPISCHEN SPIELE

Das **HEILIGTUM VON OLYMPIA** liegt am Fuß des **KRONOS**. Der Ort wird seit grauer Vorzeit für religiöse Riten genutzt, bei Ihrem Eintreffen im Jahr 161 n. Chr. seit gut einem Jahrtausend. Im 8. Jahrhundert v. Chr. entstanden die ersten Kultbauten für die alten Muttergottheiten der Griechen. Den **BEGINN DER WETTKÄMPFE**, zunächst Bestandteil religiöser Riten und nur von lokaler Bedeutung, datieren die meisten Historiker auf 776 v. Chr. Erst im folgenden Jahrhundert strahlten sie weiter aus und waren bald in ganz Griechenland berühmt. Ein phantastischer **TEMPEL FÜR ZEUS** und vor allem die Statue des Gottes darin, die den Zeitgenossen als Weltwunder erschien, festigten den Ruf Olympias und seiner Spiele ebenso wie der fanatische Körperkult in den Sportstätten und Kasernen der aufblühenden griechischen Stadtstaaten.

Zu Pindars Zeit hatten sich die Spiele als fünftägige Veranstaltung mit festem Programm etabliert und bestanden in dieser Form über Jahrhunderte im Wesentlichen unverändert. Erst die RÖMER verlängerten sie nach ihrer Eroberung Griechenlands im 2. Jahrhundert v. Chr. um einen Tag. Alles andere behielten die Römer weitgehend bei, wie es ihrer Gewohnheit entsprach. Allerdings verbesserten sie die Infrastruktur. Keine Olympiade war für die Besucher so angenehm wie die 235. Spiele: Zu den Neuerungen gehörten öffentliche Toiletten und fließend Wasser. Früher hatte man trotz der staubigen Augusthitze mit Zeltstädten vorliebnehmen müssen, die rings um das Heiligtum aufgebaut wurden.

Für den Stoiker EPIKTET waren die Spiele jede Strapaze wert: »Drückt euch da nicht die Hitze? Beschwert euch nicht das Gedränge? Giebts nicht schlechte Bäder? Werdet ihr nicht nass, wenn es regnet? Erduldet ihr nicht Lärm und Geschrey und andere Unannehmlichkeiten? Und doch ertraget ihr dies alles, wie ich glaube, weil ihr es mit der Pracht des Schauspiels vergleichet.« Der Sophist AELIAN hingegen wäre lieber zu Zwangsarbeit verdonnert worden: »Ein Mann aus Chios soll im Zorn seinem Sklaven gedroht haben, er wolle ihn nicht in die Mühle werfen, sondern nach Olympia schicken; denn eine viel bitterere Strafe erschien es ihm, in Olympia als Zuschauer von den Sonnenstrahlen gebraten zu werden, als auf der Mühle zu mahlen.« Immerhin ging es in diesem Vorläufer des Olympischen Dorfes derart turbulent zu, dass es Bedarf an einer eigenen Polizeitruppe gab, die für Ruhe und Ordnung sorgte.

≫ REISEVERLAUF ≪

Für eingefleischte Griechenland-Fans bereiten wir augenblicklich eine Tour zu den urspünglicheren vorrömischen Spielen vor. Aber das ist noch Zukunftsmusik. Die Reise zur 235. Olympiade gestaltet sich dank der römischen Herrschaft vergleichsweise luxuriös. Es gibt verschwenderisch ausgestattete Gasthäuser, saubere Badeanstalten, funktionale Toiletten und, wie schon erwähnt, fließend Wasser (der allerletzte Schrei) – Sie können es unbesorgt trinken! Die ganze Anlage atmet Frische. Der griechisch-römische Politiker und Mäzen HERODES ATTICUS, reichster Mann von Athen, hat unlängst ein Leitungssystem für die Wasserversorgung bauen lassen, das bei dieser Olympiade zum ersten Mal in Betrieb genommen wird. Der Aufenthalt ist deshalb sehr viel gesünder und angenehmer als bei jeder früheren Austragung der Spiele. Sie treffen per Schiff am Nachmittag vor Beginn der Spiele ein, werden am Nordufer des KLADEOS abgeholt und zu Ihrem Zimmer in einer römischen Herberge geleitet. Finden Sie sich bitte am Abend des sechsten und letzten Tages der Spiele an der Anlegestelle zur Abfahrt ein.

DIE KULTSTÄTTE

Das Zentrum von Olympia bildet die ALTIS, der heilige Hain. Die Römer haben einen Wall darum herumgebaut oder vielmehr wiederaufgebaut und einen Portikus sowie monumentale Bögen hinzugefügt. Im heiligen Hain selbst legten sie Wege und Gärten an. Gewöhnlich ist der Ort sehr still, aber in dieser einen Woche im Jahr ist hier mehr los als auf dem Forum Romanum. Tausende Besucher aus dem gesamten Imperium füllen ihn mit Leben; Athleten, Trainer, Priester, Würdenträger, Dichter, Kampfrichter und Obleute laufen hin und her, dazu Diener, Köche, Handlanger, die Entourage der Vornehmen, und obendrein versuchen umherziehende Wahrsager, Hochstapler und fliegende Händler während der Spiele ihr Glück.

Das PROPYLON, ein monumentaler Torbau im Nordwesten der Umfassungsmauer, führt auf das Gelände. Haben Sie es durchschritten, befindet sich unmittelbar zu Ihrer Linken das im 6. Jahrhundert v. Chr. erbaute PRYTANEION, der geistliche Mittelpunkt der Spiele. Hier laufen alle Fäden in den Händen der Hohepriester zusammen, hier brennt das ewige Feuer, hier wer-

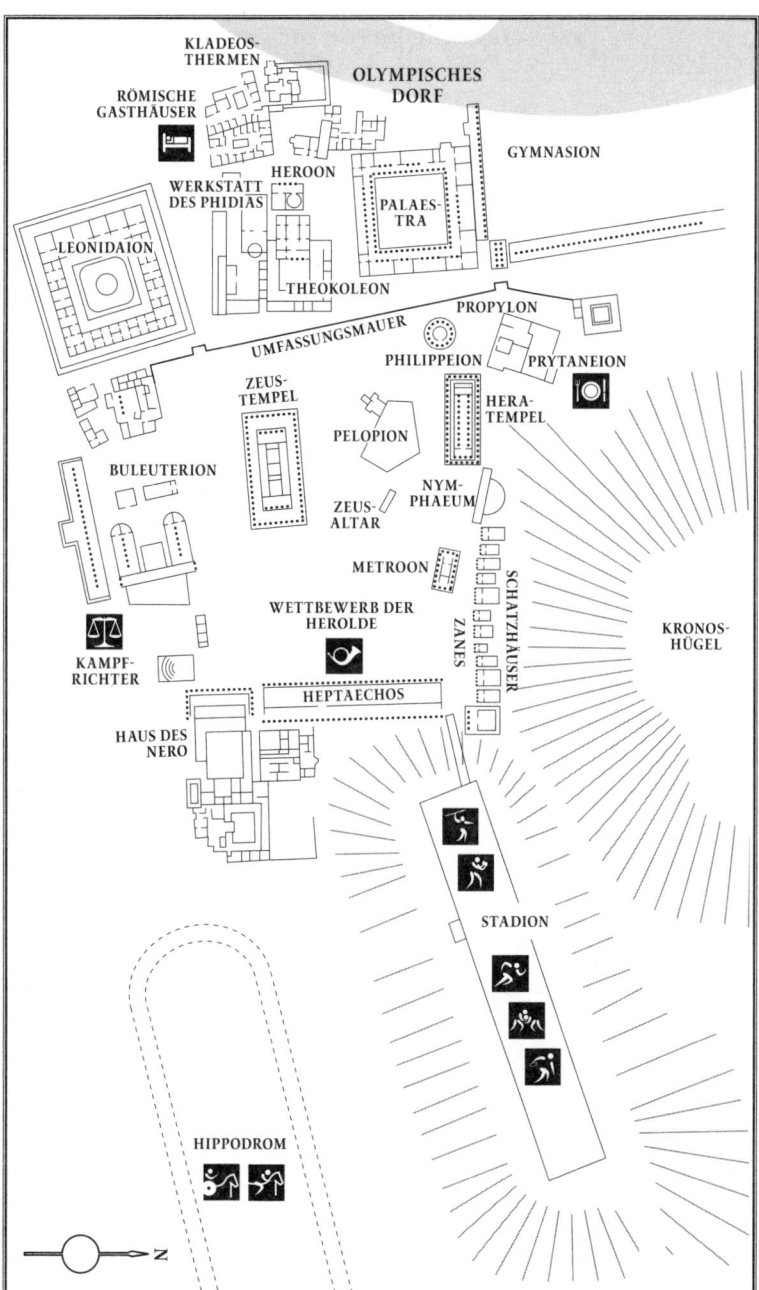

den die Sieger der Spiele in einer feierlichen Abschlussveranstaltung bewirtet. Neben dem Prytaneion liegt ein kleiner marmorner Rundbau, dessen Dach auf ionischen Säulen ruht. Er heißt PHILIPPEION, weil ihn Philipp II. zur Erinnerung an den makedonischen Sieg bei Chaironeia 338 v. Chr. und seine persönlichen Triumphe bei den olympischen Wagenrennen 356 v. Chr. in Auftrag gab. Drinnen ist die ganze Familie in Elfenbein und Gold wiedergegeben: Philipp, der Vater, sein Sohn Alexander der Große und dessen Mutter Olympia, Philipps vierte Frau.

 HERA-TEMPEL

Wenn Sie mit dem Rücken zum Philippeion stehen, sehen Sie links den HERA-TEMPEL, hinter dem sich ein viel kleinerer Bau befindet, der METROON-TEMPEL, hinter dem wiederum erhöht auf einer Terrasse mehrere kleine SCHATZHÄUSER stehen. Rechts liegt das PELOPION, ein uralter, mit einer fünfeckigen Mauer eingefasster Friedhof. Zugang gewährt ein dorischer Portikus. Drinnen können Sie den Schatten von Pappeln und Olivenbäumen genießen, Zutaten von Menschenhand sind Statuen und Aschehaufen, Überreste der Verbrennung von Opfergaben. Das Pelopion wird auch während Ihres Aufenthaltes Schauplatz offizieller und inoffizieller Riten sein; insbesondere können Sie beobachten, wie Opfertiere über offenem Feuer geröstet werden. Bitte bedenken Sie die Konsequenzen einer Teilnahme, die PAUSANIAS, ein zeitgenössischer Schriftsteller und Besucher der Spiele, beschreibt: »Die jährlichen Obrigkeiten opfern ihm noch jetzo. Das Opfer ist ein schwarzer Widder. (…) Wer aber (…) von dem Fleische des Opfers isst, der darf nicht in den Tempel des Jupiter kommen.« Jupiter ist der römische Name des Zeus. Wenn Sie also Hammelkoteletts vom Grill mögen, sollten Sie erst den Zeus-Tempel besichtigen und anschließend vom Opferfleisch kosten.

DIE 235. OLYMPISCHEN SPIELE ❊ AUGUST 161

Der HERA-TEMPEL wurde Anfang des 6. Jahrhunderts v. Chr. gebaut und erscheint jetzt in seltsam veränderter Form: Römische Steinmetze und Bildhauer haben verschiedene Teile ersetzt, darunter auch die ursprünglichen Holzsäulen durch Steinsäulen. Während der Spiele hat der Tempel vor allem eine Funktion: Auf einem langen Tisch werden die Siegerkränze aus Olivenzweigen ausgestellt. Beachten Sie, dass sich unmittelbar rechts vom Tempel, zwischen Metroon und Zeus-Tempel, der Zeus-Altar erhebt, der ausschließlich aus Asche besteht, also keinen Unterbau hat. Jahrhundertelang wurden an dieser Stelle Brandopfer vollzogen, die Überreste bilden einen Hügel von gut sechs Metern Höhe.

Hinter dem Hera-Tempel und wahrscheinlich von einer staunenden Menschenmenge umlagert befindet sich das jüngst eröffnete NYMPHAEUM, das im Prinzip ein großer Springbrunnen ist. Es wurde kürzlich im Auftrag von Herodes Atticus zum Gedenken an seine verstorbene Frau Regilla errichtet, die als Priesterin der Demeter in Olympia gewirkt hat. Ein großes längliches Becken wird von einer zweistöckigen Apsis aus Marmor eingefasst, die mit steinernen Girlanden und Statuetten geschmückt ist. In den Nischen der Apsis stehen Atticus' Vorfahren sowie die obligatorische Zeus-Statue, Herzstück der Anlage ist ein Marmorstier mitten im Becken. Die Innovation, die das Gebäude auszeichnet, sieht man nicht: Es markiert einen Meilenstein römischer Ingenieurskunst – zum ersten Mal sprudelt hier Frischwasser aus einer entfernten Quelle, das etliche Kilometer weit über ein steinernes Viadukt geleitet wird. Ebenso bemerkenswert ist das System von Vorratsbehältern und Rohren, über die das Wasser im gesamten Heiligtum zum Trinken und Baden genutzt werden kann.

Ein Stück weiter stehen Sie vor dem METROON. Der kleine dorische Tempel wurde im 4. Jahrhundert v. Chr. vermutlich für RHEA gebaut, die Tochter der ursprünglichen griechischen Erdgöttin Gaia. Irgendwo ganz hinten gibt es auch noch einen Altar, aber seit ungefähr einem Jahrhundert dient das Metroon dem römischen Kaiserkult, die Kolonnaden beherbergen Standbilder von Augustus, Claudius, Titus und Vespasian, Agrippina (Claudius' Gattin und Neros Mutter) und Domitia (Domitians Gemahlin).

Den Weg vom Metroon zum Stadioneingang – ein großer Torbogen im Nordosten der Altis – säumen eine Reihe Zeusstatuen aus Bronze, die sogenannten ZANES, unfreiwillig gestiftet von Athleten, die der Bestechung oder anderer Verstöße gegen das olympische Gesetz überführt wurden, die Sockel tragen entsprechende Inschriften und ermahnen die Sportler auf dem Weg ins Stadion. Der Erste wurde bei der 98. Olympiade 388 v. Chr. erwischt, es war der Boxer Eupolos aus Thessalien, der drei seiner Gegner geschmiert hatte. Sechs lebensgroße Zanes gehen auf diesen Vorfall zurück. Ein halbes Jahrhundert später musste der Athener Fünfkämpfer Kallipos sechs Statuen stiften, ebenfalls wegen Bestechung korrupter Konkurrenten. Die SCHATZHÄUSER auf der Terrasse hinter den Zanes sind bei Ihrem Besuch bereits ein Anachronismus. Sie wurden ein halbes Jahrtausend zuvor von den kleinen Stadtstaaten der griechischen Diaspora im Mittelmeerraum für die Votivgaben ihrer Sportler gebaut.

Ein SÄULENGANG schiebt sich zwischen Altis und Stadion. Philipp II. von Makedonien gab ihn anlässlich seiner Siege im Wagenrennen in Auftrag, und wegen seiner ungewöhnlichen Akustik haben ihn die Zeitgenossen HEPTAECHOS (sieben Echos) getauft. An diesem Ort treten Trompeter und Herolde gegeneinander an, ihre Wettbewerbe sind integraler Bestandteil der Olympischen Spiele. Beide Berufsgruppen waren, sind und bleiben für die sportliche Veranstaltung unverzichtbar. Sie verkünden den Beginn jedes Wettkampfs mit ihren Fanfaren und deklamieren den Namen des Siegers, den Namen seines Vaters und den Namen seiner Heimatstadt. Zusätzlich haben sie aber auch ihre eigenen Wettbewerbe.

HAUS DES NERO

In der südöstlichen Ecke der Altis steht das Haus des Nero. Der launische Imperator besuchte Olympia während einer ausführlichen Rundreise durch Roms griechische Provinzen. Um ihn würdig zu empfangen, wurden die Spiele zum ersten Mal seit Menschengedenken um zwei Jahre verschoben. Sie werden während Ihres Aufenthaltes viele Geschichten über den Kaiser hören, unter anderem, wie er im Jahr 67 seinen von zehn Pferden gezogenen Streitwagen zu Schrott fuhr und zum allgemeinen Erstaunen sämtliche Preise bei musikalischen und literarischen Wettbewerben abräumte. Außerdem ließ er einen alten Hestia-Tempel abreißen und baute dummdreist seine eigene Hütte an die Stelle. Später wurde sie erweitert und mit Bädern ausgestattet, um die Crème de la Crème der römischen Besucher zu beherbergen.

ZEUS-TEMPEL

Das größte Bauwerk auf der Altis ist der Zeus-Tempel, das spirituelle Zentrum der Spiele. Anfang des 5. Jahrhunderts v. Chr. errichtet, ist er ein feines Beispiel dorischer Architektur. Um 430 v. Chr. wurde er jedoch von dem riesigen SITZBILD DES ZEUS in den Schatten gestellt – das Werk des PHIDIAS zählt zu den sieben Weltwundern. Bevor Sie den Tempel betreten, sollten Sie unbedingt die Figurengruppen in den Giebeldreiecken bewundern. Im Ostgiebel ist ein mythisches WAGENRENNEN ZWISCHEN PELOPS UND OINOMAOS unter dem Vorsitz von Zeus dargestellt, im Westgiebel APOLLO, um den der KAMPF DER LAPITHEN GEGEN DIE ZENTAUREN wogt. Achten Sie auch auf die als Wasserspeier dienenden Löwenköpfe, die vergoldeten Wasserbehälter an allen vier Ecken und – auf einzelnen Platten des umlaufenden Frieses, den Metopen – die zwölf Taten des Herakles.

ZEUS SCHAUT ZUSTIMMEND AUF FRÖHLICH
HERUMTOLLENDE RINGER.

Drinnen überqueren Sie eine freie Fläche, die mit sechseckigen Marmorplatten gefliest ist. Hier empfangen die olympischen Sieger ihre Olivenkränze. Zeus sitzt natürlich in der Mitte des Tempels. Er ist über zwölf Meter hoch und aus Gold, Elfenbein und Ebenholz gefertigt, also eigentlich nicht zu übersehen, aber falls Sie einen Blackout haben sollten: Der Typ sitzt auf einem Thron, hat einen Kranz aus Olivenblättern auf dem Kopf, hält in der linken Hand ein Zepter, unter dem ein Adler hockt, und in der Rechten eine geflügelte NIKE, die Siegesgöttin. Allein die Nikefigur ist fast zwei Meter hoch. Die Zeus-Statue wird Ihre Abreise nur um wenige Jahrhunderte überleben: Der Legende nach soll sie 475 in Konstantinopel, wo sie sich mittlerweile befand, bei einem Brand zerstört worden sein.

Südlich des Zeus-Tempels liegen der heilige OLIVENHAIN, aus dem das Material für die Siegerkränze geholt wird, und das BULEUTERION, eine Art Rathaus mit großem, nicht überdachtem Versammlungsraum und zwei Flügeln für Büros und Vorratslager. Hier ist während der Olympiade viel Betrieb, denn in dem Gebäude tagen der SENAT DER ELEER, also das Organisationsteam der Spiele, und die Obmänner und Kampfrichter: die HELLANODIKEN. Hier werden die Sportler registriert und, wenn erforderlich, Lose für die Startposition gezogen. Hier werden Bestechungs- oder Betrugsvorwürfe und andere Übertretungen der olympischen Regeln angehört. Und auch in diesem Hof steht ein Zeus, diesmal einer, der mit fiesen Blicken und ebenso fiesen Blitzen droht. Die Inschrift auf dem Sockel verflucht Meineidige und Betrüger.

OLYMPISCHES DORF

Das Olympische Dorf ist eine Ansammlung von Gebäuden auf dem ebenen Terrain zwischen Fluss und Altis. Dort sind diverse Trainingsmöglichkeiten, verteilt auf Gymnasion und Palaestra. Darauf folgen einige ältere Häuser und Tempel, in denen die Priesterkaste und der Mitarbeitertross wohnen. Den südlichen Abschluss bilden die neuen römischen Gasthäuser, die eleganten KLADEOS-THERMEN für gutbetuchte Besucher inklusive Anhang und das Leonidaion, eine Herberge noch aus griechischer Zeit.

Das GYMNASION, zu betreten durch den Portikus, ist ein riesiges viereckiges Gebäude, dessen Innenhof mit fast 200 Metern Länge von einem überdachten Gang – dem XYSTOS – in zwei Hälften unterteilt wird. Die eine ist den DISKUS- UND SPEERWERFERN vorbehalten, die andere den LÄUFERN. Eine unscheinbare grüne Tür zwischen den Säulen führt zur PALAESTRA, einem quadratischen Gebäude, das einen großen Hof mit rutschfester

Pflasterung umschließt, auf dem sich BOXER, RINGER, deren TRAINER und ÄRZTE tummeln. Der dem Hof zugewandte Säulengang im Süden führt zum APODYTERION, der Umkleide, eigentlich eher Auskleide – da man nackt trainiert. Auf der gegenüberliegenden Seite liegt das EPHEBEION, ein Clubraum, in dem man nach dem Training entspannen und mit Gleichgesinnten plaudern kann. Beim Erkundungsgang werden Sie weiterhin auf das ELAEOTHESTUM, wo sich die Sportler mit Öl salben lassen, das CONISTERION stoßen, wo sich die Ringer mit Tonstaub einreiben und auf einige SPHÄRISTERIA stoßen, die Ballspielsäle. Achten Sie auf das Pflaster vor dem Clubraum, in dem sich geriffelte und glatte Platten abwechseln – darauf wird eine Art BOWLING gespielt.

Die Hauptgebäudegruppe in diesem Bereich des Heiligtums wird vom THEOKOLEON beherrscht. *Theokoloi* heißen die Priester von Olympia, die auch zwischen den Spielen alle anfallenden religiösen Handlungen durchführen und die meisten Zeremonien während der Spiele leiten. Sie teilen sich ihre Diensträume mit einigen Dolmetschern, offiziell berufenen Wahrsagern, Musikern, Sachverständigen für Tieropfer und dem Förster, der Sorge trägt, dass den zahlreichen Tempelfeuern und Votivfackeln der Brennstoff nicht ausgeht. Trotz der hier versammelten geballten Kompetenz kann Ihnen keiner sagen, wozu das benachbarte HEROON noch gut ist. Erst war es ein kleines Bad, dann ein griechischer Tempel, nun dient es dem römischen Pan-Kult. Zu guter Letzt betreten Sie die WERKSTATT DES PHIDIAS, in der nach wie vor Steinmetze arbeiten. Phidias lebte im 5. Jahrhundert v. Chr. und hat einige der wichtigsten Skulpturen der klassischen Zeit geschaffen, darunter die Bronzestatue der Athene auf der Akropolis in Athen und das Sitzbild des Zeus, das Sie im Zeus-Tempel gesehen haben.

Die Griechen hatten im vierten und dritten vorchristlichen

Jahrhundert einige kleine Herbergen, Gasthäuser und primitive Badeanstalten errichtet, die von den Römern sang- und klanglos abgerissen und im Zuge der Umgestaltung und Generalüberholung der Anlage durch eine Reihe GRANDHOTELS mit schicken Mosaikböden ersetzt wurden. Am Ufer des Kladeos entstanden THERMEN mit hohen Gewölbedecken, mehrfarbigen Marmorfliesen, Schwitzraum, Badewannen, öffentlichen Waschbecken sowie warmen und kalten Schwimmbecken von olympischen Ausmaßen. Die sind bei Ihrem Besuch gerade mal acht Jahre alt und bestens in Schuss.

Dem LEONIDAION, rechteckig um einen Hof gebaut, sieht man hingegen trotz der gründlichen Renovierung durch die Römer sein Alter an – bei Ihrem Besuch rund ein halbes Jahrtausend. Es wurde von Leonidas von Naxos 332 v. Chr. in Auftrag gegeben; ein Standbild erinnert drinnen noch an ihn. Früher wohnten hier die Sportler, jetzt haben es die römischen Würdenträger in Beschlag genommen und in den alten Hof ein prunkvolles Schwimmbecken gesetzt, was dem Ganzen einen ziemlich neureichen Touch verleiht.

STADION UND HIPPODROM

Der Weg zum olympischen Stadion führt durch einen Triumphbogen. Im Vergleich zur ersten Anlage aus dem 6. Jahrhundert v. Chr. liegt die aktuelle spätrömische Version um zirka 50 Meter näher am Kronos-Hügel. Die Arena ist knapp 200 Meter lang und über 30 Meter breit, mit Sand bestreut und ringsum mit einem grasbewachsenen Wall versehen, der 45 000 Zuschauern Platz bietet. Es sind überwiegend Stehplätze, auch wenn die neuen Herren an den Längsseiten Holzbänke aufgestellt – Römer mögen es eben bequem – und die Drainage der Sandfläche durch einen mit Steinen ausgekleideten Abwasserkanal verbessert haben.

In der Mitte der Südtribüne befindet sich eine gemauerte Plattform für die Kampfrichter, in der Mitte der Nordtribüne ein MARMORALTAR FÜR DEMETER. Westlich vom Stadion können Sie das APODYTERION sehen, in dem die Athleten ihre Kleidung ablegen und sich auf den Wettkampf vorbereiten. Der Bereich ist für das Publikum gesperrt.

Neben dem Stadion liegt das HIPPODROM, mit gut 700 Metern Länge und 70 Metern Breite dreimal so groß. Die geschotterte Rennbahn ist von einem niedrigen, künstlich aufgeschütteten Wall umgeben und in der Mitte durch ein Mäuerchen unterteilt, dem EMBOLON, an dessen Anfang und Ende Säulen Start und Wendepunkt jeder Runde markieren. Achten Sie auf das Standbild der Hippodameia, deren Hand Pelops nur durch Verrat beim Wagenrennen gewinnen konnte, und den runden Altar, der auf keiner antiken Rennbahn fehlt: Er ist einem Dämon geweiht, Taraxippos, dem Pferdeschreck. Wenn man dem neuesten Bericht Glauben schenken darf – er stammt von Pausanias –, wird es an dieser Stelle besonders spannend: »Die eine Seite der Rennbahn ist länger als die andre und wie ein Damm erhöhet, da, wo sie einen Durchgang hat, stehet das Schreckbild der Pferde, Taraxippus, das die Gestalt eines runden Altars hat. Wenn die Pferde hier vorbey laufen, überfällt sie ohne einige bekannte Ursache eine starke Furcht, wovon sie scheu werden: Mehrentheils zerbrechen die Räder, und die, so fahren, werden verwundet. Deswegen opfern sie vorher, und bitten, dass ihnen Taraxippus gnädig sein wolle.«

ABLAUF DER SPIELE

Die antike Olympiade war ab 486 v. Chr. auf fünf Tage festgelegt, seit Griechenland zum Römischen Reich gehört, sind es sechs. Die ATHLETEN treten NACKT an, eine Sitte, die vermutlich um

720 v. Chr. durch Orsippos von Megara eingeführt wurde, der beim Rennen den Lendenschurz verlor und seinen Sieg darauf zurückführte. Daraufhin probierte es auch ein Läufer aus Sparta aus, er hieß Akanthos, und gewann ebenfalls, was den Wert der Innovation endgültig unter Beweis stellte.

Die SIEGESFEIERN finden unmittelbar nach jedem Wettbewerb statt. Ein Trompeter spielt eine Fanfare, der Herold ruft den Sieger aus, der ein Stirnband erhält und eine Ehrenrunde durchs Stadion dreht. Dann wird zwanglos gefeiert, gegessen und getrunken, und Palmzweige werden überreicht. Die formelle Siegerehrung mit Überreichung des Kranzes aus Ölbaumzweigen erfolgt am Ende der Woche.

1. TAG: DER OLYMPISCHE SCHWUR

Das wichtigste Ereignis des Eröffnungstages ist die Versammlung der Kampfrichter – ihre griechische Bezeichnung HELLANODIKE bedeutet wörtlich »Richter aller Griechen« – in ihren roten Togen. Ihnen obliegt die Aufsicht über den korrekten Ablauf der Spiele und die Vereidigung der Teilnehmer. Pausanias zufolge schwören die Kämpfer, deren Verwandte und Trainer, sich kein Foulspiel zuschulden kommen zu lassen, und die Kampfrichter, fair zu richten und keine Bestechungsgelder anzunehmen. Schauen Sie genau hin: Während der Zeremonie stehen Athleten wie Kampfrichter auf den Genitalien von Keilern.

Den weiteren Nachmittag sollten Sie an der ECHOHALLE verbringen. Dort laufen die WETTBEWERBE DER HEROLDE UND DER TROMPETER. Dieser Tag eignet sich zudem gut, um den Athleten beim TRAINING in der PALÄSTRA oder im GYMNASION zuzuschauen, die ZELTSTADT in den Wiesen südlich der Altis zu besichtigen und sich mit etwas Glück in eine Villa einzuschleichen, um ein FESTGELAGE in gehobenen Kreisen zu erleben.

2. TAG: PFERDERENNEN

Der zweite Tag beginnt mit einer PROZESSION. Die Priester des Zeus und die Kampfrichter versammeln sich am PRYTANEION, entzünden Fackeln am ewigen Feuer und klappern Dutzende von kleinen Altären ab, die über der ganzen Altis verstreut liegen. An vielen dieser Altäre opfern sie ein Tier, rechnen Sie also bitte mit Unmengen von Fliegen. Nach der Prozession sollten Sie sich zum HIPPODROM begeben.

Pferderennen sind nichts für arme Schlucker. Man muss schon ordentlich Kohle und die entsprechende Logistik haben, um seine Gäule quer durchs römische Imperium in diese abgelegene Ecke der Peloponnes zu verfrachten. Die älteste und prestigeträchtigste der drei hippischen Disziplinen ist das Wagenrennen mit Vierspännern. Außerdem starten Zweispänner, bei denen früher einmal nur Maultiere zugelassen waren, und dann gibt es noch Rennen, bei denen einzelne Pferde mit ihrem Reiter gegeneinander starten.

Bei den Wagenrennen müssen ausgewachsene Pferde zwölf, junge Pferde acht Runden absolvieren. Bis zu vierzig Gespanne sind in einem einzigen Rennen zugelassen, an den Haarnadelkurven wird es deshalb ziemlich aufregend und gefährlich. Bei den Einzelrennen wird ohne Sattel und Steigbügel geritten, die Jockeys müssen also damit rechnen, abgeworfen zu werden. Und wer auch immer gewinnt – die Lorbeeren und der Ruhm gehen nicht an die Reiter, sondern an die Besitzer der Pferde.

Beachten Sie die HIPPAPHESIS, den Startmechanismus, der für diese Rennen ersonnen wurde. Dadurch können die Gespanne versetzt starten, ohne dass eines bessere Chancen hätte. Das Seil, das die Pferde zurückhält, wird auf eine Trommel gewickelt, die Mechanik wird durch das Gewicht eines Adlers und mehrerer Delfine aus Bronze angetrieben.

3. TAG: FÜNFKAMPF

Tag drei ist der Tag des PENTATHLON, der fünffachen Herausforderung: LAUFEN, DISKUSWERFEN, SPEERWERFEN, SPRINGEN und zum Abschluss der RINGKAMPF. Gelaufen wird einmal die Länge des Stadions.

Der DISKUS war zunächst aus Stein, später aus Bronze und ist jetzt aus Eisen, und wer den schwersten Diskus mitbringt, zwingt einer absonderlichen Regel gemäß alle anderen dazu, mit diesem Exemplar zu werfen. Erwarten Sie nicht die ausgeklügelte Wurftechnik heutiger Sportler. Der Diskus wird aus dem Stand geworfen, wobei der Athlet auf einem kleinen Podium, genannt BALBIS, steht. Die Wurfweite wird von den Richtern mit Holzpflöcken markiert. Vergessen Sie bitte nicht, dass es in Olympia keinerlei Netze gibt und im Schnitt fünf Pfund schwere Geschosse durch die Luft sausen.

Der SPEER, der ebenfalls möglichst weit fliegen soll, besteht aus einem hölzernen Schaft mit einer Metallspitze. Die meisten Athleten wickeln einen langen Lederriemen um den Schaft, der sich im Flug abwickelt, den Speer in rasche Drehung versetzt und die Flugbahn damit stabilisiert. Dieser Wettbewerb wird von FLÖTENSPIEL begleitet.

Der SPRINGWETTBEWERB ist etwas undurchsichtig. Die Athleten springen mehrmals aus dem Stand von einem Holzbrett ab und holen dabei mit diversen Gewichten oder Hanteln Schwung.

Der RINGKAMPF kennt in Olympia zwei Formen: Beim KATO PALE wälzen sich die Opponenten ringend im Sand, beim ORTHOS PALE nehmen sie sich gegenseitig stehend in den Schwitzkasten und versuchen, den anderen zu werfen oder anderweitig zu Fall zu bringen. Die Römer mit ihrem ausgeprägten Hang zur Gewalt haben für einige Runden Schlagringe eingeführt. Der Ringrichter verschafft sich mit einer Rute Respekt, aber es gibt kaum Regeln.

Ausdrücklich verboten ist nur, dem Gegner die Finger zu brechen oder die Augen auszustechen.

Hat ein Athlet in drei der ersten vier Disziplinen gewonnen, muss er nicht mehr zum Ringkampf antreten, sondern wird zum Sieger erklärt.

4. TAG: FEST DES PELOPS

Heute ist das Fest des Pelops, in Olympia eine faszinierende Kultfigur: Als Junge wurde er waidgerecht zerlegt, von seinem Vater gekocht und den Göttern serviert – aber die ließen sich nicht täuschen (bis auf Demeter, die versehentlich eine Schulter aß). Sie setzten den armen Kerl wieder zusammen inklusive neuer elfenbeinerner Schulter und halfen ihm, Hippodameia, die Tochter des Oinomaos, König von Pisa, zu ehelichen. Dafür musste er ihren Vater im Wagenrennen besiegen. Das schaffte er nur mit Bestechung, bezahlte dann aber die Rechnung nicht. Wofür der Geprellte ihn und seine Nachkommen bis ins letzte Glied verfluchte. Trotzdem hat er seit dem sechsten Jahrhundert v. Chr. in Olympia, wo er begraben liegt, den Status einer Gottheit.

Alle Kampfrichter und Hunderte von Botschaftern noch aus den entferntesten Städten und Provinzen Roms ziehen in einer Prozession zum ALTAR DES ZEUS, wo hundert Ochsen geopfert und gebraten werden. Es ist der Auftakt für ein großes Festmahl. Wenn Sie sich den Magen vollgeschlagen haben, können Sie noch einmal im Stadion vorbeischauen. Dort läuft der olympische JUGENDWETTBEWERB.

5. TAG: LÄUFE, RING- UND BOXKÄMPFE

Der vorletzte Tag beginnt mit LÄUFEN über drei Distanzen. Der DOLICHOS, buchstäblich übersetzt »der Lange«, geht über 24

Runden, das sind fast fünf Kilometer. Der STADE ist ein Kurzstreckenlauf über knapp 200 Meter, und der DIAULOS geht über die doppelte Entfernung einmal hin und zurück mit einer Wende. Bis zu 22 Männer treten pro Lauf gegeneinander an, je nach Zahl der Teilnehmer kann es Ausscheidungs- und Endkämpfe geben. Für den Start setzen die Läufer ihre Füße in speziell geformte Steinvertiefungen – der Startblock der Antike.

Nach den Rennen sind die KAMPFSPORTARTEN dran, RINGEN und BOXEN. Die Ringkämpfe werden genauso ausgetragen wie im Rahmen des Fünfkampfs. Es folgen die Faustkämpfe – bei denen es deutlich brutaler zugeht als heutzutage. Blanke Fäuste, umwickelt mit Lederriemen und gelegentlich mit einem Bolzen verstärkt, sind normal. Ans Boxen schließt sich der PANKRATION, der »Allkampf«, an, bei dem es außer Beißverbot und dem Verbot, die Augen auszustechen, so gut wie keine Regeln gibt.

FOUL! DIESE ABBILDUNG AUF EINER VASE ZEIGT EINEN ALLKÄMPFER, DER SEINEM GEGNER BEIM RINGEN INS AUGE STECHEN WILL, UND DEN SCHIEDSRICHTER, DER IHN DISQUALIFIZIERT.

Machen Sie sich also auf hässliche Szenen gefasst, bis einer der Beteiligten aufgibt oder sein Leben aushaucht.

Der Tag endet mit dem HOPLITODROMOS, einem Rennen in Rüstung, bei dem die ansonsten nackten Athleten Helme und einen Schild tragen. In griechischer Zeit hatten sie außerdem noch Beinschienen angelegt, aber die werden sehr zum Leidwesen mancher Teilnehmer inzwischen weggelassen.

6. TAG: SIEGEREHRUNG UND FESTGELAGE

Am letzten Tag gehen alle Sieger in einer PROZESSION ZUM ZEUSTEMPEL und erhalten dort ihren Kranz aus Olivenzweigen. An der Strecke versammelt sich eine Menschenmenge, die sie mit Früchten, Zweigen und Blumen überschüttet. Wenn Sie nicht mehr in den Tempel kommen – der ist ziemlich überfüllt –, bleiben Sie trotzdem in der Nähe, und hören Sie zu, wie die Sieger ausgerufen werden. Auf die Namen der Nächstplatzierten werden Sie übrigens vergebens warten: Im antiken Olympia interessiert man sich nicht für zweite und dritte Plätze. Es gibt nur einen Gewinner.

Am Abend veranstalten die Kampfrichter ein BANKETT zu Ehren der Sieger im PRYTANEION. Es hat überhaupt keinen Sinn, sich dort einladen zu wollen. Ohnehin werden Sie merken, dass das Gedränge spürbar nachlässt, viele sind schon am Fluss und steigen in Boote oder andere Transportmittel. Der Schriftsteller LUKIAN, der die Olympischen Spiele im Jahr 165 besuchen wird, beschreibt, wie ihn der Andrang überforderte und dass er einen Tag länger bleiben musste als geplant, weil alle Karren und Boote im Einsatz waren.

Also trödeln Sie nicht, begeben Sie sich umgehend zum vereinbarten ABFAHRTSPUNKT bei dem Hotelkomplex am Kladeos.

PREMIERE IN SHAKESPEARES GLOBE THEATRE

LONDON, 11./12. JUNI 1599

DAS REKONSTRUIERTE GLOBE AN DER LONDONER South Bank lässt heutige Besucher erahnen, wie es gewesen sein könnte, die Stücke des größten Dramatikers aller Zeiten am Ort der Erstaufführung zu sehen. Wie wäre es, tatsächlich dort zu sein und sich das Theater nicht bloß vorzustellen? Die Teilnehmer unserer London-Reise wohnen der Aufführung des ersten Dramas bei, das je im Globe gespielt wurde: Sie sehen die Tragödie *Julius Cäsar*, spüren, wie der Schauder des historischen Augenblicks die Konventionen des elisabethanischen Schauspiels aufbricht, und hören unzählige Sätze erstmalig erklingen, die zum festen Zitatenschatz späterer Jahrhunderte gehören.

Heute ist das Schauspiel eine geachtete Kunstform. Zu Shakespeares Zeiten wurde es jedoch heftig kritisiert. Im Theater trafen Menschen aus sehr unterschiedlichen finanziellen Verhältnissen aufeinander, der soziale Status einer Person war im Zuschauerraum nicht wichtig, und so wurden die Standesunterschiede verwischt, welche die damalige Gesellschaft konstituierten. Das Theater war ein Gleichmacher, es bot ein Gemeinschaftserlebnis, das nicht nur unterhaltsam war, sondern einen fortlaufenden Kommentar zum Zustand der Nation lieferte. Folgerichtig wurde es von religiösen Meinungsmachern ständig als Sündenpfuhl verteufelt, und die Obrigkeit ließ sich keinen Vorwand entgehen, Spielstätten zu schließen. Aber gegen die Lust der Menschen auf spannende Unterhaltung war kein Kraut gewachsen, und dank des genialen Dreigestirns von WILLIAM SHAKESPEARE, CHRISTOPHER MARLOWE und BEN JONSON wurde das Schauspiel allmählich salonfähig. Zum ersten Mal wurden die Autoren der aufgeführten Stücke namentlich genannt und für ihren Einfallsreichtum gepriesen, und die ersten Tragödien und Komödien wurden gedruckt, was man zuvor nur bei Gedichten und Prosatexten gemacht hatte. Für viele Zeitgenossen verlor das Theater zwar nie den anrüchigen Beigeschmack, trotzdem waren es Einrichtungen wie das Globe, die das Erbe von Shakespeare und anderen Autoren bewahren halfen. Nur so konnten ihre Werke überleben und künftige Generationen inspirieren.

Die Reise ist auf anderthalb Tage angelegt und umfasst die Besichtigung von London, der damals größten europäischen Stadt, in der Shakespeare, das Landei, vor Staunen leuchtende Augen bekam. Seine Stücke zehren eindeutig von dem kosmopolitischen Gewimmel und den rasanten sozialen Veränderungen in der City und ganz England. Die mittelalterliche Ordnung verschwand gerade, und eine neue, dynamischere Zeit brach an.

HINTERGRUNDINFO:
DER BAU DES GLOBE THEATRE

Im Morgengrauen des 28. Dezember 1598 stapfte ein Dutzend bewaffneter Männer durch den Schnee nach SHOREDITCH zu THE THEATRE PLAYHOUSE. Das war 1576 errichtet worden, gehörte zu den bekanntesten Häusern Londons und war die Spielstätte der

LORD CHAMBERLAIN'S MEN, einer Schauspieltruppe unter dem Patronat von Baron Hunsdon. Ihr gehörten unter anderem William Shakespeare, Richard Burbage, Will Kempe, John Heminges, Augustine Phillips und Thomas Pope an. Nach über hundert Vorstellungen hatte die Compagnie ein Problem: Sie hatte den Pachtvertrag mit dem Landeigentümer Giles Allen im Vertrauen auf einen geplanten Neubau in Blackfriars nicht verlängert, das Projekt war indes an Konflikten mit einigen gutbetuchten Anwohnern gescheitert. Ein neues Grundstück wurde südlich der Themse in SOUTHWARK gefunden, jenseits der Stadtgrenze und damit außer Reichweite des langen Arms des Stadtrats, dafür in der Nähe der größten Konkurrenten, THE ADMIRAL'S MEN, und deren Spielstätte, THE ROSE THEATRE. Für das neue Grundstück hatte die Truppe einen Pachtvertrag mit 31 Jahren Laufzeit ab dem Weihnachtstag 1598, aber sie brauchte auch ein Gebäude für ihre Auftritte – woher nehmen, wenn nicht stehlen? Ein kompletter Neubau hätte die Kasse gesprengt, und so verfiel man auf eine tolldreiste Idee. Giles Allen gehörte das Grundstück, auf dem ihr bisheriges Theater stand, nicht aber das Theater selbst: Warum es nicht Stück für Stück auseinandernehmen und in Southwark wiederaufbauen?

Allen weilte in Essex, die Zeit drängte, die Gelegenheit war günstig. Die Männer setzten Allens Wachleute außer Gefecht und machten sich unter Anleitung von Baumeister Peter Street ans Werk. Bis zum Abend waren zentrale Teile des Theaters, darunter riesige, schwere Pfosten, demontiert und in einem Lagerhaus am Fluss verstaut. Vier Tage später war auch der Rest abgebaut und lag zum Abtransport bereit. Der erfolgte per Lastkahn und Fuhrwerk, nachdem die Baugrube am neuen Ort ausgehoben war. (Giles Allen verklagte die Chamberlain's Men später, verlor den Prozess jedoch nach zwei Jahren.)

Die Arbeiten am Fundament standen kurz vor dem Abschluss, mussten jedoch wegen eines Kälteeinbruchs zu Frühlingsbeginn unterbrochen werden, und Ende Mai führten heftige Regenfälle zu Überschwemmungen. Als die Wetterunbilden überstanden waren, wurden die Fundamente zügig fertiggestellt, und die Zimmerleute setzten das Fachwerk wieder zusammen. Die Außenwände wurden aufgestellt, Querstreben und geschwungene Kreuze zur Stabilisierung eingezogen – Zeit für den Innenausbau.

Täglich trafen neue Bauteile ein; Balken, Sparren, Zwischenwände, Bestuhlung und Treppen fanden ihren Platz. Dann lösten Glaser, Klempner, Schmiede, Dachdecker, Verputzer (die die Holzkonstruktion mit Latten, Kälberhaar- und Kalkputz so verkleideten, dass sie wie ein Steinbau wirkte), Malermeister und Spezialisten (die den Holzpfosten auf der Bühne das Aussehen von Marmorsäulen verliehen) einander auf der Baustelle ab.

Kurz vor Sommeranfang näherte sich das neue Theater – Globe genannt – der Vollendung. Am 12. Juni, einem Samstag, sollte die Eröffnung groß gefeiert werden. Gemäß dem zu Tudorzeiten geltenden julianischen Kalender fiel die SOMMERSONNENWENDE auf diesen Tag, außerdem war Vollmond, und Venus und Jupiter zeigten sich am Nachthimmel – eine Konstellation, die gutes Gelingen versprach. In einer von Astrologie besessenen Gesellschaft konnte man solche Vorzeichen nicht außer Acht lassen.

Eigentlich fehlte nur noch ein neues Stück, das zur Eröffnung gespielt werden konnte. Shakespeare, der gerade erst nach Southwark in das Viertel beim The Clink (einem berüchtigten Gefängnis) gezogen war, hatte in diesem Jahr bereits *Heinrich V.* geschrieben und wandte seine Aufmerksamkeit nun klassischen Stoffen zu. Er schüttelte den *Julius Cäsar* beinah aus dem Ärmel, insgesamt 2500 Zeilen, fast alle gereimt, ließ sich das Stück vom zuständigen Zensor absegnen und begann mit den Proben. Dafür bekam jeder Schauspieler eine Schriftrolle, auf der nur sein Part stand – und alle legten sich mächtig ins Zeug, damit die Uraufführung ein Erfolg würde.

≫ REISEVERLAUF ≪

Sie kommen am Freitag, den 11. Juni 1599, morgens um halb zehn auf einem Feld bei SOUTHWARK an. Gehen Sie etwa einen Dreiviertelkilometer nach Osten, dann stehen Sie auf der Straße, die zur LONDON BRIDGE führt, die jeder Besucher Londons nehmen muss, der vom Kontinent oder von den Anwesen, Bauernhöfen und Dörfern Südostenglands kommt.

KLEIDUNG, UNTERBRINGUNG UND VERPFLEGUNG

Im elisabethanischen Zeitalter erkannte man Stand und Beruf eines Menschen an dem, was er anhatte. Wir kleiden Sie als Angehörige eines mittleren Standes ein, nicht wie jemanden aus dem Hoch- oder niederen Adel. Damit gehören Sie für die Dauer Ihres Besuchs zu den wohlhabenden Selfmademen, die sich ganz wie Shakespeare aus eigenem Antrieb hochgearbeitet haben und gutes Geld verdienen. Modisch en vogue ist gerade ein wahrer Stilmix: spanische Ärmel, französische Kleider, niederländische Umhänge.

Es wird angenehm warm sein, insofern brauchen Sie nicht viele Schichten übereinander anzuziehen, allerdings müssen FRAUEN eine Reihe von Unterröcken unter dem Kleid tragen, nackte Beine und Arme sind tabu, Unverheiratete dürfen sich jedoch gern tief dekolletiert zeigen. Die Scham wird mit waschbaren Leinenstreifen bedeckt, darüber trägt man ein Unterhemd und darüber einen leinenen Kittel, und über den kommt der sogenannte Vertugado, ein Unterrock mit in den Stoff eingenähten Reifen, darüber ein weiterer Unterrock, und dann endlich kommt das eigentliche Kleid, dem Rüschen und eine Halskrause eine edle Noblesse verleihen, ergänzt von einem Halstuch und, falls Sie das wünschen, einem Umhang, der Ihre Schultern zur Geltung bringt. Sie erhalten seidene Strümpfe und, da Sie recht weite Strecken laufen müssen, weiche Lederslipper mit Schnallen. Vervollständigt wird die Aufmachung mit Schmuck und einer Perücke. Um den Gestank in der Stadt zu ertragen, sollten Sie sehr viel Parfum auf der Basis von Ambra, gewonnen aus dem Verdauungstrakt von Pottwalen, oder Zibet von der gleichnamigen Katze auftragen und ein Leinensäckchen mit Lavendelblüten mitnehmen.

HERREN müssen nicht ganz so viel Aufwand treiben: Leinenhemd mit Wams und Weste, ein Umhang (der wirkt so schön theatralisch), Strümpfe, Kniehosen und hohe Lederstiefel. Eine Filzkappe mit buntem Hutband und Hutfeder, ein Ohrring, ein Dolch am Gürtel – das war's schon. Wählen Sie eine Frisur à la mode, das heißt vom Kontinent, und achten Sie auf eine sorgfältig gestutzte Barttracht, dann kann nichts mehr schiefgehen.

⇢ UNTERBRINGUNG

Das Londoner Herbergswesen hat ein ordentliches Niveau. Ihr Zimmer ist geräumig und bequem, die Wände sind mit bemalten Stoffen bezogen, Sie werden in einem großen Himmelbett mit Vorhängen und weicher Matratze, Federkissen und Kissenbezügen, sauberen Leintüchern, Bettdecke, Tagesdecke und Steppdecke schlafen – Herren in Nachthemd und Mütze, Damen im kittelartigen sogenannten Herzschützer. Kerze, Kerzenständer und Nachttopf stehen bereit – wenn Sie Glück haben, auch ein NACHTSTUHL: ein rechteckiger Kasten mit einem Loch oben und einem gepolsterten Sitz, auf dem Ihr Hinterteil gegebenenfalls ruht. Sie sind besser dran, wenn Sie Ihre Notdurft in Ihrem Zimmer verrichten, die öffentlichen Plumsklos stinken heftig.

Falls Sie unterwegs ein dringendes Bedürfnis anwandelt: Es gibt drei städtische Abtritte in der Tower Street, die größte Einrichtung befindet sich in der London Bridge, die Exkremente fallen direkt in die Themse.

⇥ VERPFLEGUNG

Wer auf einen Tudor-Braten hofft, wird enttäuscht werden. Damit die Menschen mehr Fisch essen, ist der Fleischgenuss freitags und samstags untersagt. Der FISCH wird pochiert oder gekocht und mit stark gewürzten und mit Früchten gesüßten Soßen serviert, dazu reicht man Gemüse und Salat, zum Abschluss kommen Käse und Dessert auf den Tisch.

RAUCHEN UND TRINKEN IN EINEM ELISABETHANISCHEN WIRTSHAUS.

Die Nahrungsmittel stammen in der Regel von einem der zahlreichen LONDONER MÄRKTE. Sie haben sechs Tage die Woche immer vormittags von sechs bis elf und nachmittags von eins bis fünf geöffnet und unterstehen der Aufsicht des Oberbürgermeisters und seiner Ratsherren, welche die Preise festsetzen und Bußgelder für Verstöße gegen die Marktordnung erheben. So dürfen Waren erst gekauft werden, wenn sie auf dem Markt angeboten werden, nicht schon vorher. Ihr Fisch stammt vom STOCKS MARKET in Billingsgate, Obst und Gemüse vom GREENCHURCH STREET MARKET oder aus QUEENHITHE direkt an der Themse (oder von einem anderen der 377 Londoner Gemüsehändler). Der Käse kommt entweder ebenfalls vom Markt oder aus einem der Käseläden auf der BREAD STREET. Sie werden zwar kein Fleisch essen dürfen, sehen es aber oft, entweder lebendig strampelnd oder frisch aus dem Schlachthaus in CHEAPSIDE – dort hängen ganze Kadaver und einzelne Stücke an Haken oder sind auf Spieße gesteckt.

Kein Mensch trinkt Wasser, das wäre ungesund. Man konsumiert FLASCHENBIER aus Gerstenmalz, Wasser und Hopfen, ALE, ein Bier ohne Hopfen, das innerhalb dreier Tage getrunken werden muss, oder WEIN, von dem es dreißig verschiedene Sorten zu kaufen gibt.

FREITAG, 11. JUNI: DIE STADT

Voller Menschen und Tiere, beidseitig mit eindrucksvollen Häusern bebaut, ist die LONDON BRIDGE ein prächtiger Auftakt zum geschäftigen Leben in der eigentlichen City. Sobald Sie die Brücke betreten, sehen Sie zwei Kornmühlen, eine (außer Betrieb genommene) Zugbrücke, an deren Turm die Schädel von 16 hingerichteten Landesverrätern hängen, und auf halber Strecke steht eine ehemalige Kapelle.

Zwischen diesen Wahrzeichen verteilen sich vierstöckige Häuser, die wohlhabenden Kaufleuten gehören. Einige betreiben noch ein Geschäft im Erdgeschoss. Besonders bombastisch ist das NONSUCH HOUSE, ein extravaganter Renaissancebau mit Erkern, vergoldeten Säulen und geschnitzten Galerien über dem Fluss. Er wurde in Holland vorgefertigt und an Ort und Stelle zusammengesetzt. Am stadtseitigen Ende der Brücke dreht sich ein riesiges Wasserrad in einem Brückenbogen.

Breite Straßen, schmale Gassen und gewundene Pfade ziehen sich kreuz und quer durch die Stadt, gesäumt von einem bunten Sammelsurium an Häusern. Die Palette reicht vom Verschlag der Bettelärmsten bis zum Palast der Schwerreichen, dazu Verwaltungsbauten, Handelshäuser, Geschäfte und Kirchen, von denen viele nicht mehr genutzt werden.

Eingestreut sind Gärten und Grünflächen, nie weiter als ein paar Schritte entfernt, aber meistens belagert von Wäscherinnen, die ihre Wäsche auf den Rasenflächen zum Trocknen und Bleichen ausgebreitet haben.

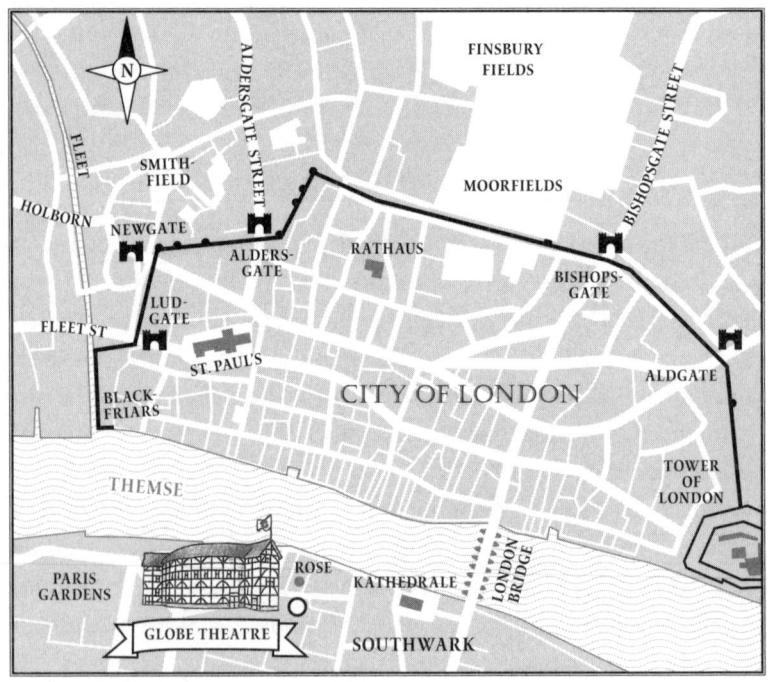

SHAKESPEARES GLOBE THEATRE ❖ 11./12. JUNI 1599

Die Straßen sind zum Teil gepflastert oder befestigt, andere bestehen aus gestampftem Lehm, der mit Kies bestreut wurde. Vermutlich wird Ihnen auffallen, wie jung die Menschen sind: Die Hälfte der Einwohner ist unter zwanzig Jahre alt. Die Leute reden sich mit »Goodman, this« oder »Goodwife, that« an, und wenn Ihnen einer zuruft: »Snout fair!«, heißt das, Sie sehen toll aus. Hält man Sie hingegen für »as much worth as a piss in the Thames«, dürfen Sie das ruhig als Beleidigung verstehen.

Frauen sollten sich vor Männern hüten, die ihnen den Hof machen, die Umworbene aber nur ausrauben wollen. Herren nehmen sich bitte vor einer »demander of glimmer« in Acht, attraktiven Frauenzimmern, die ihren Körper gegen Vorkasse feilbieten und ohne die versprochene Gegenleistung mit der Kohle wegrennen. Es gibt auch jetzt schon selbsternannte STADTFÜHRER, die Sie frischfröhlich auf eine Tour mitnehmen und dann um Ihre Barschaft erleichtern. Fallen Sie bitte nicht auf derlei Angebote herein.

Ihnen werden STRASSENHÄNDLER begegnen, die ihre Waren anpreisen, frische Früchte oder Pasteten in ihrem Bauchladen oder Körben haben, es gibt STRASSENMUSIKANTEN, SCHAUSTELLER und AUFTRAGSDICHTER, und vielleicht hält Ihnen jemand einen Handzettel hin, auf dem die Eröffnungsvorstellung im Globe beworben wird. Die unvermeidlichen BETTLER haben eine Genehmigung von der Kirche, die ihnen das Betteln in einem bestimmten Gebiet zu bestimmten Stunden erlaubt. Und vielleicht werden Sie an Menschen vorbeikommen, die an Karren gefesselt sind. Das sind KLEINKRIMINELLE, die für ihr Fehlverhalten öffentlich gedemütigt werden. Manche sind auch verkehrt herum auf ein Pferd gebunden. Ehemalige Strafgefangene erkennen Sie daran, dass ihnen ein Ohr oder beide Ohren abgeschnitten wurden – beim sogenannten *pillioring*, einer ganz besonders grausamen Strafe.

MITTAGESSEN IN BISHOPSGATE

Die Hauptmahlzeit wird mittags eingenommen. Wir empfehlen Ihnen THE BULL oder THE GREEN DRAGON in Bishopsgate. Man erwartet von Ihnen, dass Sie sich vor dem Essen die Hände waschen; Sie erhalten ein Handtuch, um sie abzutrocknen. Die Speisekarte ist nicht so überkandidelt wie manches Rezept, das aus der elisabethanischen Küche überliefert ist. Sie können wählen zwischen Gerichten wie ELUS BAKYN (gebratener Aal in Rotweinsoße), PYKES IN BRASEY (gegrillter Hecht) oder in Bier und Essig geschmortem LACHS. An KÄSESORTEN stehen grüner junger Käse, Hartkäse (Cheddar) und ein Weichkäse mit Kräutern zur Auswahl. Das DESSERT kann eine Tarte sein, gefüllt mit Erdbeeren, die in einer Marinade von Rotwein mit Zimt, Ingwer und Zucker eingelegt waren, oder mit Kirschen, Senf, Zimt und Ingwer. Vielleicht steht Ihnen der Sinn auch nach einem TRIFLE – ein Glas voll gesüßter Schlagsahne, Ingwer und Rosenwasser.

Das beste BIER ist das Märzen. Wenn Sie eine Abneigung gegen liebliche Weine haben, meiden Sie den äußerst beliebten, aber mit Zucker versetzten Sack, ein eigentlich trockener orangefarbener Wein aus Spanien, den Malmsey aus Kreta, den Muskateller aus Frankreich und den Rumney vom Balkan. Wer einen vollmundigen Rotwein schätzt, ist mit einem Burgunder Bastard gut bedient, etwas leichter ist der Claret aus der Gascogne. Hervorragende Weißweine kommen aus La Rochelle oder dem Rheinland. Nach dem Essen können Sie einen flämischen BRANNTWEIN (*brandewijn*) bestellen.

 NACHMITTÄGLICHER SPORT UND DER TOWER

Wohlgenährt können Sie sich entweder wieder durch das Gewühl der City treiben lassen oder einer etwas erholsameren

Tätigkeit nachgehen. Für LIEBHABER DES DEGENFECHTENS buchen wir gern eine Unterrichtseinheit im Holborner ELY PLACE. Dort werden Anfänger (*scholars*) an Florett, Kampfstab und Breitschwert unterrichtet. Ihr Lehrer wird der Gesellschaft der Meister der Selbstverteidigung angehören. Wer PISTOLEN favorisiert, eile zum ARTILLERIEHOF östlich von Bishopsgate, an dessen Ziegelwänden Zielscheiben hängen. Falls Ihnen der Sinn nach BOGENSCHIESSEN steht, verlassen Sie die Stadt in nördlicher Richtung: In FINSBURY FIELDS stehen 200 *butts* (Zielscheiben) für alle Schwierigkeitsstufen.

Freunde des Grausamen und Grotesken sind herzlich zu einer Tour durch den TOWER eingeladen. Nur vergessen Sie bitte nicht, dass FOLTERKAMMERN und VERLIESE noch lange nicht Museumsstücke sind, sondern intensiv genutzt werden. Da ist beispielsweise ein sechs Meter tiefes Loch, in dem Delinquenten in völliger Dunkelheit krepieren. Auf der Streckbank werden Verdächtige beim peinlichen Verhör an Füßen und Händen auseinandergezogen, bis die Gelenke auskugeln. Eine nach wie vor beliebte Methode, Gefangene zu quälen, ist LITTLE EASE, eine Zelle, in der man weder stehen noch liegen kann. Man wird Ihnen auch eine besonders fiese Vorrichtung vorstellen, genannt der Storch, die sich um Hals, Hand- und Fußgelenke schließt und dem so Gefesselten jede Bewegungsmöglichkeit nimmt – und dann wird er noch kopfüber gehängt.

ABENDGESTALTUNG

Sie verbringen den Abend im THE BELL INN neben St. Paul's Cathedral, dem ursprünglichen Bau aus dem Jahr 1087. Ein leichtes ABENDMAHL wird um 18 Uhr serviert, begleitet von den Balladen einer Musikergruppe aus Fiddlern, Dudelsackpfeifern und Sängern. Die Luft ist total verraucht; Sie können mitqualmen, wenn Sie eine kleine Pfeife käuflich erwerben, eine Partie Schach riskieren oder beim KEGELN mitwerfen. In der Wirtsstube wird an vielen Tischen um Geld gespielt, mit Karten – Gleek, Poker, Einunddreißig, New Cut oder Trumpf – oder mit Würfeln, und fast alle sind gezinkt. Lassen Sie die Finger davon, sofern Sie nicht sehr geschickt die Klinge führen; aus Streitigkeiten um Geld oder Ehre werden in rasender Geschwindigkeit tödliche Duelle.

Auf jeden Fall beginnt um 21 Uhr die SPERRSTUNDE, dann darf sich niemand mehr auf der Straße bewegen. Sie hören es am Glockengeläut. Wachleute mit der Befugnis, Verhaftungen vorzunehmen, laufen Streife und kontrollieren, ob Wirtshäuser und Geschäfte auch wirklich geschlossen haben, alle Läden dicht und die Bürger sicher in ihren Häusern sind.

SAMSTAG, 12. JUNI: SOUTHWARK

Die Stadttore werden mit dem ersten Morgenlicht wieder geöffnet. Kurz danach gibt es FRÜHSTÜCK: ein Krug Bier und weißes oder braunes Brot mit Butter, jeder Laib mit Siegel versehen, damit er zu seinem Bäcker rückverfolgt werden kann, Preis und Gewicht vom Bürgermeister festgesetzt.

Danach müssen Sie ein paar Stunden totschlagen, bevor Sie in Blackfriars ein Boot herbeirufen und sich nach Southwark übersetzen lassen. Sie könnten ST. PAUL'S besichtigen. Die Kathedrale war einmal berühmt für ihre Schönheit, wurde aber während der Reformation verwüstet und ist daher in einem erbarmungswürdigen Zustand, alles, was nicht niet- und nagelfest war – Bilder, Wandteppiche, Skulpturen und Vergoldungen –, wurde herausgerissen. Doch auch die bloße Architektur wird Ihnen Ehrfurcht einflößen, St. Paul's hat immer noch die Erhabenheit einer mittelalterlichen Kirche. Wenn Sie genug Energie haben, gelangen Sie über 300 Treppenstufen ins Dach und haben einen ungestörten Ausblick auf die Stadt.

Vielleicht mögen Sie in den BUCHHANDLUNGEN rund um den Kirchhof von St. Paul's stöbern. Dort werden Bände in altgriechischer, lateinischer, italienischer, französischer und englischer Sprache angeboten, die Bestsellerliste führt *Foxe's Book of Martyrs* (1563) an. Beliebt sind auch Almanache, freche italienische Lyrik und heimische Dramen, darunter so manches Shakespeare-Stück. (Wir bedauern sehr, dass Sie nichts kaufen dürfen.) Einen Abstecher wert ist das Paulus-Kreuz: Dort stehen PREDIGER, radikale Protestanten, die sämtliche Höllenstrafen heraufbeschwören und Sie an Ihre Sünden erinnern, auf dass Sie umkehren und Buße tun.

In BLACKFRIARS werden Sie ohne Schwierigkeiten ein FÄHRBOOT finden. Jedes hat zwei gepolsterte Sitze im Heck, einen Baldachin, der Sie vor den Elementen schützt, und vorn einen Ruderer, der nach zwei Jahren Lehrzeit von den Eight Rulers (Aufsehern) ein Fährmanns-Zertifikat bekommen hat. Die Fahrt kostet 1 Penny.

Beim Überqueren der Themse wird Sie die schiere Masse an Fahrzeugen auf dem Fluss überraschen. Neben den Fährbooten sind größere Passagierschiffe mit zehn Ruderern unterwegs sowie lange Schuten. Dutzende von Großseglern warten, dass ihre Ladung bei den Zollhäusern an der London Bridge gelöscht wird. Das trüb-graue Wasser der Themse ist unheimlich fischreich, und Schwäne gleiten auf ihr hin.

BEIM GLOBE

Southwark erstreckt sich anderthalb Kilometer entlang des Flussufers und ist dicht bebaut. Armselige Hütten säumen dicht an dicht die Sträßchen, in ihnen wohnen Fährleute, Handwerker und Ausländer, und sie teilen sich das Revier mit Verbrechern und Prostituierten. 300 Wirtshäuser gibt es hier, die meisten sind zugleich Bordelle, am bekanntesten ist THE CARDINAL'S HAT. Zu den üblichen üblen Gerüchen kommt hier noch der bestialische Gestank, den Brauer und Gerber verbreiten.

Die beste Adresse fürs MITTAGESSEN ist die ELEPHANT TAVERN an der Horseshoe Alley. Sie liegt direkt neben dem Globe und nicht weit von dem Kai, an dem Ihr Fährmann Sie absetzen wird. Erwarten Sie keine feine Küche, das hier ist Southwark – aber Sie sind ja nicht wegen des Essens hier, sondern wegen Shakespeare. Um einen Platz in der Nachmittagsvorstellung zu bekommen, sollten Sie mindestens eine Stunde früher da sein. 3000 Zuschauer fasst das Theater mit seinen 30 Metern Durchmesser, die Menschenmenge, die auf Einlass wartet, ist gewaltig. Einige Adlige sind dazwischen, manche zu Pferd, andere zu Fuß, fein gewandete Barone und Grafen, schnatternde Jurastudenten von Temple Bar und Inns of Court, Kaufleute, Lehrlinge, Arbeiter. Auf dem Globe flattert eine Fahne, und über dem Eingang prangt das Motto »Totus mundus agit histrionem« (Die ganze Welt spielt Theater).

ZAUBERER und JONGLEURE werden Sie mit ihrem Geschick betören, HAUSIERER verkaufen Erfrischungen: Orangen, Äpfel, Nüsse, Lebkuchen und Bier, aber auch Pfeifen und Tabaksbeutel für 3 Pence das Stück. Passen Sie auf Ihre Siebensachen auf, TASCHENDIEBE und HUREN sind auf der Pirsch. Das Schlangestehen müssen die Briten erst noch üben, bevor sie später dafür berühmt werden, es ist eine ziemlich ungeordnete Drängelei, bis Sie endlich vor dem Kassierer stehen, der Ihr Geld an der Tür entgegennimmt.

Drinnen sind Sie erst mal geblendet von dem vielen Gold und Gemälden mit klassischen Motiven, Statuen, Wandteppichen

SHAKESPEARES GLOBE THEATRE ✣ 11./12. JUNI 1599

und Stoffen. Wenn Sie 2 Penny Eintritt bezahlt haben, können Sie rechts oder links die Treppen hoch auf eine der drei Galerien stürmen und sich einen Platz auf den langen Holzbänken suchen. Machen Sie sich auf Auseinandersetzungen gefasst, tausend andere Besucher haben dasselbe Ziel. Wenn Sie es noch härter mögen, zahlen Sie nur 1 Penny und begeben sich auf die große Freifläche – die zu der 15 Meter breiten Bühne hin abfällt –, deren Boden mit Asche, Schlacke und Haselnussschalen bestreut ist und auf der rund 2000 Zuschauer um die beste Sicht aufs Bühnengeschehen konkurrieren.

Sie werden in der Junisonne schwitzen, während die Spielfläche im Schatten liegt. Der Bühnenraum ist recht kahl und sehr funktional. Auf jeder Seite befinden sich Ein- und Ausgänge, dazwischen gibt es einen Bereich mit Vorhängen für ENTHÜLLUNGSSZENEN (etwa einer Figur, die im Bett schläft, oder einer, die sich im Todeskampf windet); zwei Holzsäulen tragen einen Baldachin.

Ansonsten ist die Bühne, abgesehen von ein paar einfachen Requisiten – Tische, Stühle und so weiter, die sonst unter der Bühne (in der »Hölle«) aufbewahrt werden – leer. Es gibt eine Falltür, die jedoch bei diesem Stück nicht benutzt wird. Direkt über der Bühne ist ein Balkon für die MUSIKER (Trompeten, Trommeln, Hörner, Blockflöten und Lauten). Ausgeleuchtet wird mit Fackeln und Kerzen, ein Team hinter der Bühne (Buchhalter, Bühnenassistent, Zimmermann und zwei weitere Bühnenarbeiter) ist für die Soundeffekte zuständig (Hufgetrappel, Vogelgezwitscher, Glocken).

Das Publikum geht während des Spiels voll mit. Die Ränge sind bei den spannendsten Szenen auf den Füßen, aus dem »Parkett« hagelt es Buhs und Zischen, ermunternde Rufe, Jubelschreie und Applaus für denkwürdige Reden. Trotz des Geräuschpegels sind die Leute ganz bei der Sache, manche haben sogar ein Heft dabei und schreiben wichtige Passagen mit.

DAS STÜCK

Julius Cäsar dauert gut zwei Stunden, es gibt keine Pausen, keine Umbauten, die siebzehn Szenen gehen ineinander über und vermitteln den Eindruck fortgesetzter Bewegung. Sechs der sechzehn Schauspieler sind Jungen vor dem Stimmbruch. Sie spielen die Frauenrollen, den Cäsar gibt RICHARD BURBAGE, ein Pionier einer natürlichen Spielweise.

Denn damals werden die Rollen gewöhnlich manieriert und voller Pathos ausagiert. Das hat auch damit zu tun, dass viele Zuschauer das Gesicht der Schauspieler nicht oder nicht gut sehen können und Dialoge oft im allgemeinen Lärm untergehen. Deswegen sprechen die Mimen laut und überdeutlich, die Verse werden mit Schwung und rhetorischem Eifer deklamiert, die Gesten sind groß und gespreizt, es gibt ein Repertoire von 59 Handbewegungen für die verschiedenen Gefühls- und Geisteszustände.

Sämtliche Schauspieler des Globe sind zwar mit allen Wassern der Improvisationskunst gewaschen, bei der heutigen Vorstellung halten sie sich aber an den Text. Ihr jeweiliger Platz auf der Bühne heißt *habitation*, das Kostüm nennt sich *shape*, ausgegeben wird es vom *wardrobe keeper*. In *Julius Cäsar* werden Togen, Tuniken, Umhänge, wallende Gewänder und für die Kampfszenen Rüstungen getragen.

Das Stück hat viele HÖHEPUNKTE. Zu Beginn schimpft eine Gruppe Plebejer über Cäsars Gelüste, allein zu regieren, die zweite Szene beginnt mit schmetternden Klängen vom Balkon herab und dem Einzug der Hauptfiguren mit weiteren Bürgern. In der dritten Szene wird es Nacht, die Möchtegern-Attentäter bereiten sich hektisch auf den schnöden Mord vor, und währenddessen geht dank der Jungs für die Soundeffekte ein unheilverheißendes Gewitter nieder: Ein Stück Blech sorgt für den Donner, Feuer-

THE TRAGEDIE OF IVLIVS CÆSAR.

Actus Primus. Scœna Prima.

Enter Flauius, Murellus, and certaine Commoners ouer the Stage.

Flauius.

HEnce: home you idle Creatures, get you home:
Is this a Holiday? What, know you not
(Being Mechanicall) you ought not walke
Vpon a labouring day, without the signe
Of your Profession? Speake, what Trade art thou?
  Car. Why Sir, a Carpenter.
  Mur. Where is thy Leather Apron, and thy Rule?
What dost thou with thy best Apparrell on?
You sir, what Trade are you?
  Cobl. Truely Sir, in respect of a fine Workman, I am but as you would say, a Cobler.
  Mur. But what Trade art thou? Answer me directly.
  Cob. A Trade Sir, that I hope I may vse, with a safe Conscience, which is indeed Sir, a Mender of bad soules.
  Fla. What Trade thou knaue? Thou naughty knaue, what Trade?
  Cobl. Nay I beseech you Sir, be not out with me: yet if you be out Sir, I can mend you.
  Mur. What mean'st thou by that? Mend mee, thou sawcy Fellow?
  Cob. Why sir, Cobble you.
  Fla. Thou art a Cobler, art thou?
  Cob. Truly sir, all that I liue by, is with the Aule: I meddle with no Tradesmans matters, nor womens matters; but withall I am indeed Sir, a Surgeon to old shooes: when they are in great danger, I recouer them. As proper men as euer trod vpon Neats Leather, haue gone vpon my handy-worke.
  Fla. But wherefore art not in thy Shop to day?
Why do'st thou leade these men about the streets?
  Cob. Truly sir, to weare out their shooes, to get my selfe into more worke. But indeede sir, we make Holyday to see *Cæsar*, and to reioyce in his Triumph.
  Mur. Wherefore reioyce?
What Conquest brings he home?
What Tributaries follow him to Rome,
To grace in Captiue bonds his Chariot Wheeles?
You Blockes, you stones, you worse then senslesse things:
O you hard hearts, you cruell men of Rome,
Knew you not *Pompey* many a time and oft?
Haue you climb'd vp to Walles and Battlements,
To Towres and Windowes? Yea, to Chimney tops,
Your Infants in your Armes, and there haue sate
The liue-long day, with patient expectation,
To see great *Pompey* passe the streets of Rome:
And when you saw his Chariot but appeare,
Haue you not made an Vniuersall shout,
That Tyber trembled vnderneath her bankes
To heare the replication of your sounds,
Made in her Concaue Shores?
And do you now put on your best attyre?
And do you now cull out a Holyday?
And do you now strew Flowers in his way,
That comes in Triumph ouer *Pompeyes* blood?
Be gone,
Runne to your houses, fall vpon your knees,
Pray to the Gods to intermit the plague
That needs must light on this Ingratitude.
  Fla. Go, go, good Countrymen, and for this fault
Assemble all the poore men of your sort;
Draw them to Tyber bankes, and weepe your teares
Into the Channell, till the lowest streame
Do kisse the most exalted Shores of all.
Exeunt all the Commoners.
See where their basest mettle be not mou'd,
They vanish tongue-tyed in their guiltinesse:
Go you downe that way towards the Capitoll,
This way will I: Disrobe the Images,
If you do finde them deckt with Ceremonies.
  Mur. May we do so?
You know it is the Feast of Lupercall.
  Fla. It is no matter, let no Images
Be hung with *Cæsars* Trophees: Ile about,
And driue away the Vulgar from the streets;
So do you too, where you perceiue them thicke.
These growing Feathers, pluckt from *Cæsars* wing,
Will make him flye an ordinary pitch,
Who else would soare aboue the view of men,
And keepe vs all in seruile fearefulnesse. *Ex.*

Enter Cæsar, Antony for the Course, Calphurnia, Portia, Decius, Cicero, Brutus, Cassius, Caska, a Soothsayer: after them Murellus and Flauius.

  Cæs. *Calphurnia.*
  Cask. Peace ho, *Cæsar* speakes.
  Cæs. *Calphurnia.*
  Calp. Heere my Lord.
  Cæs. Stand you directly in *Antonio's* way,
When he doth run his course. *Antonio.*
  Ant. *Cæsar*, my Lord.
  Cæs. Forget not in your speed *Antonio*,
To touch *Calphurnia*: for our Elders say,

k k

DIE ERSTE SEITE DES *JULIUS CÄSAR* – NOCH UNVERÖFFENTLICHT.

werkskörper für Blitze, ein Stück Stoff, an ein Rad gebunden, klingt wie Wind, und getrocknete Erbsen in einer Zinnschale simulieren den Regen.

Der Gewitterlärm zieht sich über die nächste Szene, in der Cäsar über sein weiteres Schicksal nachgrübelt, und weiter – bis in die achte Szene mit dem eigentlichen Mordversuch. Wenn die Verschwörer ihre Dolche in Cäsars Körper rammen, platzen Blasen mit Schafsblut, strategisch am Leib des Hauptdarstellers befestigt, und ergießen sich auf die Bühne. Als Brutus zum letzten Stoß ausholt, spricht Cäsar, bestürzt ob des Verrats seines engsten Gefährten, jene drei Wörter auf Latein, die durch die kommenden Jahrhunderte hallen werden: »Et tu, Brutus?«

Dem Staatsstreich folgt die berühmte Begräbnisszene; die Darsteller von Brutus und Marcus Antonius steigen auf den Balkon der Musiker und sprechen ihre Monologe von dort herunter. Marcus Antonius' ergreifende Worte zu Ehren Cäsars, diese unsterblichen Zeilen: »Mitbürger! Freunde! Römer! Begraben will ich Cäsar, nicht ihn preisen«, bringen die Römer schließlich gegen die Attentäter auf, ein wütender Mob durchkämmt die Stadt, trifft in der zehnten Szene auf den Dichter Cinna, verwechselt ihn mit dem Verschwörer gleichen Namens und lyncht den Unglücklichen (weitere Schafsblutlachen auf der Bühne).

Das Stück nähert sich allmählich seinem Ende, Brutus und sein Mitverschwörer Cassius stehen mit ihrer Armee vor Philippi und erwarten einen Angriff von Marcus Antonius und Octavius. Die Musiker auf dem Balkon haben gut zu tun, Trommelwirbel, Fanfaren und Gebrüll hinter der Bühne sorgen für eine militärische Atmosphäre.

In der zwölften Szene, es ist die Nacht vor der Entscheidungsschlacht, besucht Cäsars Geist Brutus in seinem Zelt und äußert die haarsträubende Warnung: »Sehen sollst du mich zu Philippi.« Damit die Szene richtig unheimlich rüberkommt, stellen die Bühnenmitarbeiter Kerzen hinter farbige Glasflaschen, deren Verzerrungen und Schatten die Akteure in ein irreales Licht tauchen.

Die vier letzten, schnellen Szenen handeln von der Schlacht und ihrem grausigen Nachspiel (Schafsblut fließt in rauen Mengen). Aus Angst, alles wäre verloren, stürzt sich erst Cassius, dann auch Brutus in sein Schwert, und sie überlassen Marcus Antonius und Octavius als Siegern das Feld.

Bevor Sie das Theater verlassen, wird das nächste Stück angekündigt, dann knien alle Schauspieler sich hin und sprechen ein Gebet für die Queen. Zuletzt führt das gesamte Ensemble einen frechen, ausgelassenen Tanz auf – Sie werden das Theater beschwingt verlassen.

NACH DER AUFFÜHRUNG

Es hat sich eingebürgert, nach dem Stück durch den PARISER GARTEN zu promenieren, der liegt einen Steinwurf vom Globe entfernt. Hier können Sie etwas Alkoholisches trinken und anderen beim Kegeln oder Kartenspielen zusehen. Ganz nah ist außerdem eine MANEGE, in der BÄREN gehetzt werden.

Bei diesem äußerst populären Unterhaltungsangebot spielen berühmte Bären, die Namen wie George Stone, Harry Hunks und Harry Tame tragen, die Hauptrollen. Der Stehplatz kostet 1 Penny, ein Sitzplatz 2 Pence. Der Bär wird an einer Kette hereingeführt. Sobald die Kette an einer Stange befestigt ist, werden scharfe Hunde auf den Bären losgelassen, meist englische Bulldoggen. Das grausame Spiel zieht sich oft über Stunden, erst dann sind die Kombattanten zu erschöpft oder zu stark verwundet, um weiterzumachen.

ABREISE

Wenn es dämmert und die Straßen für nicht Ortskundige gefährlich werden, sollten Sie Southwark Richtung Südwesten verlassen. An Gehöften, Wäldchen und Sumpfgebieten vorbei erreichen Sie bald schon die Felder, auf denen Ihre Reise begann und enden wird.

DIE BEATLES IN HAMBURG

-o-o-o-o-o-o-o-

1960–1962

JEDES JAHR PILGERT EINE HALBE MILLION BEsucher aus aller Welt – von denen viele noch nicht mal geboren waren, als die Pilzköpfe ihre Platten aufnahmen – zu einem unscheinbaren Zebrastreifen in der Nähe der Abbey Road Studios im Londoner Nordwesten. Und alles bloß wegen eines Plattencovers von 1969. Wäre es nicht um Klassen besser, die Beatles live zu erleben, bevor sie berühmt wurden? Da waren sie noch zu fünft.

Auf dieser Reise zu mehreren Auftritten in Hamburg bekommen Sie aus nächster Nähe mit, wie aus der Wilde-Jungs-Combo eine der weltweit erfolgreichsten Bands überhaupt wurde. Damit Sie die einzelnen Entwicklungsschritte sehen, haben wir DREI EINZELNE FAHRTEN in drei aufeinanderfolgenden Jahren – 1960, 1961, 1962 – für Sie vorbereitet: drei verschiedene Auftritte, drei verschiedene Orte, drei verschiedene Wochenenden.

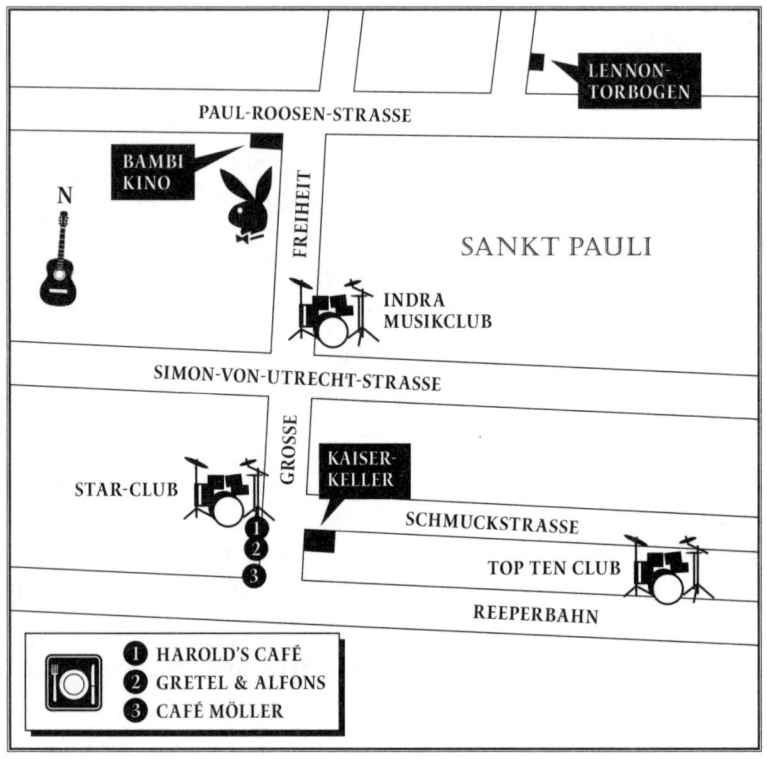

HINTERGRUNDINFO:
ST. PAULI

Jeder der drei Wochenendtrips ist so angelegt, dass Sie die Hamburger Erfahrungen der Beatles am eigenen Leib spüren.

Ihr Taschengeld, Ihre Klamotten, die durchgemachten Nächte, die Lokale, in denen Sie abhängen, alles entspricht den Gewohnheiten der fünf Musiker und dem Lebensgefühl der Zeit. Sie bekommen hautnah mit, wie sich die Beatles ihren Weg ganz nach oben zu ewiger Glorie bahnten.

Die meiste Zeit verbringen Sie im berüchtigten ROTLICHTMILIEU von St. Pauli, einem brutal harten Hafenviertel. Heutzutage ist die Gegend eine Touristenattraktion,

DIE BEATLES IN HAMBURG ✳ 1960–1962

aber zu der Zeit, in die Sie reisen werden, wurde St. Pauli von den allermeisten Hamburgern gemieden. Sexshops, Stripperinnen, Bars und Bordelle zogen die Hamburger Unterwelt an, Prostituierte, Zuhälter und zwielichtige Gestalten, fiese Jungs aller Couleur und Kragenweite tummelten sich hier.

Dazu kamen die vielen Matrosen auf Landgang, die sich nach Wochen und Monaten auf hoher See endlich mal wieder amüsieren wollten. Eine explosive Mischung, Schlägereien und sogar Morde waren an der Tagesordnung. In dieser aufgeheizten Atmosphäre wurden aus fünf Liverpooler Jungs The Beatles.

⇒ ERSTE FAHRT ⇐

Am Montag, den 8. August 1960, ist BRUNO KOSCHMIDER in London. Der vierschrötige, abgebrühte Zirkusmann hat unlängst den Hamburger Kaiserkeller übernommen und sucht eine Band für seinen neuen Club, das Indra, der eine Woche später eröffnet werden soll. Konzertagent ALLAN WILLIAMS überzeugt den Veranstalter von den Beatles, die beiden werden sich handelseinig: Vom 17. August bis zum 16. Oktober sollen sie jeden Abend auftreten, nur montags haben sie frei.

Nach einigem Hickhack um die Pässe – kein Bandmitglied war bisher im Ausland gewesen – fuhren JOHN LENNON, PAUL MCCARTNEY, GEORGE HARRISON, STUART (STU) SUTCLIFFE und PETE BEST (der widerstrebend in letzter Minute mitgenommen wurde, der vierte Schlagzeuger der Band in 13 Wochen) in Williams' Austin-J4-Bus los – die Fahrt sollte so billig wie möglich sein. Sie dauerte volle 36 Stunden. Von Liverpool ging es durch London (für die Jungs der erste Blick auf die britische Hauptstadt) nach Harwich, mit der Nachtfähre nach Hoek van Holland und dann die lange Strecke nach und durch Deutschland. Am 17. August kurz nach Mitternacht erreichten die Beatles Hamburg. Noch am selben Abend standen sie auf der Bühne.

FREITAG, 26. AUGUST 1960

Sie treffen neun Tage später ein, um 17 Uhr sitzen Sie im dunklen Vorführraum des BAMBI. In dem Kino läuft seit ungefähr einer Stunde ein Pornostreifen. Die Beatles sind wenige Meter von Ihnen entfernt, sie werden gerade in dem Raum hinter der Leinwand wach – der hat einen separaten Eingang.

Auch wenn Sie versucht sind, den Film anzugucken – gehen Sie lieber beizeiten raus und machen sich mit dem Gelände vertraut, solange es noch hell und halbwegs sicher ist. Aber bevor Sie das Kino verlassen, sollten Sie die Toilette aufsuchen, um den ersten Blick auf die fünf zu erhaschen – die waschen und rasieren sich hier, bevor es zur Arbeit geht. Wenn Sie auf die Straße treten, stehen Sie direkt vor der tiefroten Fassade des INDRA, Große Freiheit 64. Auf dem Schild ist ein indischer Elefant, der Eingang ist verrammelt, das Gitter zieren eine Gitarre und ein Saxofon.

FÜNF JUNGE MÄNNER IN LEDERJACKEN, FOTOGRAFIERT VON ASTRID KIRCHHERR. VON LINKS: PETE BEST, GEORGE HARRISON, JOHN LENNON, PAUL MCCARTNEY UND STU SUTCLIFFE.

DIE BEATLES IN HAMBURG ❊ 1960–1962

Männliche Reiseteilnehmer werden wie die Band gekleidet: Teddy-Boy-Style – mit Tolle, Sonnenbrille, fliederfarbenem Jackett, schwarzem Hemd, schwarzer Röhrenjeans und Krokolederschuhen. Reiseteilnehmerinnen tragen cremefarbene oder gepunktete Kleider, die knapp über dem Knie enden, flache Schuhe und Söckchen.

Sie erhalten 30 Deutsche Mark als Taschengeld, mehr können Sie nicht ausgeben: So viel beträgt die Gage der Band pro Abend. Die Summe ist kümmerlich, jeder Arbeiter verdient mehr. Gehen Sie sparsam damit um, was schwierig werden kann, weil Ihnen unzählige Leute den letzten Pfennig aus der Tasche ziehen wollen. Wie die Beatles haben Sie keine feste Bleibe, und die brauchen Sie auch nicht, weil Sie wie die fünf Musiker die Nacht durchmachen.

Die späteren Pilzköpfe vertreiben sich die Zeit meist auf der GROSSEN FREIHEIT, folgen Sie ihrem Beispiel. Fällt Ihnen der Kontrast zwischen den hohen alten, teilweise vom Krieg noch ausgebombten Häusern und den Flachbauten auf, in denen sich Bars, Sexclubs und Schnellrestaurants angesiedelt haben? Stiernackige Typen gehen davor auf und ab und sprechen potenzielle Kunden an – über der Szene wacht eine Reklame mit einer Riesendame im Bikini und einem falschen Eiffelturm am Horizont. Es herrscht eine Stimmung wie im Wilden Westen. Ein Stück weiter sehen Sie neben einem Stripperlokal, dem Studio X, den KAISERKELLER – der Auftritt der Beatles dort wird unter keinem guten Stern stehen.

Gehen Sie die Große Freiheit bis zum Ende und biegen Sie dann links auf die REEPERBAHN ab, die ihren Namen von den Seilmachern hat. Die Straße hat mehr Glamour, ist quirliger und kosmopolitischer, hier finden Sie dieselben Attraktionen, wenn auch qualitativ wie preislich auf höherem Niveau. Lassen Sie sich nicht täuschen – im grellen Neonlicht geht es trotzdem genauso rau zur Sache. Leuchtreklame verwandelt die Szenerie in einen flirrenden, glitzernden Jahrmarkt der Ausschweifungen.

Wer die Schattenseiten von St. Pauli sehen will, biegt von der Reeperbahn rechts in die DAVIDSTRASSE Richtung Hafen ab und dann in die zweite Straße rechts, die HERBERTSTRASSE, eine schummrige Gasse, in der die Prostituierten in Fenstern stehen und sich feilbieten.

 DER AUFTRITT

Seien Sie bitte um 20 Uhr im INDRA. Der Club ist winzig, die Bühne schmal, dahinter hängt ein schwerer roter Vorhang, davor stehen Tische.

Die Kundschaft besteht aus Stripperinnen, Huren, Transvestiten – Travestieshows sind in den Clubs von St. Pauli sehr beliebt –, einigen Matrosen und einer Handvoll musikbegeisterter Jugendlicher, die all ihren Mut zusammengenommen und sich trotz Dunkelheit in diese zwielichtige Gegend gewagt haben. Am besten halten Sie sich an die, denn die Chancen, dass eine Schlägerei ausbricht, stehen gut, zumal die Kellner, meist verbitterte Alt-Nazis, keine Gelegenheit auslassen, um einen Streit vom Zaun zu brechen. Laut George Harrison besitzen sämtliche Kellner Gaspistolen, Knüppel und Schlagringe. Was die Getränke betrifft, ist Flaschenbier die billigste Wahl, der Schnaps ist überteuert und der Sekt sowieso.

Die Beatles spielen vier Sets von je einer Stunde: 20.30–21.30 Uhr, 22–23 Uhr, 23.30–0.30 und 1–2 Uhr. Das ist lang, die Band gerät mit ihrem Repertoire an die Grenze, covert ihre Lieblingsalben, Songs von Carl Perkins, Elvis und Gene Vincent, ein paar Jazz-Standards wie *Summertime*, *Somewhere Over the Rainbow* und *Moonglow*, Klassiker von Chuck Berry und Fats Domino, aktuelle Schmachtfetzen wie *Apache* von The Shadows und spielt eine viertelstündige Version von Ray Charles' Hitparadenstürmer *What'd I Say*.

Das Zusammenspiel ist lausig, die Musiker wirken streckenweise unbeholfen, der stete Strom an Freigetränken, die ihnen wohlwollende Kunden und Kundinnen zukommen lassen, macht die Sache nicht besser. Paul fühlt sich mit der Rhythmusgitarre nicht wohl, Stu ist, was den Bass betrifft, grün hinter den Ohren, und Pete am Schlagzeug hält nur mühsam bis gar nicht den Takt. Damit er die Kurve kriegt, stampfen die anderen Bandmitglieder hart auf, Pete drischt umso lauter auf die große Trommel ein, sie schaukeln sich gegenseitig hoch, bis sich die alte Frau, die über dem Lokal wohnt, beim Geschäftsführer Wilhelm Limpensal über den Lärm beschwert. Trotzdem – man kann sich der Energie und dem Charisma der fünf kaum entziehen. Am meisten wird Sie das Auftreten verblüffen, das an die späteren Punkbands erinnert. Die Musiker spucken auf den Boden, rülpsen, fluchen und beschimpfen die Zuhörer. John Lennon zieht sie gern mit Hitler auf.

Gegen 21.45 Uhr gibt es eine Ansage, eine Viertelstunde später kontrolliert das Personal die Ausweise der jungen Leute, denn nach 22 Uhr darf sich keiner in Clubs aufhalten, der unter 18 ist. Die Kellner setzen alle Teenager vor die Tür – zum Glück haben sie wohl vergessen, dass George erst siebzehn ist!

NACH DEM AUFTRITT

Wenn das Indra um drei Uhr morgens schließt, haben Sie vielleicht noch Lust, ein paar Clubs auf der Reeperbahn auszuprobieren. Lassen Sie es bleiben: Dort werden Sie geneppt, »Extrabeträge« auf Ihre Rechnung gesetzt, die Sie nicht bezahlen können – und dafür setzt es dann Prügel.

Gehen Sie lieber in HAROLD'S CAFÉ, Große Freiheit 15 – einer

JOHN LENNON 1960 IN HAMBURG AUF SEINEM ROCK-'N'-ROLL-ALBUM.
AN DER TÜR IM HINTERGRUND HOLEN WIR SIE WIEDER AB.

der Lieblingsläden der Beatles. Dort können Sie preiswert essen – Bouletten, Pommes, Würstchen – und Bier dazu trinken. Setzen Sie sich in eine der Nischen an die schlichten Holztische, die Band lässt höchstwahrscheinlich nicht lange auf sich warten. Die Jungs bestellen, nicht sonderlich weltläufig, Cornflakes mit Milch, ihr Standardfrühstück – mehr gibt die Kasse einfach nicht her.

ABREISE

Gegen acht Uhr morgens wanken die Beatles ins Bambi zum Pofen, und Sie sollten auch aufbrechen. Laufen Sie die Große Freiheit zur Paul-Roosen-Straße hinunter, biegen Sie dann rechts ab und gehen Sie bis zur WOHLWILLSTRASSE, das ist die zweite links. Ein paar Meter weiter sehen Sie einen Durchgang in den Hof eines Mietshauses. Von hier fahren Sie zurück, und hier wird sich John ein paar Wochen später nonchalant an die Wand gelehnt fotografieren lassen; das Bild wird für sein Rock-'n'-Roll-Album ausgewählt, das 1975 erscheint und viele der Melodien versammelt, die in Hamburg Abend für Abend erklangen.

≫ ZWEITE FAHRT ≪

Die Beatles haben in der Zwischenzeit zu viele Auftritte vergeigt. Ab dem 4. Oktober 1960 schickt sie Bruno Koschmider deswegen in den KAISERKELLER, aber statt besser läuft es dort noch schlechter. Das ohnehin angespannte Verhältnis zu dem Nachtclubbetreiber wird zum offenen Konflikt. Zu unguter Letzt fliegt Georges wahres Alter auf, die anderen verklagt Koschmider wegen Sachbeschädigung: Sie haben die Bühne demoliert. Am 10. Dezember 1960 packen John, Paul und Pete ihre Siebensachen.

Ein Lichtblick in dieser dunklen Zeit ist die aufkeimende Freundschaft mit zwei Hamburgern: KLAUS VOORMANN, Absolvent der Kunsthochschule, und ASTRID KIRCHHERR, die Mode und Fotografie studiert hat. Beide sind zweiundzwanzig und damit einen Hauch älter als die Band, sie öffnen den jungen Briten die Augen für bestimmte Seiten der Stadt jenseits von St. Pauli. Stu und Astrid verlieben sich Hals über Kopf ineinander, verloben sich am 28. November, und Stu bleibt in Hamburg, um sein Kunststudium fortzusetzen.

Trotz des Debakels im Kaiserkeller hat die Band Eindruck gemacht und wird für ein siebentägiges Gastspiel in den Top Ten Club eingeladen. Am 28. März 1961, einem Dienstag, fahren John und George mit dem Zug von Liverpool Lime Street via Harwich und Hoek van Holland nach Hamburg, wo sie am Donnerstag, den 30. März, um 3.15 Uhr in der Frühe von Stu und Astrid am Hauptbahnhof abgeholt werden. Zwei Tage später stoßen Paul und (mangels besserer Alternative) Pete dazu, und alle zusammen spielen am Samstag, den 1. April, im TOP TEN. George behält diesen Aufenthalt in Hamburg als »phantastisch« in Erinnerung.

SAMSTAG,
15. APRIL 1961

Sie kommen am Samstag, den 15. April 1961, um 17 Uhr im Hof in der Wohlwillstraße mit 35 DM in der Tasche an, etwas mehr als bei der ersten Fahrt. Männer werden so eingekleidet, wie die Beatles durch Hamburg laufen – schwarze Lederjacke, schwarzes Samthemd, schwarze Lederhosen, Cowboystiefel. Frauen tragen schwarze Lederjacken, schwarze Rollis, schwarze Lederröcke, schwarze Strümpfe und Stiefel. Die Sachen haben wir für Sie in der Hamburger Innenstadt besorgt, HAMBURGER LEDERMODEN heißt der Laden. Dort hat auch die Band ihren neuen Stil entdeckt (der Laden war ihnen allerdings zu teuer, sie nahmen die Dienste eines Schneiders auf St. Pauli in Anspruch, der ihnen das Outfit zu einem Bruchteil des Preises nähte).

Wieder haben Sie keine Unterkunft, Sie machen die Nacht durch, und diesmal sollten Sie eine solide Grundlage schaffen, bevor Sie zum Konzert gehen, Amphetamine auf nüchternen Magen, das geht nicht gut. In einer Seitenstraße der Großen Freiheit, der SCHMUCKSTRASSE, in der auch Transvestiten ihre sexuellen Dienstleistungen feilbieten, ist in der Hausnummer 9 das CHUG-RU, ein spottbilliges Chinarestaurant, in dem die Beatles oft essen, die Pfannkuchen schmecken ihnen besonders gut. Essen Sie sich satt, und gehen Sie anschließend zum Top Ten Club, Reeperbahn 136.

DER AUFTRITT

Der TOP TEN CLUB residiert in einem Altbau mit schmalem Giebel, über dem Eingang ist ein kurzes Vordach mit einem großen blauen Schild. Bitte seien Sie spätestens um 19.30 Uhr da. Der Raum ist groß, die Bühne erhöht und zieht sich über die ganze Wand, direkt davor befindet sich eine große Tanzfläche, rechter Hand ist die Bar.

Wahrscheinlich begegnen Sie dem Inhaber, HORST FASCHER, 36 Jahre alt, ehemals ein erfolgreicher Amateurboxer, der neun Monate im Knast saß, weil er bei einer Straßenschlacht auf St. Pauli einen Mann umgebracht hat. Ganz sicher kriegen Sie seine beiden jüngeren Brüder zu Gesicht, UWE und MANFRED, ebenfalls Boxer, die die Band vor unerwünschten Annäherungsversuchen schützen sollen. Insgesamt ist das Publikum im Top Ten nicht ganz so heruntergekommen wie im Indra, es sind mehr Rockfans da. Horst will das Top Ten als erstklassigen Musikschuppen aufziehen und hat seinen Geschäftsführer eine richtig gute, topaktuelle Anlage mit Binson-Mikros und Echorec einbauen lassen. Die Beatles sind begeistert.

Sie spielen von 20 Uhr abends bis vier Uhr morgens, jede Stunde haben sie 15 Minuten Pause. Paul sitzt am Klavier, froh, die Rhythmusgitarre los zu sein, das Zusammenspiel ist besser, obwohl immer noch ab und an jemand aufstampfen muss, um Pete auf Kurs zu halten. Vielleicht erleben Sie Paul auch am Bass, weil

Stu, der sich an der Hamburger Kunsthochschule eingeschrieben hat, oft fehlt. Das Repertoire ist mehr oder weniger dasselbe wie im Indra, aber der Sound um Längen besser, insbesondere die Gesangspartien sind vom Feinsten.

Zum Teil verdanken die Beatles den Fortschritt TONY SHERIDAN an der halbakustischen Martin-Gitarre, der mit auf der Bühne steht. Sheridan ist ein begabter Musiker, dessen vielversprechende Karriere wegen seiner notorischen Unzuverlässigkeit jedoch im Sand verlief. Als Hamburg-Veteran kennt er die meisten Clubs und hat schon viele Bands bei Gastauftritten und Studioaufnahmen unterstützt. Die Beatles geben große Stücke auf ihn, werden mit ihm in Hamburg eine Platte einspielen, ihre ersten Studioaufnahmen überhaupt, und er zwingt sie, auf seinem Niveau zu spielen.

Außerdem ist die Band auf Speed, eigentlich jeden Abend, wie so ziemlich alle im Club. PRELLIES, also Preludin-Tabletten, sind groß in Mode. Sie sind 1954 als Schlankheitspillen auf den Markt gekommen, ein Appetitzügler, den jede Apotheke auf Rezept verkauft. Ohne würden die Beatles wohl kaum mehrere Nächte hintereinander solche Mammut-Sets durchstehen. Dank der hohen Adrenalinausschüttung sind sie total aufgekratzt und hauen in die Saiten, ihr Auftritt hat etwas Ungezügeltes, Wildes, ist aufregend neu, jeder Ton signalisiert Gefahr.

Wir finden, Sie sollten Preludin probieren. Als einmaliges Experiment kann es keinen großen Schaden anrichten, und Sie wären ähnlich drauf wie die Band und die ganzen anderen Nachteulen, die hier zu Hause sind. Die Pillen bekommen Sie eine Etage tiefer, im Reich von Rosie Hoffmann, der 62-jährigen Klofrau. Die Beatles mögen die alte Dame. Wenn Sie runterkommen, sitzt Rosie höchstwahrscheinlich an einem schmalen Tisch, neben sich das Tellerchen fürs Trinkgeld und ein Einmachglas voll weißer Dragees. Sie sehen aus wie Pfefferminzbonbons, aber es sind Prellies. Rosie nimmt 50 Pfennig das Stück, ein bis zwei sollten in Ihrem Fall genügen, das entspricht dem Konsum der Bandmitglieder, abgesehen von John, der eine Handvoll pro Abend einwirft.

Gegen ein Uhr nachts kommt eine Gruppe Gangster-Gigolos in den Club hereinstolziert, setzt sich an die Tische direkt vor der Bühne und gibt der Band eine Runde nach der anderen aus. Die größten Fans der Beatles sind prominente Verbrecher unter der Führung von WILFRIED SCHULZ, König der Hamburger Unterwelt, den die Presse nur den Paten von St. Pauli nennt. In seiner Gang sind harte Burschen wie WALTHER SPRENGER, der ist 15-fach wegen schwerer Körperverletzung vorbestraft und stolz darauf. Den sollten Sie auf keinen Fall provozieren!

DIE BEATLES STEIGERN SICH, INSPIRIERT VON TONY SHERIDAN (GANZ RECHTS), IM TOP TEN CLUB.

NACH DEM AUFTRITT

Gegen vier Uhr morgens werden Sie auf die Reeperbahn gesetzt. Ignorieren Sie die wohlbekannten Versuchungen, gehen Sie schnurstracks zu GRETEL & ALFONS, Große Freiheit 29. Die Decke ist niedrig, der Dekor nautisch angehaucht, ein gemütliches Feuer flackert im Kamin – ganz wie in einem altenglischen Club, ein Eindruck, der bereits angesichts der schmucken weißen Fassade, der kleinen Fenster, des bescheidenen Ladenschilds und der Hängekörbe mit Blumen aufkommt. Die Beatles fühlen sich hier wie zu Hause, der Inhaber, HORST JANKOWIAK, lässt sie in seiner Wohnung in der Großen Freiheit 66 pennen. Also holen Sie sich was zu trinken und genießen Sie in den frühen Morgenstunden die gastliche, persönliche Atmosphäre.

ABFAHRT

Am Sonntagmorgen gegen neun bummeln die Beatles wie immer zur BRITISCHEN MARINEMISSION, Johannisbollwerk 20, ein kurzer Spaziergang über die Hafenstraße und an der Gustav-Adolf-Kirche vorbei. Das ehrwürdige Missionswerk steht britischen Matrosen und Seeleuten offen, die ihr müdes Haupt betten wollen, 4 Mark pro Nacht, nur für Männer; ein ordentliches Frühstück mit Bacon & Eggs inbegriffen. Das vertraute Essen plus Zeitungen aus der Heimat plus starkem schwarzen Tee lockt die Band hierher. Suchen Sie sich einen Platz, gönnen Sie sich ein richtiges britisches Frühstück: Leber, Schinken, Würstchen, gegrillte Tomaten, Eier, Pilze und Toastbrot – genau das Richtige nach einer durchwachten Nacht, und es federt den Absturz ab, wenn die Wirkung der Prellies nachlässt.

Nach dem Essen verlassen Sie die Mission. Rechts daneben ist eine Eisenbahnbrücke. Im Tunnel darunter werden Sie abgeholt.

» DRITTE FAHRT «

BRIAN EPSTEIN wird am 24. Januar 1962, ein Mittwoch, ihr Manager, und die Beatles sind damit ein gutes Stück auf ihrem Weg zum Ruhm vorangekommen. Wenig später hört man sie zum ersten Mal im Radio und sieht sie im Liverpooler Cavern Club. Unterdessen werden sie von MANFRED WEISSLEDER angefragt, der mit Sexclubs auf St. Pauli ein Vermögen verdient hat und nun aus einem umgebauten Kino ein Musiklokal machen will. Er zahlt besser als Peter Eckhorn, der sie noch einmal im Top Ten haben wollte, und engagiert die Pilzköpfe für zwei Wochen ab dem 13. April.

Die Bezahlung ist diesmal okay, die Band kann nach Hamburg fliegen – aber an dem Tag, an dem die Beatles ankommen, stirbt Stu. Er erliegt am 10. April einer Hirnblutung, und das trifft die anderen knüppelhart. Die Zeit im STAR-CLUB wird zum emotionalen Stresstest. Am schlimmsten erwischt es John, vor lauter Wut und Trauer macht er verrückte Sachen auf der Bühne. Einmal tritt er als Putzfrau auf, einmal hat er sich, nackt bis zur Hüfte, einen Klositz um den Hals gehängt.

Es ist ein Albtraum, aber als er überstanden ist, steht dem kometenhaften Aufstieg der Band nichts mehr im Weg. Pete ist (dank Brian Epsteins Einsatz) endgültig raus, ab dem 16. August sitzt RINGO STARR am Schlagzeug. Kennengelernt hat er seine künftigen Kollegen 1960 während des missglückten Gigs im Kaiserkeller – Ringo trat dort mit Rory Storm & the Hurricanes auf –, und seither ist man sich immer mal wieder über den Weg gelaufen.

Am 4. September sind die ersten Aufnahmen für EMI unter George Martins geschulten Ohren im Kasten. Am 22. September treten sie zum ersten Mal im Fernsehen auf, am 5. Oktober kommt

Love Me Do heraus, Ende Oktober steht der Song auf Platz 27 in den *NME*-Charts. Trotzdem, es bleibt beim zweiten Engagement im Star-Club, den Epstein für den 1. bis 15. November geplant hat, auch wenn John meint, der Hamburger Musikschuppen sei inzwischen unter ihrem Niveau.

SONNTAG,
11. NOVEMBER 1962

Diesmal werden Sie im Foyer des HOTELS GERMANIA in der Detlev-Bremer-Straße abgesetzt, ein altes, dreistöckiges Haus in annehmbarem Zustand, fünf Minuten zu Fuß von der Großen Freiheit. Ihr Zimmer ist fest gebucht und im Voraus bezahlt. Es ist einfach und sauber. Die Beatles übernachten hier auch, Weissleder hat sich ihren Aufenthalt was kosten lassen.

Angesichts der wachsenden Popularität der Band stehen Ihnen 73 DM zur Verfügung, mehr als doppelt so viel wie beim letzten Trip.

Auch der DRESSCODE hat sich geändert: Männer in dunkelblauem Anzug, weißem Hemd mit schmalem Schlips, ein Look, den Epstein der Band mit Blick auf den gewöhnlichen Popmusikkonsumenten verordnet hat. Die Frauen im hochgeschlossenen kleinen Schwarzen (ärmellos) und Stiefeletten. Weil es Winter ist und nachts friert, versorgen wir Sie mit Mänteln: Männer bekommen einen knielangen marineblauen Dufflecoat, Frauen dunkelgraue Trenchcoats.

Sie werden also richtig scharf aussehen, wenn Sie vom Hotel Richtung Simon-von-Utrecht-Straße gehen, die auf die Große Freiheit führt. In der Nummer 39, direkt neben einem Pornokino, residiert der STAR-CLUB, unverwechselbar wegen der großen Reklametafel mit den Namen der Bands, die hier schon aufgetreten sind. Ein Neon-Logo leuchtet über dem dunklen Eingang.

DIE BEATLES IN HAMBURG ✻ 1960–1962

ENDLICH – RINGO STARR AM SCHLAGZEUG.
DIE FAB FOUR MISCHEN 1962 DEN STAR-CLUB AUF.

DER AUFTRITT

Der Star-Club wird Sie durch seine Größe überraschen. Kein Vergleich zu den anderen Clubs, die Sie bislang in Hamburg besucht haben. 2000 Menschen passen hinein, die Tanzfläche ist riesig, überall herrscht geschäftiges Treiben. Die Bühne ist nichts Besonderes, als Hintergrundbild gibt es eine Skyline. Das Publikum besteht überwiegend aus Rockfans, plus den üblichen Verdächtigen. Es ist rappelvoll, kann sein, dass Sie erst nach 22 Uhr einen Sitzplatz kriegen, wenn die unter 18-Jährigen den Saal verlassen müssen.

Dank Ihres üppigen Taschengeldes können Sie sich ohne Angst vor Prügel was zu trinken holen. Eine der Bardamen, BETTINA DERLIEN, sollten Sie sich genauer ansehen. Big Betty nimmt kein Blatt vor den Mund, sie ist hübsch, üppig, kurvenreich und in John verknallt – und der findet das ganz klasse.

Die Beatles spielen zwei zweistündige Sets, eins vor 22 Uhr, das andere recht spät, dazwischen kommen andere Musiker zum Zuge: TONY SHERIDAN, ROY YOUNG, ein junger Londoner, der in die Fußstapfen von Jerry Lee Lewis tritt, DAVY JONES, ein Sänger aus Manchester, der bald in Amerika mit den Monkees, der ersten Boy Group, berühmt werden wird, sowie KING SIZE TAYLOR (der Leadsänger und Gitarrist ist ein Zweimetermann) & HIS DOMINOES aus Liverpool.

Am Spiel der Beatles wird Ihnen sofort auffallen, dass Ringos Schlagzeug den Sound der Band unendlich verbessert: Er kann den Takt halten. Vorbei die stümperhaften Auftritte von früher – die Truppe spielt exakt, professionell und routiniert die übliche Mischung aus Rock'n'Roll (*Twist and Shout*, *Be-Bop-A-Lula*, *Roll Over Beethoven*), US-Dauerbrennern (*Red Sails Over the Sunset*, *Falling in Love Again*) und neuen Songs, etwa Fats Wallers *Your Feet's Too Big*.

Der Höhepunkt des Abends ist auf der Anschlagtafel draußen ganz oben angekündigt: Es ist kein Geringerer als LITTLE RICHARD mit seiner Band SOUNDS INCORPORATED. Richard ist Jahrgang 1932, ein unglaublich begabter Pianist, der mit Gospel und Rhythm & Blues angefangen hat, Songwriter von Hits wie *Tutti Frutti*, *Long Tall Sally*, *Lucille* oder *Good Golly Miss Molly*, ohne die das Repertoire der Beatles sehr klein gewesen wäre. Richard steht am Scheideweg seiner Karriere. Er spielt ernsthaft mit dem Gedanken, nur noch Kirchenlieder zu singen und die säkulare Musik aufzugeben, aber davon werden Sie während der Vorstellung nichts merken, er ist in Topform, sein Auftritt absoluter Wahnsinn. Er kommt in Smoking und weißem Hemd mit Fliege auf die Bühne und legt während der Show ein Kleidungsstück nach dem anderen ab, bis er nur noch die Hose anhat, dann steigt er auf den Flügel, zieht die auch noch aus, und zum Vorschein kommt – eine Badehose.

Abend für Abend liegen die Beatles dem Meister zu Füßen und gucken sich viel von ihm ab, und hinter der Bühne vermittelt er ihnen geistliche Orientierung. Auch die Freundschaft mit BILLY PRESTON, dem Wunderkind und Keyboarder der SOUNDS INC., wird der Band später noch sehr helfen. Preston tritt künftig immer mal wieder mit ihnen auf, beim allerletzten Gig der Beatles, gefilmt am 30. Januar 1969 auf dem Dach der Apple-Studios, sieht man ihn unter anderem bei *Get Back*.

ABREISE

Nach dem Auftritt gehen Sie zum halbzerstörten Eckhaus an der Kreuzung Große Freiheit / Reeperbahn, das mit dem Werbeschild, auf dem ein weißgekleideter Koch und eine Kellnerin mit bunten Eiscremekugeln im Hörnchen abgebildet sind. Das ist das CAFÉ MÖLLER, es erinnert an einen American Diner. Ein paar Tische stehen draußen; hier könnten Sie dem Treiben auf der Reeperbahn zuschauen, aber bei der Kälte werden Sie vermutlich lieber drinnen Platz nehmen und das Lieblingsfrühstück der Beatles bestellen – Ham and Eggs. Auch die Kuchen sind wärmstens zu empfehlen.

Gegen 8.30 Uhr sollten Sie wieder im HOTEL GERMANIA sein. Das ist die erste Hamburg-Reise, bei der Ihnen ein Bett zur Verfügung steht, also genießen Sie diesen Luxus, solange Sie können – in zwei Stunden holen wir Sie ab.

RUMBLE IN THE JUNGLE

-o-o-o-o-o-o-o-

KINSHASA,
29./30. OKTOBER 1974

S **PORT VERFÜHRT ZU SUPERLATIVEN, ZUGEGE**-
ben, aber dieser »Rummel im Dschungel« war wirklich
etwas ganz Besonderes.

Das fängt beim Schauplatz an: im Herzen Afrikas, in einem Stadion, das auf einem Gefängnis stand, in dem mittelalterliche Zustände herrschten. Noch kurz vor dem Event wurden dort fünfzig willkürlich ausgewählte Häftlinge zur Abschreckung hingerichtet – um jeden zu entmutigen, der das Land vor den Augen der Weltöffentlichkeit mit Fehlverhalten blamieren wollte. Und es geht mit dem Timing weiter: Das afrikanische Setting passte gut in diese Zeit wachsenden schwarzen Selbstbewusstseins. Dank einer neuen Technik, der Satellitenübertragung, konnte Kinshasa, die Hauptstadt von Zaire, für immerhin eine Stunde im Zentrum der Weltöffentlichkeit stehen. Und es hört mit dem Personal noch lange nicht auf.

Das Match wurde von einem gewissenlosen Glücksspielunternehmer promotet, von einem der widerwärtigsten Diktatoren Afrikas finanziert und zwischen MUHAMMAD ALI und GEORGE

PRÄSIDENT MOBUTU ZWISCHEN FOREMAN (LINKS)
UND ALI BEI DEREN ANKUNFT IN KINSHASA.

FOREMAN ausgetragen, der eine ein Ausbund an Charisma, der andere der Inbegriff brütender Drohung.

Die eigentliche Sensation war jedoch der Kampf selbst: David gegen Goliath, alter Hase gegen Jungspund, der Schöne gegen das Biest, ein Stierkampf, in dem der Torero unterlag – alles auf einmal. Es gab nur einen Weg, Foreman zu schlagen: Ali fand ihn. Es war seine Apotheose. Auf lange Sicht hat die Magie des Augenblicks sogar Foreman verändert.

Ein Mythos wird Wirklichkeit: Mit dieser Reise sind Sie live dabei.

HINTERGRUNDINFO:
BOXEN ALS INSZENIERUNG

Das Organisationsgenie hinter dem Kampf ist DON KING, dessen Machenschaften selbst Macchiavelli missbilligt hätte. Der Mann hat eine Frisur, als wäre ihm der Föhn explodiert, und er betrieb in Cleveland, Ohio, im großen Stil illegale Spielhöllen. Weil er einen Mann (der ihm 600 Dollar schuldete) zu Tode prügelte, saß er vier Jahre ab. Und im Gefängnis hatte er einen Traum. Keinen schönen Traum wie Martin Luther King, Gott bewahre, Don Kings Traum ließ die Dollarzeichen in seinen Augen leuchten: Er würde die Boxerszene aufmischen.

1971 entlassen, überredete King Muhammad Ali zu einem Schaukampf, um Spenden für ein Krankenhaus in Cleveland zu sammeln. Drei Jahre später hegte er Pläne für den größten Boxkampf aller Zeiten. Mit Teufelszungen bequatschte er Ali und Foreman so lange, bis sie schließlich einwilligten, für die beispiellose Summe von 5 Millionen Dollar gegeneinander anzutreten. Jetzt brauchte King nur noch einen Finanzier.

Er fand den Gesuchten in Gestalt von JOSEPH-DÉSIRÉ MOBUTU oder, wie sich der Präsident der riesigen zentralafrikanischen Republik Zaire ab 1972 nennen ließ, Mobutu Sese Seko Kuku Ngbendu wa Zabanga. Das bedeutet »allmächtiger Krieger, der wegen seiner Ausdauer und Unbeugsamkeit gewinnt, von Eroberung zu Eroberung schreitet und eine Feuerspur hinter sich herzieht«. Letzteres konnten seine politischen Gegner sicher unterschreiben, Ali hätte vielleicht vorher mal darüber nachdenken sollen.

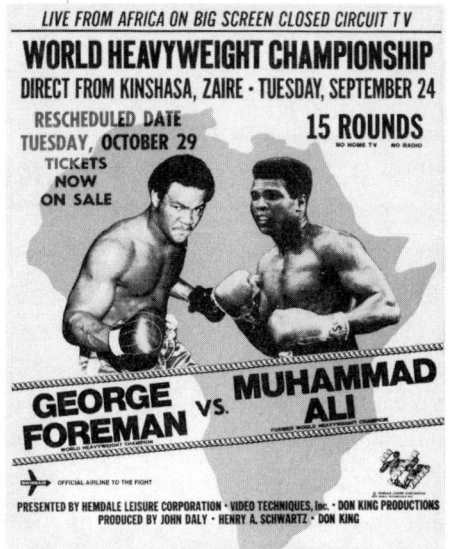

Mobutu sackte alles ein, was Zaires gewaltige natürliche Ressourcen hergaben, und war, je nach Quelle, der dritt- oder siebtreichste Mann der Erde. (Seine Untertanen dagegen gehörten mit durchschnittlich 70 Dollar Jahreseinkommen zu den Ärmsten der Armen.) Er konnte das Preisgeld aus der Portokasse bezahlen. King packte ihn bei seiner Eitelkeit.

Mobutu war allerdings kein Trottel und nicht gewillt, sich von Alis Charisma an die Wand spielen zu lassen. Deswegen sah er sich den Kampf aus bequemer Entfernung per Videoüberwachungsanlage in seinem Palast an.

In den Jahren nach Kinshasa erscheint King wie von Zauberhand neben fast jedem neuen Weltmeister, seine grinsende Visage ist fest mit dem Siegestaumel nach dem letzten Gong und der Überreichung des Gürtels für den Titel verbunden.

Bitte beachten: Der Kampf war zunächst für den 25. September angesetzt, wurde aber wegen einer Verletzung, die sich Foreman im Training zugezogen hatte, um fünf Wochen verschoben. Der ursprüngliche Termin lag absichtlich zeitgleich zum Zaire 74 Music Festival vom 22. bis 24. September im Stade du 20 Mai, zu dem James Brown, BB King, Bill Withers and the Spinners, aber auch afrikanische Künstler wie Miriam Makeba, Tabu Ley Rochereau und Franco Luambos TPOK Jazz eingeladen waren. Wir werden in Kürze auch dazu eine Reise anbieten.

≫ REISEVERLAUF ≪

Sie treffen am Vormittag des 29. Oktobers 1974 an der GARE CENTRALE an der PLACE DE L'INDÉPENDENCE in Kinshasa ein. Es ist noch keine 15 Jahre her, dass die belgischen Herren ihre Koffer packten und das Land unabhängig wurde. Leopoldville hieß hinfort Kinshasa und hat sich in der kurzen Periode relativer Stabilität zur prosperierenden, üppig grünen Hauptstadt der Republik Kongo gemausert. An den Plätzen aus der Kolonialzeit entstanden neue Hotels, Hochhäuser und andere Symbole moderner Urbanität. Sie werden problemlos ein Taxi finden.

KLIMA, UNTERBRINGUNG UND VERPFLEGUNG

Das Klima ist feuchtheiß, tagsüber im Schnitt 33 Grad, nachts fällt das Thermometer nicht unter 26 Grad Celsius. Während des eigentlichen Kampfes ist der Himmel klar, der Vollmond scheint, aber eine halbe Stunde später bricht ein heftiges Unwetter los.

Die WÄHRUNG heißt wie das Land ZAIRE, wenn Sie zum offiziellen Kurs tauschen, bekommen Sie für 2 Dollar 1 Zaire, auf dem Schwarzmarkt sehr viel mehr. Zeitgenössische Reisende müssen beim Verlassen des Landes Quittungen vorlegen und genau nachweisen, wo sie Geld getauscht haben. Ihnen kann das egal sein, da Sie mit der Zeitmaschine abreisen. Die billigste Eintrittskarte kostet offiziell 5 Zaire, aber die meisten Einheimischen finden Mittel und Wege, für weniger ins Stadion zu gelangen.

Der Kampf beginnt um vier Uhr früh, Sie werden also kaum vor sieben Uhr morgens ins Bett kommen und vermutlich ziemlich müde sein. Wir können Ihnen ein Zimmer im INTERCONTINENTAL an der Avenue Batetela anbieten. Dort wohnt Foreman mit seiner Entourage, aber auch der amerikanische Romancier Norman Mailer. Eine Alternative wäre das HOTEL MEMLING, 5 Avenue Rep. du Tchad, ein großer alter Kasten, den die belgische Fluggesellschaft Sabena frisch aufgemöbelt hat. In der Nähe des Flughafens hat die Airline zusätzlich ein GÄSTEHAUS, das Zimmer und hübsche Bungalows in einem gepflegten Garten vermietet.

Echte SPITZENKÜCHE bietet das PERGOLA gegenüber der BCC, der zairischen Nationalbank. Im Preisniveau vergleichbar ist das CERCLE ROYALE BELGE beim Golfplatz (Eingang an der Avenue du Cercle). Eine gute Wahl ist auch das COLIBRI, ein Bistro, 61 Avenue Lusaka, das Toast Cannibale auf der Speisekarte hat – Hackbraten.

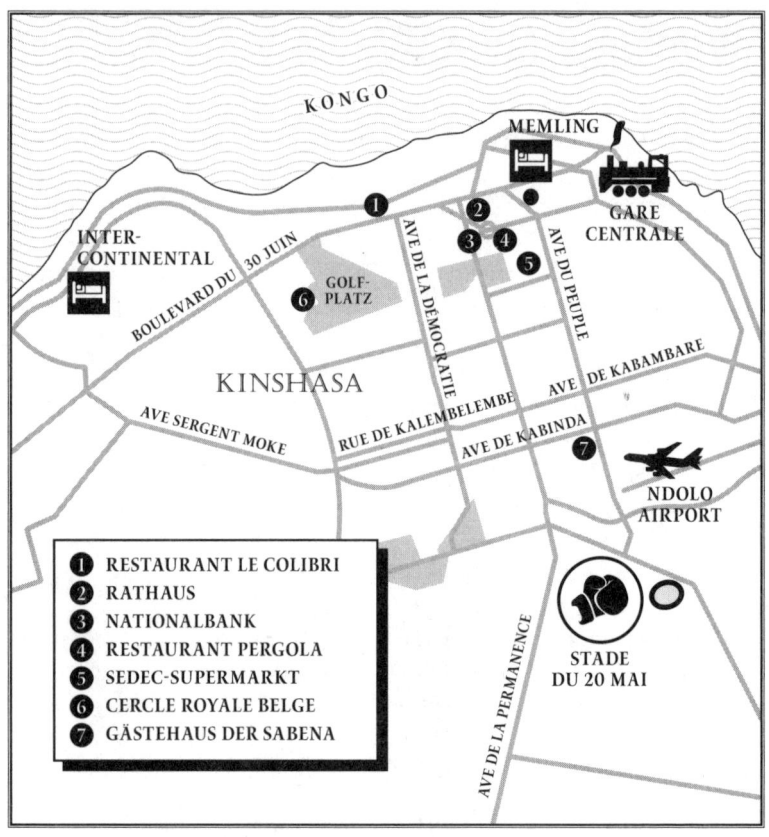

OH KINSHASA!

Kinshasa hat viel zu bieten. Sie bekommen fast alles, was Sie brauchen, im berühmten SEDEC mit seiner Jugendstilarchitektur – einst Autosalon, heute der älteste Supermarkt der Stadt (Boulevard de 30 Juin). Afrikanisches Kunsthandwerk – viel Plunder aus Malachit und Elfenbein oder die herrlichen Kasai-Teppiche – finden Sie auf dem MARCHÉ DES VOLEURS, nur denken Sie bitte daran, dass Sie keine Souvenirs mitbringen dürfen.

RUMBLE IN THE JUNGLE ※ 29./30. OKTOBER 1974

In der Kasa-Vubu-Straße hat sich seit der Unabhängigkeit eine lebendige THEATERSZENE entwickelt, das Tollste an Kinshasa ist jedoch die Musik in den Tanz- und Nachtclubs. Die Siebzigerjahre sind eine goldene Zeit. Sie können hingehen, wo Sie wollen – die Sounds sind vom Feinsten. Zu den besten Bands im damaligen Kinshasa gehören ZAÏKO LANGA LANGA, FRÈRES SOKI & L'ORCHESTRE BELLA BELLA, EMPIRE BAKUBA und natürlich FRANCO LUAMBOS TOUT PUISSANT ORCHESTRE KINSHASA – also das »allmächtige Orchester von Kinshasa« –, kurz TPOK Jazz. Sie spielen im SCOTCH CLUB, im LE BODEGA (das allerdings einen schlechten Ruf hat) oder im sensationellen LA PERRUCHE BLEU. Die Tanzfläche im HOTEL OKAPI, es liegt auf einer Anhöhe im Stadtteil Binza westlich der Altstadt, ist großzügig bemessen, wird allerdings überwiegend von Ausländern frequentiert.

Um in Kinshasas High Society hineinzuschnuppern, kehren Sie unbedingt im LA DEVINIÈRE (hervorragende französische Küche!) in Binza ein, gegenüber dem Präsidentenpalast. Hinter einer Mauer versteckt sich ein herrlicher Garten, dort verkehren Mitglieder der Regierung und die Community libanesischer Geschäftsleute.

DER KAMPF

Austragungsort ist das Stade du 20 Mai im Quartier Matonge, knapp einen Kilometer vom Ndolo Airport entfernt. Trotz der aberwitzigen Uhrzeit (wie gesagt: vier Uhr früh, abgestimmt auf die Hauptsendezeit in den USA) lassen sich rund 60 000 Zairer und eine erschütternd geringe Zahl von VIPs das Spektakel nicht entgehen. Der Ring ist mitten auf dem Fußballfeld aufgebaut. Ein Wellblechdach schützt die Boxer gegen eventuelle Wetterunbilden und zieht sich bis hinauf zur Ehrentribüne. Hinter einem der Tore prangt ein riesiges Porträt von Mobutu mit Leopardenfellhut, seinem Markenzeichen. Die meisten Besucher aus Kinshasa trudeln zwischen 22 und 23 Uhr ein. Wenn Sie ihnen Gesellschaft leisten wollen, werden Sie mit afrikanischen Stammestänzen unterhalten.

Betrachten Sie die Leute auf der EHRENTRIBÜNE: viele Mobutu-Anhänger, dazu ein paar amerikanische Berühmtheiten – Ex-Schwergewichtschampion JOE FRAZIER mit grün-gelb gemustertem Hawaiihemd unter braunem Jackett, wirklich todschick, und dann sind da noch die literarischen Schwergewichte NORMAN MAILER, GEORGE PLIMPTON und HUNTER S. THOMPSON. Wir haben Plätze im hinteren Bereich der Ehrentribüne für Sie reserviert, direkt gegenüber dem Mobutu-Porträt.

GEORGE FOREMAN

1974 ist George Foreman noch Lichtjahre von dem knuffigen Glatzkopf entfernt, der sich zum Priester weihen lässt und in Fernsehspots für seine elektrischen Grills wirbt. Der 25-jährige Schwergewichtsboxer und amtierende Weltmeister ist ein grimmiger Bärbeiß mit einer ziemlich bedrohlichen Aura. Mit seinem Deutschen Schäferhund hat er es sich von Anfang an mit den Zairern verscherzt – die Rasse ist für sie unauslöschlich mit der belgischen Kolonialmacht verbunden, die Schäferhunde als Polizeihunde eingesetzt hat. Fast das ganze Stadion wird während des Kampfes Ali anfeuern. Aber das scheint Foreman nicht weiter zu kümmern.

Foreman ist so wortkarg wie Ali wortgewandt, der Weltmeister hebt sich seine Energie lieber auf, um so gefährlich wie möglich rüberzukommen. Aufgewachsen in Houston, Texas, war er nach eigenem Eingeständnis einer jener gewaltbereiten Halbstarken, denen man auf keinen Fall im Dunkeln auf der Straße begegnen möchte, und dann suchte er sein Heil im Boxen. 1968

RUMBLE IN THE JUNGLE ❖ 29./30. OKTOBER 1974   195

FOREMAN BEIM TRAINING:
AUF DASS ALI DURCH SEINE SCHWINGER MÖGLICHST
SCHNELL ZU BODEN GEHT.

marschierte er zu olympischem Gold durch und hat seither als Profiboxer noch jeden Kampf gewonnen, bei einer Kampfbilanz von 40:0 mit 37 Knock-outs. JOE FRAZIER und KEN NORTON, die Ali nach seinem Comeback 1970 beide besiegt hatten (auch wenn Ali beim Punktestand in der Folge massiv aufholte), hatten gegen Foreman nicht einmal zwei Runden durchgehalten, Frazier war sechsmal zu Boden gegangen, bevor er aufgab.

Foreman hat einen harten Schlag, man muss sich nur den Punchingball anschauen, mit dem er übt: Die Delle nach jeder Trainingseinheit sagt alles. Wenn sich Ali von ihm in die Ecke treiben lässt, wird er zum Punchingball. Mindestens so furchterregend wie der harte Schlag des Weltmeisters ist der Genuss, mit dem er seine Schwinger austeilt. ARCHIE MOORE, früher

Champion im Halbschwergewicht, der Foreman auf den Kampf vorbereitet, ist ernsthaft um Alis Leben besorgt, falls der sich nicht schnell genug auf die Matte schicken lässt. Während der ungeplanten Verzögerung hat sich Foreman im Interconti in Downtown Kinshasa verkrochen. Sein tägliches Lauftraining führt ihn und sein Gefolge rund zehn Kilometer weit den Kongo entlang, der fast direkt am Hotel vorbeifließt.

MUHAMMAD ALI

Wo soll man da anfangen? 1942 als CASSIUS MARCELLUS CLAY in Kentucky geboren, gehörte er in den Sechzigerjahren mit seiner großen Klappe – man nannte ihn auch LOUISVILLE LIP – zu den umstrittensten Persönlichkeiten. Mit zweiundzwanzig gewann er gegen den erfahreneren SONNY LISTON den Weltmeistertitel und brüllte danach ins Mikro: »I shook up the world! I am the Greatest!«

Kurz danach konvertierte er zum Islam, änderte seinen Namen und schloss sich MALCOM X und der Nation of Islam an. Das machte ihn bei weißen Amerikanern nicht gerade beliebter, die sich ohnehin von dem unangepassten Prahlhans distanzierten. Drei Jahre und neun atemberaubende Titelkämpfe später bekamen sie die ersehnte Gelegenheit zur Rache: Ali verweigerte den Militärdienst in Vietnam (»Kein Vietcong nannte mich jemals Nigger«). Seine Titel wurden ihm aberkannt, die Boxlizenz wurde kassiert, dreieinhalb Jahre durfte er nicht in den Ring, dreieinhalb Jahre, die ihn unter normalen Umständen auf dem Höhepunkt seiner Kampfstärke gesehen hätten. Manche werden Ali nie verzeihen, dass er nicht für sein Land in den Krieg ziehen wollte. Aber das Rad der Geschichte dreht sich weiter, und seine Verurteilung des Vietnamkriegs wird heute mit anderen Augen gesehen.

Alis Kampfstil unterscheidet sich sehr von dem aller anderen Schwergewichtsboxer. Er tänzelt im Ring flink und leichtgewichtig wie ein Schaolinmönch und kann unglaubliche sechs Mal pro Sekunde zuschlagen. Er hält die Arme tief, zielt fast ausschließlich auf den Kopf des Gegners und weicht dessen Schlägen so geschwind aus, dass er selbst keine Deckung braucht. Als Kind hat er seinen Bruder gebeten, Steine nach ihm zu werfen, um die Reflexe zu schulen – das hat offenbar funktioniert.

Ali benimmt sich auch nicht wie die anderen Boxer. Er haut Schüttelreime auf seine Gegner heraus, prophezeit, in welcher Runde er sie auf den Boden schickt, lässt nichts unversucht, um sie vor und während des Kampfes zu demoralisieren. Mit Bescheidenheit hat er nichts am Hut, sein Kampfname »The Greatest«

»ICH BIN DER HÜBSCHESTE MANN ALLER ZEITEN.«
ALI BEREITET SICH AUF DEN KAMPF VOR.

spricht Bände, sein Selbstbewusstsein verschlägt einem den Atem, es bringt ihn aber oft genug dahin, wo er hinwollte. Und er ist ausgesprochen unterhaltsam. Aber viele können es kaum erwarten, dass er endlich eine Lektion erteilt bekommt. Seit seinem Comeback 1970 ist die Bilanz durchwachsen. Er schlägt noch genauso schnell zu (»STECHEN WIE EINE BIENE«), aber er ist nicht mehr ganz so geschickt beim Ausweichen, scheint mit den Jahren die Fähigkeit eingebüßt zu haben, den Gegner zu umtänzeln (»FLIEGEN WIE EIN SCHMETTERLING«) und dessen Schläge ins Leere laufen zu lassen. Der Ex-Weltmeister hat immer noch eine große Klappe, aber klappt es auch im Ring? Wir werden es herausfinden. Ali logiert in einer Privatvilla in NSELE im Osten Kinshasas, nahe einem der Paläste Mobutus, dort liegt auch die Trainingsstätte beider Kontrahenten.

WAS ZAHLEN ERZÄHLEN

Die Wahrnehmung der beiden Boxer wird von ihrer Ausstrahlung und ihrem Ruf verzerrt. Dabei sind sie fast gleich groß, haben fast die gleiche Reichweite, Foreman ist nur 600 Gramm schwerer als Ali. Die Wetten stehen 3:1 gegen Ali – aber Sie dürfen nicht auf ihn setzen, Sie wissen ja schließlich, wie der Kampf ausgeht.

	MUHAMMAD ALI	GEORGE FOREMAN
Alter	32 Jahre	25 Jahre
Siege	44	40
K.-o.-Siege	31	37
Niederlagen	2	0
Größe	1,91 m	1,93 m
Gewicht	98,2 kg	99,8 kg
Reichweite	1,98 m	2,08 m

RUMBLE IN THE JUNGLE ✻ 29./30. OKTOBER 1974

AUFTAKT

Ali kommt als Erster im weißen Umhang mit afrikanischem Streifendekor aus der Umkleide. Einer aus seiner Entourage trägt das Sternenbanner vorneweg. Alis jüngerer Bruder RAHMAN, Alis Trainer ANGELO DUNDEE, sein Arzt und Cornerman FERDIE PACHECO und sein bester Freund und Cheerleader DREW »BUNDINI« BROWN begleiten ihn zum Ring, Brown in schicker Seidenjoppe mit Alis Namenszug auf dem Rücken. Foreman lässt Ali so lange warten – ungefähr sieben Minuten –, dass er Buhrufe erntet, als er endlich im dunkelroten Umhang erscheint. Ali lässt sich dadurch nicht erschüttern, er nutzt die Zeit, um die Schlachtgesänge der Zuschauer (»Ali, boma ye!« Ali, töte ihn!) zu dirigieren. Foreman hat Manager DICK SADLER und Trainer ARCHIE MOORE bei sich.

Es ertönt eine ziemlich ruckelige, unmelodische Version von THE STAR-SPANGLED BANNER, ein bisschen angejazzt, so wie man die Hymne in New Orleans bei Beerdigungen spielt. Die anschließende ZAIRISCHE NATIONALHYMNE wird von der Menge mitgesungen. Dann werden den Kontrahenten im Ring die Handschuhe angelegt (ihre Hände sind bereits unter Aufsicht im Umkleideraum bandagiert worden). Schließlich ruft Schiedsrichter ZACK CLAYTON beide in die Mitte des Rings. In den Momenten vor dem Kampf starrt Foreman Ali mit Mörderblicken an, und Ali quasselt Foreman die Ohren voll. Natürlich können Sie nicht hören, was er sagt, Sie sehen nur am aufblitzenden weißen Mundschutz, dass er unaufhörlich redet.

Dann werden beide in ihre Ecken geschickt. Ali tänzelt und hält für ein kurzes Gebet zu Allah inne, Foreman lässt seine Schultermuskulatur spielen, packt rechts und links das oberste Seil und versetzt die ganze Konstruktion in Schwingung. Die Botschaft ist klar: Der Ring gehört mir.

1. RUNDE

Ali geht in die Offensive, tänzelt wie Mitte der Sechzigerjahre. Er landet den ersten Treffer, er landet überhaupt die meisten Treffen, katzenhaft, rasend schnell, immer Richtung Kopf des Gegners.

Schnell wird klar, dass Ali die erste seiner hochriskanten Taktiken fährt. Er nimmt die Rechte als Führhand, behält aber seine übliche Linksauslage bei. Die Schlaghand hat damit einen weiteren Weg und gibt Foreman einen Sekundenbruchteil mehr Reaktionszeit. Eine selbstmörderische Taktik, wenn beide in allen anderen Punkten gleich wären. Sind sie aber nicht. Ali schlägt mit der Geschwindigkeit eines Karatekas zu, Foreman kann nicht schnell genug umschalten und reagiert, als nutze Ali wie sonst die Linke als Führhand.

Nach der ersten Minute zieht Ali Foremans Kopf zu sich und flüstert ihm etwas ins Ohr. Das macht er während des gesamten Kampfes immer wieder. Der Texaner versucht, Ali aus der relativen Sicherheit des offenen Rings in die Seile zu drängen, und jedes Mal, wenn er das geschafft hat, prügelt er unbarmherzig auf dessen Körper ein. Man kann gar nicht anders, als um Alis Leben zu fürchten. Aber während Foreman auf ihn eindrischt, versetzt Ali ihm harte Schläge gegen den Kopf.

2. RUNDE

Nach diesem fulminanten Anfang geht es etwas langsamer weiter. Ali greift zum zweiten Trick aus seiner Werkzeugkiste, der jeder Intuition zuwiderläuft: Er lässt sich in die Seile drängen und erlaubt Foreman, auf ihn einzuschlagen. Aber er schützt seinen Kopf, hält die Hände fast luftdicht vor sein Gesicht und lehnt sich so weit zurück, dass der Schädel außer Foremans Reichweite ist. Die Taktik, sich in die elastischen Seile zu legen, stachelt den amtierenden Weltmeister dazu an, Alis Körper mit gewaltigen Schwingern von rechts und links zu bearbeiten, nicht aber die Mitte, was Ali dazu nutzt, Foreman eine Kopfnuss nach der anderen zu verpassen. Zehn Sekunden vor dem Gong schüttelt er den Kopf und erklärt so pantomimisch, dass ihm Foremans Schläge nicht wehtun.

Achten Sie auf die heftige Meinungsverschiedenheit vor dem Ring: JOE FRAZIER glaubt nicht, dass Ali seine Taktik überlebt, während US-Football-Star JIM BROWN Ali für überlegen hält, obwohl er in den Seilen hängt.

3. RUNDE

Nach einer Minute verpasst Ali Foreman mit unglaublicher Geschwindigkeit mehrere Schlagkombinationen. Foreman landet anschließend eine Serie von Körpertreffern. Nach zwei Minuten trifft er – sein bester Schwinger bisher – Alis linke Kinnlade. Aber kurz vor Ende der Runde tastet Foreman mit seinen Fäusten vor sich wie jemand, der nichts sieht. Als der Gong erklingt, starrt Ali Foreman an. Ich lasse mich von dir nicht ins Bockshorn jagen, sagt dieser Blick.

4. RUNDE

Alis ROPE-A-DOPE-Taktik zeigt sich allmählich in ihrer ganzen Genialität. Er macht keine Anstalten, Foreman an dem zu hindern, worauf der sich im Training konzentriert hat: dem Gegner die Bewegungsfreiheit zu nehmen.

Im Gegenteil, Ali spielt willig mit. So spart er Energie für eigene Treffer; Foremans Treffer absorbiert er, statt ihnen auszuweichen – Judo in Reinkultur: Foremans Schlagkraft geht zum größten Teil in die Seile. Ali zeigt allen Regeln eine lange Nase und macht aus dem ärgsten Gegner den besten Freund. Und die ganze Zeit piesackt er Foreman: »Ist das alles? Mehr hast du nicht drauf?«

5. RUNDE

Das wird die BESTE RUNDE des ganzen Kampfes. Von der 30. bis zur 120. Sekunde liegt Ali mehr oder weniger in derselben Haltung in den Seilen, und Foreman gibt alles. Ali jedoch, wie Norman Mailer in *Der Kampf* so eindrücklich beschreibt, schwingt in aller Ruhe hin und her wie ein Matrose, der in der Takelage hängt, und bei jedem Zurückschwingen kriegt Foreman eine Kopfnuss. Foreman tut Ali nicht weh, er verausgabt sich nur selbst. Zwischen der fünften und sechsten Runde wird versucht, die Seile fester zu spannen, damit sich Ali nicht zurückbeugen kann, Alis Trainer ANGELO DUNDEE brüllt die Männer an, um das zu verhindern.

6. RUNDE

Das Tempo lässt nach, Ali scheint austesten zu wollen, wie viel Kraft Foreman noch hat, wie ein Chefkoch, der eine Soße abschmeckt. Gegen Ende der zweiten Minute landet er eine Reihe von Treffern mit der Linken als Führhand.

7. RUNDE

Diese Runde ist die gemächlichste von allen. Foremans unablässiges gedankenloses Vorwärtsdrängen hat etwas Zombiehaftes. Er wirkt wie ein Schlafwandler. Ali wartet einfach auf den richtigen Moment.

ALI SCHICKT »BIG GEORGE« ZU BODEN.
ALLES STÜRZT SICH AUF DEN RING.

8. RUNDE

Es ist so weit, Ali kann punkten, so viel er will. Nach 25 Sekunden versucht Foreman einen Schwinger, schlägt daneben und wird vom eigenen Schwung beinah aus dem Ring getragen. Nach der Hälfte der Zeit tänzelt Ali in eine Ecke und bleibt dort, weicht Foremans inzwischen kraftlosen Schlägen aus oder steckt sie ein. 15 Sekunden vor dem Schlussgong schlägt Foreman daneben und fällt in die Seile. Alis Augen leuchten auf. Er schlägt mit einer verheerenden Kombination zu, zuletzt mit der rechten Faust direkt in Foremans Gesicht, der wie ein kaputter Hubschrauber zu Boden kreiselt. Da bricht ein gewaltiger Tumult los, das Publikum stürmt zum Ring. Sportreporter DAVID FROST kreischt ins Mikro: »Das ist der fröhlichste Augenblick in der Geschichte des Boxens.«

NACH DEM MATCH UND ABREISE

Nach dem Sieg bricht Ali kurz zusammen, aber das bekommen Sie wahrscheinlich nicht mit, weil sein Team außer sich vor Freude hüpft und tobt und Ihnen zusammen mit den Fans die Sicht versperrt. Dafür sehen Sie DON KING, der auf Ali quasi zuschwebt, man sieht seine Füße nicht. Schließlich springen noch mehrere zairische Polizisten mit ihren weißen Helmen in den Ring, wahrscheinlich um den historischen Moment nicht zu verpassen.

Kinshasa feiert bis tief in die Nacht und den ganzen nächsten Tag. Feiern Sie mit, vergessen Sie nur bitte nicht, dass Sie um Mitternacht an der GARE CENTRALE abgeholt werden.

VIERTER TEIL

DIE GROSSEN ENTDECKER-FAHRTEN

MIT MARCO POLO IN CHINA

XANADU/PEKING, JULI 1275–FEBRUAR 1276

MARCO POLO IST DER WAHRSCHEINLICH BErühmteste Reisende, der je gelebt hat. Sein Name ist ein weltweit bekannter Markenname und wird für alles und jedes verwendet – vom Kreuzfahrtschiff bis zum T-Shirt. Aber worauf gründet sich sein Ruhm eigentlich? Seine Chinareise war, gemessen an so mancher Ersterkundung, nicht sonderlich beschwerlich oder sensationell, und er selbst noch nicht einmal der erste Europäer in Fernost. Was ihm einen Platz in der Nachwelt sicherte, waren die siebzehn Jahre, die er im von Mongolen beherrschten China am Hof von KUBLAI KHAN verbrachte – im legendären XANADU.

Unsere Tour konzentriert sich auf Polos erstes Halbjahr im Gefolge des Khans. Sie werden zunächst in Xanadu (Shangdu) wohnen, einer atemberaubend schönen Stadt, die sich Kublai Khan als Sommersitz bauen ließ. Marco Polos Beschreibung dieser Oase der Ruhe hallt durch die Jahrhunderte und wird noch den Dichter SAMUEL TAYLOR COLERIDGE zu opiumgeschwängerten Traumlandschaften inspirieren. Xanadu liegt heute in Ruinen,

Sie aber werden die Residenz auf dem Höhepunkt ihres Glanzes erleben.

Von dort begleiten Sie Marco Polo sowie seinen Vater und Onkel und den Khan samt Hofstaat in der kaiserlichen Prozession in die Hauptstadt DADU (Peking), die der Khan nach der vollständigen Zerstörung durch seinen Großvater DSCHINGIS KHAN wiederaufbauen ließ. Um der Stadt einen neuen Namen zu geben, konsultierte Kublai Khan das *I-Ging* – einen der ältesten chinesischen Texte –, und er sorgte für eine ganze Reihe erstaunlicher Palast- und Parkanlagen.

Hier, im Zentrum des größten Imperiums der Weltgeschichte – es umfasst Russland, Persien, Zentralasien und China –, werden Sie in ein vielsprachiges Getümmel eintauchen, denn Peking zieht Menschen aus aller Herren Länder an. Sie werden bis ins letzte Detail durchgeplanten Zeremonien am Hof beiwohnen, in einer Reihe sehr unterschiedlicher Vergnügungen schwelgen und die extravagantesten Feste mitfeiern, die im Kalender des Reiches vorgesehen sind: Kublais Geburtstag und das mongolische Neujahr, das mit einem prunkvollen Bankett von großer symbolischer und kultureller Bedeutung begangen wird.

HINTERGRUNDINFO:
DER KHAN UND DIE POLOS

Nachdem er sämtliche Konkurrenten ausgeschaltet hatte, wurde KUBLAI 1260 zum Großkhan des mongolischen Reichs ausgerufen. Auch wenn sein Reich bis in den Westen der Mongolei reichte, konzentrierte er sich auf China und dessen unmittelbare Nachbarn. Er eroberte Tibet, Korea und Yunnan und kümmerte sich dann wieder um die Unterwerfung von ganz China. DSCHINGIS KHAN hatte den Norden, der von der Jin-Dynastie regiert wurde, unter seine Kontrolle gebracht, aber der dichtbevölkerte, reiche Süden, in dem die Song-Dynastie herrschte, blieb unabhängig. Um ihren Widerstand zu brechen, führte der Khan einen langen Feldzug mit Hunderten von Schiffen, Tausenden von Soldaten und einigen der ausgeklügeltsten Belagerungsmaschinen, die je konstruiert wurden.

Die Nachricht von Kublais Taten gelangte über die Seidenstraße bis nach Europa. Begierig, Genaueres zu erfahren, vor allem was das geschäftliche Potenzial der neuen Situation betraf, schlugen sich Marco Polos Vater Niccolò und sein Onkel Maffeo von Venedig über den Kaukasus bis nach China durch.

Zu ihrem Glück wollte Kublai (seine Mutter war eine assyrische Christin) neben Taoismus, Buddhismus und Islam auch das Christentum in seinem Reich fördern, aus dem Kalkül heraus, dass er keine Religion bevorzugen durfte, wenn er nicht Probleme riskieren wollte: Die Anhänger der zurückgesetzten Glaubensbekenntnisse hätten sich gegen ihn verschwören, die Anhänger der begünstigten Religion zu viel Macht gewinnen können. Je mehr Religionen, desto besser – deswegen empfing er die beiden venezianischen Handelsreisenden mit offenen Armen.

Sie genossen seine Gastfreundschaft und wurden dann mit einem Auftrag nach Hause geschickt: so schnell wie möglich mit hundert

MARCO POLO
IN TARTARENTRACHT

hochkarätigen, vom Papst gesandten Missionaren und ein paar Reliquien zurückkommen. Als Vater und Onkel endlich wieder Venedig erreichten, war Marco fünfzehn Jahre alt – alt genug und versessen darauf – mitzufahren.

Nach zweijähriger Vorbereitung brach das Trio im September 1271 mit einem Sendschreiben von **PAPST GREGOR X.** auf und ließ bei einem Zwischenhalt in Jerusalem noch ein Fläschchen heiliges Öl vom Grab Christi mitgehen.

Die Reise nach China dauerte ungefähr drei Jahre. Schon der Start hatte sich durch Querelen bei der

Papstwahl verzögert, dann mussten die drei wegen lokaler Konflikte weite Umwege durch sengend heiße Wüsten und über schneebedeckte Berge machen.

1275 standen sie an der Grenze von Kublais Reich, und ab da hatten sie nichts mehr zu befürchten. Der Khan schickte ihnen eine große Eskorte und stattete sie mit einem goldenen *piazi* aus, einem Reisepass, der ihnen überall den Weg ebnete. Im Sommer 1275 erreichten sie den Hof des Herrschers.

⇒ REISEVERLAUF ⇐

Sie treffen die Polos an einer der vielen Poststationen (Yams), die als Verteilerpunkte bei der Nachrichtenübermittlung in regelmäßigen Abständen über Kublais ganzes Reich verteilt sind, aber auch Reisenden Erholung sowie alles zur Weiterfahrt Nötige bieten. Ihr Yam liegt wenige Tagesetappen vor Xanadu in einer Talsenke bei XUANHA, die Unterkünfte sind gut ausgestattet und komfortabel. Hier decken sich die Polos mit Vorräten und zirka 300 frischen Pferden, die meisten für die Eskorte, ein.

Sie werden eine Reihe von Aufgaben übernehmen müssen. Stellen Sie sich auf niedere Dienste, etliche Verbeugungen und Kratzfüße ein. Dafür erhalten Sie mit den Polos exklusiven Zugang zum Hof des Khans, und dieses Privileg wird die Unannehmlichkeiten mehr als aufwiegen.

Sowohl in Xanadu als auch in Peking werden Sie auf diese Weise mit den Heerscharen von Angestellten und Aufwärtern verschmelzen, ohne die die Räder jedes Imperiums stillstünden: Köche, Gold- und Silberschmiede, Porzellanmacher, Weber und Näher, Diener, Vorarbeiter, Unterhaltungskünstler, Historiker, Übersetzer, Dolmetscher, Astronomen, Ärzte, Bibliothekare, Tempelvorsteher, Musiker, Architekten. So können Sie, ohne aufzufallen, alles erkunden, wonach Ihnen der Sinn steht.

Während der Sommermonate tragen Sie eine Art Pyjama, im

Winter gibt es zusätzlich Mäntel aus Schaffell, Pelz und Tierhaut, dicke Stiefel und die allgegenwärtigen Fellmützen der Mongolen. Außerdem erhalten Sie genug Bargeld, um Ihre Ausgaben zu begleichen. Kublai ist begeistert von Papiergeld, das in China seit Hunderten von Jahren bekannt ist, er selbst hat drei neue Scheine eingeführt, zwei von Silber, einer von Seide gedeckt. Das Papier für die Zahlungsmittel wird aus der Borke von Maulbeerbäumen hergestellt und im Holzschnittverfahren bedruckt. Ein Bündel Scheine, und Sie haben ausgesorgt.

XANADU (SHANGDU)

Sie nähern sich Xanadu durch die offene Steppe, vorbei an einigen Hügeln, auf denen Tempel mit heiligen Steinen (Obo) stehen. Viele Wege führen dorthin, und der Verkehr wird immer dichter, je näher Sie der Sommerresidenz kommen – überwiegend Karren, die von Ochsen oder Yaks gezogen werden. Bis zu 500 Fahrzeuge täglich versorgen die 120 000 Einwohner der Residenzstadt.

Ihre Reisegesellschaft bleibt auf der Hauptstraße, der KÖNIGSSTRASSE. Von dort können Sie Tausende weißer Pferde bewundern, die teuersten Tiere, die der Khan besitzt und durchs Grasland streifen lässt, wie auch Tausende von Moschustieren, die wegen ihres besonderen Dufts sehr begehrt sind. Die Route führt weiter in die VORSTADT, eine dichte Ansammlung einfacher Lehmziegelbauten, Verkaufsbuden und Imbissstände – hier riecht es köstlich!

Dann erreichen Sie das eigentliche Xanadu. Ausgesucht wurde der Standort von Kublais führendem Stadtplaner Liu Bingzhong und Mitgliedern der Beratungsgruppe Goldener Lotus. Der früher hier ansässige Drache wurde mit Zaubersprüchen vertrieben und ein magisches Eisenbanner gehisst, um seine Rückkehr zu verhindern.

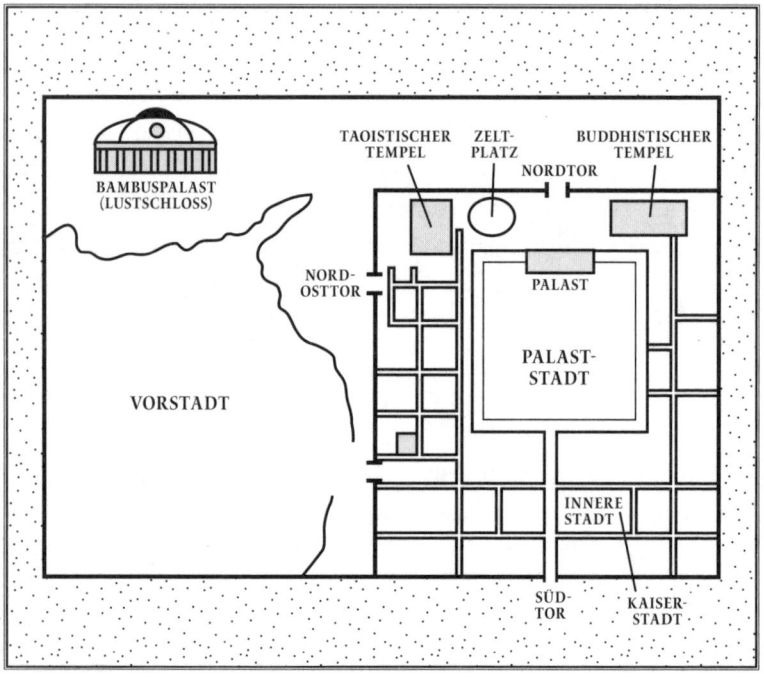

Xanadu ist rechtwinklig angelegt und wird von einer fast acht Meter hohen Mauer mit Bollwerken, Wehrtürmen und großen Toren umschlossen. Von oben schauen Sie auf ein Dächermeer aus blauen, grünen und roten Ziegeln, die in der Sonne schimmern. Drinnen werden Ihnen fast die Sinne schwinden, so gewaltig ist die Masse der fliegenden Händler, die ihre Waren zwischen den dicht an dicht gebauten Behausungen anpreisen.

Achtung: Passen Sie auf, wo Sie hintreten. Die Ärmsten der Armen leben in Kotgruben, ein paar Bretter und Heu dienen ihnen als Dach. Ein falscher Schritt, und Sie stehen in fremder Leute Wohnzimmer!

Besichtigen Sie unbedingt den MARKT beim WESTTOR. Dort wechseln unzählige Pferde, Schafe, Rinder und Sklaven den Besitzer. Einen Ausflug wert ist auch der NORDPARK, eine Art Zoo mit Pumas, Löwen, Adlern und anderen seltenen Tieren.

Die Hauptattraktion ist jedoch die KAISERSTADT, ein Karree, das innerhalb der Stadt von einer eigenen Mauer umgeben ist. Dorthin gelangen Sie durchs Südtor, das TOR DER HERRLICHKEIT. Überqueren Sie den Burggraben, und laufen Sie dann etwa einen Kilometer eine beidseitig bebaute Straße entlang, bis Sie vor einem zweiten Tor stehen, das zur schachbrettartig angelegten Kaiserstadt führt. Sie vereint mehrere Paläste und Unterpaläste für den Khan, seine Familie und den Hofstaat, Tempel, Regierungsgebäude und Häuser für die Beamten.

Innerhalb der Kaiserstadt befindet sich ein weiteres Karree, das wichtigste, und es wird von einem weiteren Burggraben geschützt: die PALASTSTADT voll prächtiger Zeltpavillons mit Namen, die deren imposante Größe und Ausstrahlung spiegeln: KRISTALL, GLÜCK, WEISHEIT, BARMHERZIGKEIT, WOHLGERUCH und HIMMELSLENKER. Holen Sie tief Luft: Vor Ihnen erhebt sich der KAISERPALAST, ein zweistöckiger Bau, der auf einem hundert Meter hohen, verklinkerten Unterbau steht und zu großen Teilen aus eigens dafür importiertem weißen Marmor gebaut wurde.

Wie es einem Herrscher, der den größten Teil der bekannten Welt regiert, geziemt, lässt Kublai seine Besucher gern warten, Sie müssen sich also mit den Polos eine Weile gedulden, bevor Sie einen Blick ins Innere des kaiserlichen Palastes werfen können. Nachdem Sie in die weißen Lederschlappen geschlüpft sind, die alle Besucher im Palast tragen müssen, werden Sie in ein Labyrinth von mehr als 120 Räumen geführt, verteilt auf zwei Flügel um den Innenhof mit dem fantastischen PAVILLON DES GROSSEN FRIEDENS darin.

Ein zeitgenössischer Dichter, Zhou Boqi, malte ihn mit Worten, wie er Sparren an Sparren gülden in den azurblauen Himmel rage, während das Dach über sieben kostbaren Säulen schwebe.

Folgen Sie den Polos, nehmen Sie den GROSSKHAN in Augenschein: Er ist klein, stämmig und quält sich bereits mit den ersten Anzeichen der Gicht herum, unter der er später sehr leiden wird. Gekleidet ist er in prächtige, goldglänzende Gewänder mit komplizierten Mustern. Seinen schwarzen Augen entgeht keine Ihrer Bewegungen.

Sie müssen sich wie die drei Venezianer vor dem Herrscher niederwerfen, voller Sorge, er könnte wegen der fehlenden Abgesandten des Papstes verärgert sein. Doch keine Angst: Kublai freut sich, die Polos zu sehen, und heißt die drei Männer und damit auch Sie im Schoß seines Hofstaats willkommen.

LEBEN IN XANADU

Sie werden in einer JURTE wohnen, der traditionellen mongolischen Behausung, in der Zeltstadt für Ehrengäste und Kaufleute beim Osttor. Die Jurte besteht aus einem kreisrunden Holzgerüst mit Scherengittern, das von außen und innen mit Filzbahnen aus Schafwolle abgedeckt wird. Drinnen sind die Bahnen mit Ornamenten geschmückt, die wilde Tiere oder die fünf Elemente (Feuer, Erde, Wasser, Metall und Holz) darstellen oder geometrisch fortlaufende Muster bilden.

Die Mongolen sind Nomaden, insofern ist es nicht weiter erstaunlich, dass die sanitären Einrichtungen eher rustikal ausfallen. Sie werden sich über ein stinkendes Loch im Boden kauern müssen. Immerhin gibt es TOILETTENPAPIER – das benutzen die Chinesen schon seit 600 Jahren. Denken Sie bitte daran, dass Aborte als Sitz böser Geister gelten und der Himmelsherrscher (der höchste chinesische Gott) zu deren Abwehr eine eigene Gottheit abgestellt hat, die Purpurjungfer. Deren Geschichte geht so: Ein Mann nahm sich eine zweite Frau, aber die erste Frau brachte sie aus Eifersucht um. Sie schubste die Rivalin durch das Latrinenloch in die Kloake. Da erbarmte sich der Himmelsherrscher der besudelten Seele und erhob sie zur Göttin.

Doch lassen wir das Thema. Durch die Zeit im Zeltlager werden Sie die mongolische Lebensweise in ihrer ganzen Einfachheit und Naturverbundenheit schätzen lernen. Die Tage sind sonnig, lang und heiß, Sie werden die Stunden im erfrischenden Schatten der Zeltplanen genießen und jeden Abend draußen unter dem weiten, sternenübersäten Himmel dinieren.

≫ VERPFLEGUNG

Die Bevölkerung ist mehrheitlich chinesisch, aber Kublai sorgt energisch für den Vorrang der mongolischen Kultur. Das Lebenselixier der mongolischen Küche ist AIRAG, gewonnen aus STUTENMILCH, die in einen großen Sack gefüllt und mit einem Stock gerührt wird, bis Butter obenauf schwimmt und die Molke säuerlich und vergoren ist. Dieses leicht alkoholische Getränk wird man Ihnen überall und dauernd anbieten, deswegen sollten Sie sich rasch damit anfreunden. Pferdemilch wird auch gekocht und zu einer Art Sahne (Orom) sowie Käse (Buyaslag) verarbeitet. Für Menschen mit Laktoseunverträglichkeit könnte das Übergewicht an Milchprodukten in der mongolischen Küche allerdings problematisch sein.

Ansonsten werden in Xanadu gern gedämpfte oder gekochte HACK-FLEISCHBÄLLCHEN und auf dem heißen Stein gebratenes HAMMELFLEISCH gegessen. FLEISCHBRÜHEN sind ebenfalls beliebt, etwa die Borbi, bei der rund 30 Hammelknochen in einen Wasserkessel geworfen und ausgekocht werden.

Etwas raffinierter wird in anderen Teilen von Kublais Reich gekocht. Für die RUSSISCHE OLIVENSUPPE werden eine Hammelkeule, fünf Kapseln Kardamom und Kichererbsen gekocht und der Sud durch ein Sieb passiert, anschließend fügt man russische Oliven, das in Scheiben geschnittene Hammelfleisch, Chinakohl oder Brennnesseln hinzu.

Oder YUGBA: Das sind Fladen aus Reismehl, Weizenmehl und Pflanzenöl, gefüllt mit Hammelgeschnetzeltem, Hammelspeck, Hammelschwanz, abgeriebener Orangenschale, frischem Ingwer, Salz, Soße und Gewürzen. Dazu kommen diverse NUDELGERICHTE mit Hammel, Ei, Ingwer, Innereien und Pilzen in Brühe, gewürzt mit Pfeffer, Salz und Essig.

VEGETARIER dürften das mongolische Essen problematisch finden. Sie sollten sich an die Nudelsuppen halten und das Fleisch herausfischen oder Reisgerichte mit Quark oder Rosinen verzehren. VEGANERN würden wir von dieser Reise abraten.

KUBLAI KHAN JAGT MIT EINEM GERFALKEN.
MINIATUR AUS DEM *LIVRE DES MERVEILLES DU MONDE*,
EINER FRANZÖSISCHEN ÜBERSETZUNG VON MARCO POLOS
REISEBERICHT *IL MILIONE* AUS DEM 15. JAHRHUNDERT.

JAGD

Zu den Höhepunkten Ihres Aufenthaltes in Xanadu zählt der Besuch von Kublais ausgedehntem STEPPENPARK nordwestlich der Stadt. Er ist mit Brunnen und plätschernden Wasserläufen, makellosem Grasland und heimeligen Wäldchen ein Abbild des Paradieses, sein eigentlicher Zweck ist jedoch die Jagd – Inbegriff der mongolischen Kultur. In Kublais Park leben Hirsche, Rehe, Hasen, Kaninchen und Vögel. Gejagt wird meist zu Pferd mit Pfeil und Bogen, eine schwierige Kunst, an die sich nur erfahrene Reiter wagen sollten.

Kublai hält auch eine Meute Jagdhunde – Doggen, Windhunde und Apportierhunde. Doch der spektakulärste Jagdhelfer ist sein GERFALKE. Dieser große schwarzgefleckte oder reinweiße Falke kommt aus der Arktis, wird überwiegend in Korea und der Mandschurei gezüchtet und hat eine riesige Flügelspannweite. Sie werden ziemlich baff sein, wenn er vor Ihren Augen ein Kaninchen zur Strecke bringt, indem er auf das Tier herabstößt und ihm das Genick durchbeißt. Respekt, ja ein bisschen Angst werden Sie auch beim Anblick von Kublais zahmem GEPARDEN verspüren. Bewundern Sie die Geschwindigkeit und Wendigkeit der edlen Raubkatze, während sie der Beute nachjagt.

Keinesfalls versäumen sollten Sie den BAMBUSPALAST, genannt Haus der Freude. Die Jurte des Herrschers, in deren verschwenderischem Luxus – Tierfelle dienen als Teppiche – der Khan die meisten seiner Amtsgeschäfte erledigt, wäre noch eine Generation zuvor unvorstellbar gewesen. Dass sie groß genug ist für diesen Zweck und außerdem noch tragbar, ist wahrlich ein Meisterstück der Ingenieurskunst. Hunderte von Seidenschnüren verleihen der Jurte Stabilität, auf den Pfosten sitzt jeweils ein großer goldener Adler. Ungeachtet ihrer Größe sieht es aus, als schwebe sie, trotze den Gesetzen der Physik, sie scheint nicht von dieser Welt, sondern aus einem Märchen zu stammen.

RELIGION

Xanadu ist voller BUDDHISTISCHER und TAOISTISCHER TEMPEL, in der größten dieser Anlagen tun etliche hundert Mönche Dienst. Die Pagoden mit ihren gestaffelten Dächern, den leuchtenden Farben und Drachenmotiven sind innen mit goldenen Götterstandbildern geschmückt und vom Duft brennenden Weihrauchs erfüllt. Treten Sie ungeniert ein: Sie können an allen Zeremonien teilnehmen, die haben sich in den folgenden tausend Jahren kaum verändert.

Auch wenn Kublai peinlich darauf achtet, keine Religion zu bevorzugen, verehrt er selbst MAHAKALA, den buddhistischen Kriegsgott, als seinen persönlichen Schutzheiligen. Mahakalas schwarzes Gesicht, der lodernde, zornige Blick, die gefletschten Zähne, das wilde Blondhaar und der Kopfschmuck aus Totenschädeln passen in der Tat gut zu einem Serieneroberer. Kublai hat dafür aber nicht seine religiösen Wurzeln verraten, in Xanadu können Sie häufig MONGOLISCHE RITEN beobachten.

Es ist ein pantheistischer Glaube, der die Zeit als ewigen Kreislauf versteht und Tiere, den Wolf vor allem, als Vorfahren sieht, als mythische Urahnen. Im Universum der Mongolen spannt sich der ewige blaue Himmel über den Menschen, der höchste Gott ist TENGRI, mit Sonne (Feuer) und Mond (Wasser) als Augen. Ihm unterstehen 99 männliche Gottheiten, davon 55 gütige (weiße) und 44 grausame (schwarze). Als Gegenpol gibt es außerdem 77 weibliche Gottheiten, angeführt von MUTTER ERDE (Gazar Eje).

Zu diesem himmlischen Pantheon verschaffen Ihnen die rituellen Handlungen der SCHAMANEN Zugang. Ausgestattet mit psychischen Kräften (Hii) und der Fähigkeit, zwischen den Welten von Lebenden und Toten, Menschen und Göttern, Menschen und Tieren zu pendeln, rufen sie drei Kategorien von Ahnengeistern an: Gottgeister, Schutzgeister und Wächtergeister. Während des Rituals ertönen geheimnisvolle Gesänge und der monotone, unablässige Schlag auf eine einfellige Handtrommel (Tuur). Der Schamane besitzt ein Amulett (Dalbuur) und einen runden Metallspiegel (Toil), sein Schutzschild gegen Geisterangriffe und Energielieferant aus dem Universum.

Zwecks Intensivierung der Erfahrung wird man Ihnen Alkohol und Tabak anbieten, und auch der Rauch von Wacholder entfaltet eine leicht halluzinogene Wirkung. Öffnen Sie sich, stellen Sie Ihre Zweifel hintan, lassen Sie sich mitreißen – und Sie reisen durch Zeit und Raum.

ABREISE AUS XANADU UND KAISERLICHER TROSS

Der Aufenthalt in Xanadu endet am 28. August, dem letzten Tag des Sommers und Kublais Abreisetag nach Peking, der mit einer ABSCHIEDSZEREMONIE beginnt. Der Khan träufelt eigenhändig etwas Milch seiner weißen Stuten auf die Erde, den Göttern zu Ehren, ihm folgen Schamanen. Sie trinken heilige Milch, die eigens für sie ausgeschenkt wird, damit sie den ewigen blauen Himmel lobpreisen.

Nach Abschluss der Zeremonie bricht der Tross auf, der ganze Hofstaat – zu dem auch Sie für die Dauer Ihrer Reise gehören – zieht nach Peking. Kublais vielköpfiges Gefolge legt in einem endlosen Zug von Kutschen und Karren pro Tag rund 20 Kilometer zurück und ist demzufolge gut drei Wochen unterwegs. Entlang des Wegs gibt es Städte, die nur eine Aufgabe haben: Kublai Khan auf der Durchreise zu beherbergen. Der erste Stopp ist ZHENGLAN QI, es folgen LIANGTAI, QAGAN NUR (das heißt Weißer See, er ist für seine Schwäne, Rebhühner, Fasane und Kraniche berühmt), ZHONG DU, ZHANG BEI, ZHANGJIAKU, XUANHUA, TUMU und KHARABALGASAN (die Schwarze Stadt). Zuletzt öffnet sich eine Schlucht auf die Ebene, und die Reisegesellschaft verlässt die Berge.

Von da sind es noch etwa fünfzig Kilometer im offenen Gelände bis DADU (oder, wie Polo die Stadt nennt, Cambaluc). Die Straße dorthin wurde zuvor eigens von Arbeitern frei geräumt und repariert.

DADU (CAMBALUC)

Der kaiserliche Tross zieht nun durch die Vororte von Dadu, das Kublai in KHANBALIQ umbenannt hat. Später wird daraus Peking, aber es ist schon jetzt ein Ballungsraum, ein einziges Häusermeer mit kleinen Feldern für Gemüse und andere Nutzpflanzen dazwischen sowie größeren Gebäuden und Herbergen für Ausländer und Kaufleute.

Dichter Rauch hängt über den Außenbezirken, Folge der ständig brennenden Scheiterhaufen für Leichname: Kublai hat Bestattungen im Zentrum der Stadt verboten, ebenso die Prostitution. Heerscharen käuflicher Damen werben daher hier um Kunden.

VORORTE

Um Dadu herum sind kosmopolitische, multikulturelle Gemeinden entstanden, in denen Chinesen, Mongolen, Türken, Araber und Inder leben. Händler bieten ihre Waren feil: Seide, Gewürze, Edelsteine und Perlen; Straßenmusikanten spielen auf, an jeder Ecke weht ein verführerischer Duft aus GARKÜCHEN.

Das Essen steht meist in der Tradition der LU-KÜCHE, es schmeckt nicht wesentlich anders als bei den Imbiss-Chinesen, die Sie aus Ihrer eigenen Zeit kennen – es wird mit den gleichen Zutaten gekocht und auf die gleiche Art gewürzt. Und natürlich bekommen Sie hier mehr Tee angeboten, als Sie jemals trinken könnten.

Die Gegend lädt auch zu Vergnügungen ein. Unzählige Gasthöfe bieten REISWEIN und regionale Biere an sowie die Gelegenheit, sein Glück im MAHJONG zu versuchen. KARTENSPIELE sind in China seit Anfang des 9. Jahrhunderts bekannt, eins ist dem Poker so ähnlich, dass Sie bei Interesse mit gutem Gefühl an einem der Tische Platz nehmen können. Interessant ist auch Domino, das in China mit Symbolen beziehungsweise Buchstaben auf den Spielsteinen (Kwat pai) und einem Würfel, der mehr Seiten hat als bei uns, gespielt wird. Von Backgammon raten wir Ihnen ab, dabei wird oft um sehr hohe Einsätze gespielt, das kann richtig teuer werden.

INNENSTADT

Dadu ist nach demselben Schema wie Xanadu organisiert. Beide Städte wurden von Liu Bingzhong in Zusammenarbeit mit dem zentralasiatischen Architekten Ikhtiyar al-Din geplant. In der äußeren Stadt liegt die innere Stadt, in der wiederum liegt der Palast, und jede der drei Einheiten ist von riesigen Wällen umgeben.

Wenn der Reisezug die zehn Meter hohe, weiß gekalkte erste Mauer erreicht, dreht die Prozession nach Süden ab, legt weitere sechseinhalb Kilometer zurück und zieht durch das KAISERTOR in die KAISERSTADT mit dem gitterförmigen Straßennetz ein. Dort gibt es erhöht angelegte Bürgersteige, die Entwässerung ist hervorragend, und jede Familie, die Geld hat und etwas auf sich hält, besitzt hier ein ganzes Straßenkarree.

WOHNEN IN DADU

In der Kaiserstadt sehen Sie eine Zeltstadt ähnlich wie in Xanadu. Die großen Jurten sind für Promis, die kleineren für Beamte, Handwerker und Waffenhändler.

Sie können hier nächtigen, wenn Sie wollen. Aber die kalte, nasse Jahreszeit bricht jetzt an, wir raten also eher zu einer Unterkunft bei Ihrer Herrschaft, die für die Zeit in Peking ein komfortables, geräumiges Stadtpalais bezieht.

Die Polos steigen nicht wie die übrigen Kaufleute in einer Herberge vor der Stadt ab. Kublai hat an ihnen einen Narren gefressen und legt größten Wert auf ihren Rat, er will sie nah bei sich haben, im Zentrum der Macht.

Dort haben Sie auch hinsichtlich Ihrer Notdurft deutlich mehr Komfort: Die wird in einem hölzernen Anbau auf einer Bank mit steinernem Sitz und Armlehnen über einem Loch im Boden verrichtet und von fließendem Wasser fortgespült.

Und das Toilettenpapier ist erstklassig, sehr weich und parfümiert.

DAS INNERSTE HEILIGTUM

Im Gefolge der Polos werden Sie häufig die kaiserlichen Paläste und Privatgärten mit den fischreichen Seen besuchen. Eine Marmorbrücke mit drei Bögen bringt Sie auf die andere Seite des Festungsgrabens, anschließend müssen Sie drei Tore mit Türmen und fünf Passagen passieren.

Im Zuge der Umbaumaßnahmen rückte die JADE-INSEL in den Mittelpunkt, die seit Dschingis Khan sich selbst überlassen war. Der Enkel ließ die Brücke wiederaufbauen, die Hänge mit seltenen Bäumen bepflanzen, geschwungene Treppen, Tempel und Pavillons mit sprechenden Namen – Goldener Tau, Jade-Regenbogen, Das Glück einladen, Unvergängliche Harmonie – ergänzen. Hier können Sie viele Stunden verweilen und die außerordentliche Schönheit des Ensembles in lauschiger Stille betrachten.

Dann gibt es noch den spektakulären NEUEN PALAST, einstöckig auf einer erhöht angelegten Terrasse erbaut, zugänglich über Treppen, geschmückt mit lackierten Schnitzereien und Skulpturen, die Drachen, Raubtiere und berühmte Feldherren darstellen. Der Palast hat sieben Säle, Dutzende von Räumen, Zimmern, Schatzkammern, Amtsstuben und Wohnbereiche für Kublais vier Frauen und zahlreiche Konkubinen. Auf Schritt und Tritt werden Sie furchteinflößenden, schwerbewaffneten Männern begegnen. Sie gehören zur Elitetruppe für Kublais Personenschutz – mit denen sollten Sie sich gut stellen.

Innerhalb der weitläufigen Anlage liegt der INNERE PALAST, in dem Kublai von einem riesigen Bett mit Jade- und Goldintarsien aus Hof hält. Neben dem Bett steht ein gut vier Tonnen schweres riesiges Jadegefäß, befüllt mit über zweitausend Litern Wein. Wahrscheinlich werden Sie von Kublais majestätischer Ausstrahlung und natürlicher Autorität zu keinem anderen Zeitpunkt der Reise so beeindruckt sein, wie wenn er, im Einklang mit seiner

Machtfülle, wohlbehütet im Herzen seines gewaltigen Reiches, entspannt im Bett ruht und seinen Dienern zusieht, die Wein an dankbare Gäste ausschenken.

EIN ABEND IM THEATER

Wie von Kublai erwünscht hat in Dadu die chinesische Kultur, und damit das THEATER, Vorrang. Es gibt alles: großangelegte, aufwendige Produktionen, aber auch bescheidenere Darbietungen von Wanderbühnen ohne feste Spielstätte. Je nachdem werden Musik, Gesang, Lyrik, Pantomime, Tanz und Akrobatik geboten, unterbrochen von komischen Zwischenakten, Narren und Mitmachaktionen.

Viele der traditionelleren Vierakter, oft Bearbeitungen allseits bekannter Stoffe oder Mythen, sind Liebesgeschichten mit starken Frauenfiguren. Originalität ist nicht wichtig, das Publikum ist begeistert, wenn es die Pointen älterer Theaterstücke oder Figuren wie den Clown (Ch'ou), den Schurken (Chou) oder die böse Frau (Ch'a tan) wiedererkennt. Die Schauspieler arbeiten mit einem feststehenden Repertoire von Bewegungen und Gesichtsausdrücken, etwa »liebeskrank eintreten«, »Hustenanfall« oder »sich erstaunt die Augen reiben«.

Zusammengehalten wird das alles von der MUSIK. Es wird Ihnen vermutlich zunächst schwerfallen, die pentatonischen Klänge schön zu finden; haben Sie ein wenig Geduld: Sie werden die eleganten, komplexen Harmonien bald genießen und die Fingerfertigkeit der Musiker bewundern, die mit einer ganzen Reihe verschiedener Saiten-, Blas- und Schlaginstrumente die acht Klangfarben (Bayin) erzeugen. Mehrere Arten Zither werden gespielt, es gibt Harfen und Lauten, die gezupft, gestrichen oder geschlagen werden können. Die Holzbläserfraktion besteht aus Bambusflöten, Bambuspfeifen und Muschelhörnern, und die

BEIM BANKETT BEKOMMEN SIE KAISERIN CHABI ZU GESICHT, KUBLAIS LIEBLINGSFRAU UND BERATERIN. SIE IST MONGOLISCHER ABSTAMMUNG UND HAT ENTSCHEIDEND ZUR RÜCKKEHR DER POLOS AN DEN HOF DES KHANS BEIGETRAGEN.

Palette der Schlaginstrumente ist besonders reichhaltig – Klangschalen aus Stein oder Metall, Becken (Bo), Gongs (Lou) und eine Reihe fellbespannter Trommeln.

FESTBANKETTE

Während Ihres Aufenthaltes haben Sie das Glück, an zwei der größten Feierlichkeiten im Lauf eines Jahres teilzunehmen. Am 23. September 1275 wird KUBLAIS GEBURTSTAG im SAAL DER GROSSARTIGKEIT begangen, der 6000 Personen fasst. Sie werden mit dem übrigen Gesinde auf dem Boden sitzend Kublais mit Blattgold übersäte Robe bestaunen und Tausende von Würdenträgern und Hofschranzen in Festtagskluft.

Achten Sie beim Betreten des Saals unbedingt darauf, dass Sie über die Schwelle steigen, ohne sie zu berühren. Es gilt den Mongolen als schlechtes Omen, wenn man beim Eintritt in eine Jurte, aber auch in nicht transportablen Behausungen versehentlich auf die Schwelle tritt; tut man es gar absichtlich, ist es eine ungeheuerliche Beleidigung. Falls Sie gegen die Sitte verstoßen, entkleiden die Wachen Sie an Ort und Stelle bis auf die Unterwäsche und züchtigen Sie mit Ruten; als mildernder Umstand wird nur ein Grund akzeptiert: Sie sind zu besoffen, um noch geradeaus zu gehen.

Das zweite Großereignis, dem Sie beiwohnen werden, heißt WEISSER MOND und fällt meistens auf einen Tag Anfang Februar. Es ist das mongolische Neujahrsfest und zugleich der letzte Tag Ihrer Reise. Die Feierlichkeiten beginnen mit vier tiefen Verneigungen aller anwesenden Gäste – die Stirn muss den Boden berühren –, einem kurzen Lied und einem Gebet. Dann setzt sich Kublai mit seiner HAUPTFRAU CHABI, die für Weisheit und Mäßigung bekannt ist, an den höchsten Tisch, die Prinzen und ihre Gemahlinnen sitzen eine Stufe tiefer, etwa auf der Höhe von

Kublais und Chabis Füßen. Im Zentrum des Saals stehen ein langes, reich bestücktes Buffet und eine riesige goldene Weinschale, aus der Diener goldene Krüge füllen. Der erste Becher wird Kublai gereicht, hat er daran genippt, dürfen alle trinken. Dasselbe gilt fürs Essen, meist fleischgefüllte Teigtaschen (Buruz, die haben Sie bereits in Xanadu kennengelernt). Die Bediensteten, die dem Khan aufwarten, tragen vor Nase und Mund einen golddurchwirkten Seidenschleier, damit sie nicht sein Essen mit ihrem Atem kontaminieren.

Während und nach dem Essen spielt ein Orchester MONGOLISCHE MUSIK. Ähnlich wie in der chinesischen Tradition gibt es Saiteninstrumente, Holzbläser und Perkussion. Am weitesten verbreitet sind die Pferdekopfgeige (Morin chuur), eine Laute, die mit ihren drei Saiten und dem langen Hals wie ein Banjo klingt (Shanz), Flöte (Tsuur) sowie die reichverzierte Trompete mit einem Mundstück aus Messing (Bishguur). Den Takt geben kleine Schlaginstrumente wie Glöckchen oder Rahmentrommeln vor. Das typischste und verblüffendste Element ist der OBERTONGESANG (Hoomii), bei dem der Sänger zwei Töne gleichzeitig erzeugt, ein sehr tiefes, kehliges Brummen und sehr hohe Klänge. Lassen Sie sich auf den ekstatischen Gesang ein, er wird Sie tief berühren und Ihre Lebensgeister beflügeln.

Sobald das Buffet abgetragen ist, zeigen Akrobaten, Jongleure, Zauberer und andere Künstler ihre Darbietungen. Schlagen Sie nicht allzu sehr über die Stränge – das Gelage und die Belustigungen dauern bis tief in die Morgenstunden.

ABREISE

Während Ihre Herrschaft noch ihren Rausch ausschläft, schleichen Sie davon und laufen zur Jade-Insel. Dort treten Sie vom TEMPEL DER EWIG WÄHRENDEN HARMONIE die Rückreise an.

CAPTAIN COOKS ERSTE SÜDSEEREISE

―◐◐◐◐◐◐―

26. AUGUST 1768 – 12. JULI 1771

DREIMAL IST JAMES COOK DURCH DEN PAZIFIK gesegelt, und wir freuen uns sehr, Ihnen die erste und bekannteste der drei Entdeckungsfahrten anbieten zu können, eine dreijährige Odyssee, bei der Neuseelands Küste erstmalig genau erfasst wurde und Australien »entdeckt«. Als Mitglied von Cooks Mannschaft werden Sie zwischen himmelhoch jauchzend und zu Tode betrübt sämtliche Stimmungslagen erleben, an die Grenzen Ihrer körperlichen Leistungsfähigkeit gelangen und Ihre Charakterstärke auf eine harte Probe gestellt sehen. Zum Ausgleich erleben Sie unberührte – wirklich unberührte! – Natur, atemberaubende Landschaften und wilde Küsten, lernen erstaunliche Tiere und Pflanzen kennen, trotzen den Elementen und der blanken Gewalt des Meeres und stehen an Deck, während die Sonne im Pazifik versinkt.

Sie stechen in PLYMOUTH in See. Von dort geht es mit Zwischenstopps in MADEIRA und RIO DE JANEIRO quer über den Atlantik, dann die südamerikanische Küste entlang zur Südspitze des Kontinents. Um das sturmumtoste KAP HOORN führt die

Route in den Pazifik, wo Sie zunächst mehrere Monate auf TAHITI verbringen, dem Inselparadies mit seinen überaus freundlichen Einwohnern, bevor Sie die Segel Richtung NEUSEELAND mit seinen überaus unfreundlichen Einwohnern setzen, die Nord- und die Südinsel umfahren und anschließend nach AUSTRALIEN schippern. Dort schrammen Sie im Great Barrier Reef verdammt knapp am Untergang vorbei und sehen als erste Europäer Aborigines. Nachdem Sie den Kontinent für die britische Krone in Besitz genommen haben, geht es auf die mörderische Rückreise.

HINTERGRUNDINFO:
EINE WISSENSCHAFTLICHE EXPEDITION

Cook war nicht der erste Europäer im pazifischen Ozean, und zur Zeit seiner ersten Reise sind sich die europäischen Geografen einig, dass dort ein Südkontinent liegt, Terra Australis Incognita, den man nur finden müsste. Das interessiert natürlich nicht nur Großbritannien, damals die führende Seemacht der Welt, sondern alle europäischen Anwärter auf Weltreiche – Franzosen, Holländer, Spanier und Portugiesen.

Eine wissenschaftliche Expedition schien der beste Weg, Gebietsansprüche auszuweiten, ohne bei den Rivalen Verdacht zu erregen. Also bat die ROYAL SOCIETY im Februar 1768 König Georg III. um die Mittel für eine Reise in die Südsee, wo der VENUSDURCHGANG beobachtet werden sollte, ein seltenes Himmelsereignis, anhand dessen die Entfernung zwischen Venus (und den anderen Planeten) und Sonne berechnet werden konnte.

CHARLES GREEN, Assistent des Direktors des königlichen Observatoriums in Greenwich, wurde mit den astronomischen Messungen beauftragt, und um den wissenschaftlichen Anspruch zu untermauern, wurden ein paar Biologen angeheuert, angeführt von JOSEPH BANKS, der sich und seinen immensen Reichtum dem von Linné entwickelten System für Flora und Fauna widmete. Banks engagierte seinen Schüler DANIEL SOLANDER und den finnischen Naturforscher HERMAN SPÖRING als Gehilfen. Die drei werden am Ende der Reise 30 000 Pflanzenproben zusammengetragen,

110 neue Gattungen und 1300 neue Arten bestimmt haben. Zwei Künstler, SYDNEY PARKINSON und ALEXANDER BUCHAN, sollten die Reise zeichnerisch dokumentieren.

Der 40-jährige JAMES COOK, geboren in Yorkshire, stammte aus bescheidenen bäuerlichen Verhältnissen und wurde für seine Verdienste als Kartograf zum Kapitän befördert. Er war 1756 bis 1763, also während des Siebenjährigen Krieges, an der Vermessung und Kartografierung Neufundlands beteiligt.

Die Royal Society kaufte für die Expedition ein ehemaliges Kohlenschiff, 368 Tonnen schwer, knapp 40 Meter lang und neun Meter breit, völlig gebaut, mit flachem Rumpf, breitem Heck und großem Laderaum. Es wurde gründlich überholt und umgebaut, der Rumpf neu kalfatert und ummantelt und ein drittes Deck eingezogen, um Platz für die Wissenschaftler und ihre Sammlungen zu schaffen. Ein größeres und mehrere kleinere Beiboote sowie zehn Vier-Pfünder-Kanonen und zwölf Drehbassen sorgten für Beweglichkeit respektive etwas Sicherheit.

Die Besatzung bestand aus 14 Offizieren, zwölf Marinesoldaten, acht Bediensteten, darunter zwei Afrikanern, die zu Banks' Gefolge gehörten, und rund 60 Matrosen aus ganz Großbritannien. Vervollständigt wurde die Mannschaft von einem Windhund zum Jagen, drei Katzen, die Mäuse und Ratten in Schach halten sollten, sowie einer Ziege, die eher Maskottchen als sonst was war.

Wie bei solchen Touren üblich konnte jeder noch unmittelbar vor dem Ablegen von Bord gehen. 18 Mann stimmten mit den Füßen ab. So kurzfristig konnten sie nur durch Zwangsaushebung ersetzt werden, in der Seemannssprache »Shanghaien« genannt. So gelangten Sie auf die ENDEAVOUR.

⇉ REISEVERLAUF ⇇

Sie kommen am 18. August 1768 in TURNCHAPEL, PLYMOUTH an. Das düstere Viertel liegt am Hafen, die Gassen sind eng, die Gegend ist schäbig, voller Bordelle und zwielichtiger Lokale, die Stimmung aggressiv. Hier haben die Männer, die Matrosen wider Willen in den Dienst pressen wollen, leichtes Spiel. Setzen

Sie sich ins BORINGDON ARMS, eine Hafenkneipe, und harren Sie der Dinge. Der Aushebetrupp besteht aus zwölf Mann unter Leitung eines Offiziers, der nach Erfolg bezahlt wird. Er wird Sie vor die Wahl stellen: Freiwillig oder mit Gewalt. Optieren Sie für »FREIWILLIG«, dann haben Sie es deutlich leichter, werden in King's Shilling bezahlt und besser behandelt.

Den größten Teil der Fahrt sind Sie mit den anderen Matrosen zusammen und sollten sich daher möglichst schnell an deren Lebensweise gewöhnen. Wenn Sie auf Umgang mit Cook oder den anderen Gentlemen an Bord hoffen, werden Sie bitter enttäuscht. Eine unüberwindliche Kluft trennt Sie von ihnen. Wohl gibt es einen gewissen Austausch, was den Alltag an Bord betrifft, aber Ihr Platz ist bei der Mannschaft. Gemeinsam mit den anderen Matrosen sind Sie für die seemännischen Abläufe während der

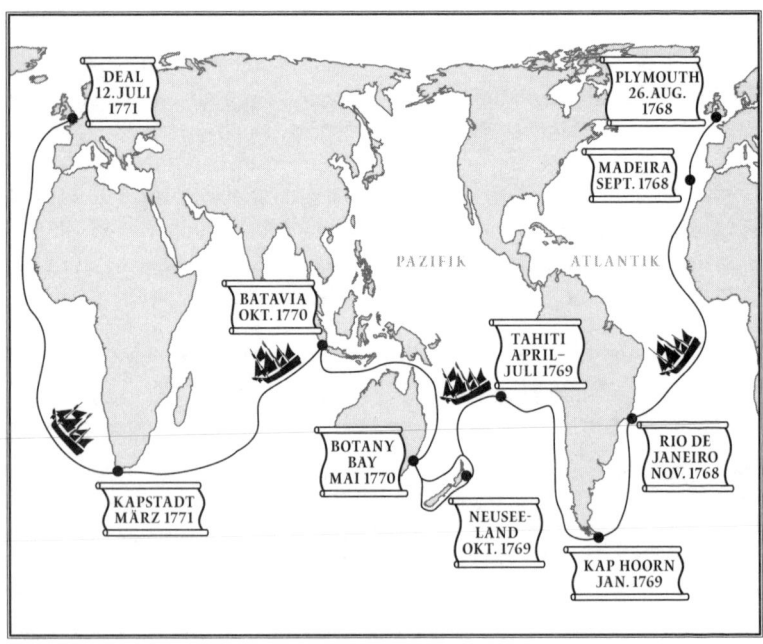

CAPTAIN COOKS ERSTE SÜDSEEREISE ⚜ 1768–1771

Weltumseglung verantwortlich, ohne die die Endeavour nicht einmal aus dem Hafen käme.

Segel- und Seefahrtserfahrung hilft, und Sie sind natürlich im Vorteil, wenn Sie mit den nautischen Begriffen und der Bauweise von Schiffen vertraut sind. Derlei Kenntnisse trügen Ihnen den Titel eines Vollmatrosen ein. Der Royal Navy ist es aber auch recht, wenn Sie keine Vorkenntnisse mitbringen, nur werden Sie dann eben als Landratte bezeichnet. So oder so erwartet man von Ihnen nicht, dass Sie Masten hochklettern und die Bramsegel losbinden oder in schwindelnder Höhe Segel reffen. Das bleibt normalerweise jungen, reaktionsschnellen Matrosen überlassen, den Toppsgasten.

Nein, Sie werden an Deck eingesetzt, bedienen Schoten, Falle und Brassen und erhalten ein Messer, um notfalls Leinen zu kappen. Oder Sie müssen Wache schieben – dann bekommen Sie einen bestimmten Abschnitt zugewiesen, den Sie zu kontrollieren haben, acht Stunden pro Schicht. Immerhin erwarten Sie dank Cooks Großzügigkeit nur zwei statt der üblichen drei Nachtschichten am Stück.

AN BORD: PRAKTISCHE TIPPS

Im Wesentlichen werden Sie mit einer einreihig geknöpften Weste (dem Wams) ausgestattet, langärmeligen Baumwoll- oder Leinenhemden mit kurzen Ärmelaufschlägen sowie einer weiten, gestreiften Hose (Pantalone) aus Segeltuch, die Sie über Ihre Kniebundhosen (Culotte) ziehen. Für Kälteeinbrüche erhalten Sie dicke Hosen und Flauschjacken. Unentbehrlich ist der Hut, entweder ein Dreispitz, der bei Regen so gedreht wird, dass der Ihnen nicht ins Gesicht klatscht, oder eine wollene Strickmütze. Die Schuhe aus schwarzem Leder mit Messingschnalle werden Sie selten tragen, weil Sie die meiste Zeit barfuß laufen.

Vermutlich peppen Sie das Outfit gern mit einem schwarzen Kopftuch (schwarz, damit man den Dreck nicht so sieht) und einem leuchtend bunten Halstuch auf.

» ESSEN

Bei einer langen Reise hängt Ihr physisches wie psychisches Wohlergehen von der Menge, Qualität und Vielfalt der angebotenen Nahrungsmittel ab, Ihre Verfassung ist untrennbar mit der Verpflegung verbunden. Das Essen an Bord ist stark von Cooks Wunsch geprägt, dass keiner am SCHARBOCK (heute ist nur noch der Ausdruck Skorbut bekannt) erkrankt, der schon so viele Matrosen dahingerafft hat.

Neueste Studien, insbesondere James Linds *Abhandlung vom Scharbock*, lassen vermuten, dass die gefürchtete tödliche Krankheit unter anderem mit SAUERKRAUT verhindert werden kann. Cook hat 7860 Pfund davon mitgenommen, dazu 100 Pfund von einer Frühform der Tütensuppe (gewonnen aus getrocknetem Gemüse), Zucker, Sago, Karottengelee, Salep (aus den getrockneten Wurzelknollen von Erdorchideen), Essig, Senf, Malz, Zwiebeln, Zitronensaftkonzentrat und Grünzeug. Die Endeavour verlässt Plymouth mit 6000 Stück Pökelfleisch vom Schwein und 4000 Stück Rindfleisch, neun Tonnen Brot, fünf Tonnen Mehl, einer Tonne Rosinen, Käse, Salz, getrockneten Erbsen, Öl und Hafer, und außerdem reisen 17 lebende Schafe, vier Schweine und 24 Hennen mit.

Sie haben eine Dreiviertelstunde FRÜHSTÜCKSPAUSE und eineinhalb Stunden MITTAGSPAUSE und bekommen ungefähr 4500 Kalorien pro Tag. Zu Ihrer Wochenration zählen vier Pfund Rindfleisch, zwei Pfund Schweinefleisch, drei Pinten Getreide, sechs Unzen Butter und zwölf Unzen Käse. Montag, Mittwoch und Freitag wird fleischlos gegessen, stattdessen werden Erbsenpudding und Zwiebeln aufgetischt. Zu jeder Mahlzeit gibt es SCHIFFSZWIEBACK, der mit Maden verseucht und ziemlich eklig ist.

Unterwegs wird in regelmäßigen Intervallen FRISCHWASSER besorgt, und Sie können sich den Magen mit allem vollschlagen, was Südseeinseln zu bieten haben: Kokosnuss, Yams, Bananen, Süßkartoffeln, Kochbananen und Zuckerrohr. Gelegentlich gibt es Fisch und Schellfisch, eine willkommene Abwechslung, Sie werden Austern und Hummer frisch aus den Felsbuchten Neuseelands kosten, sich die Finger nach Stachelrochen aus den Gewässern vor Australien lecken, beim saftigen Fleisch der Riesenschildkröten ordentlich reinhauen und die sportliche Aktion genießen, die zu ihrem Fang nötig ist: Tauchen.

Auch Seevögel werden auf Ihrem Teller landen, einmal sogar ein AL-BATROSS. Die Matrosen halten diesen merkwürdigen, unbeholfenen Vogel für die heilige Verkörperung der Geister toter Seeleute, aber das hindert den Naturforscher Banks nicht daran, einen abzuschießen. Der wird dann in einer würzigen Soße serviert, nachdem er gerupft, in Salzwasser eingelegt, gekocht und anschließend so lange gedämpft wurde, bis das Fleisch zart ist.

⟫ TRINKEN

Abgesehen vom Essen ist für die Mannschaft ALKOHOL das Wichtigste. An Bord sind 250 Fass Bier, 44 Fass Brandy und 17 Fass Rum. Davon bekommen Sie wie jeder an Bord täglich eine Gallone Bier oder ein Pint Grog – mit Wasser verdünnter Rum –, und manchmal schütten sich die Matrosen Hochprozentiges ins Bier und nennen es Flip. Die Crew ist also die meiste Zeit bedüdelt und oft besoffen; die Trunksucht verursacht viele der Probleme an Bord. Wenn Sie das Abenteuer unbeschadet überstehen wollen, müssen Sie lernen, trotz der Sauferei nicht die Kontrolle über sich zu verlieren. Ein Matrose stirbt unterwegs, weil er dreieinhalb Pints Rum getrunken hat, vier werden ausgepeitscht, weil sie Rum geklaut haben.

Wenn Sie, warum auch immer, keinen Alkohol trinken, begründen Sie das am besten mit religiösen Überzeugungen, vorzugsweise protestantischen.

Neben dem Saufen stehen als Freizeitaktivitäten SINGEN von Seemannsliedern und WETTEN auf so ziemlich alles, vom Armdrücken bis hin zu Küchenschabenrennen, zur Auswahl. Für die Gläubigen gibt es sonntagmorgens einen GOTTESDIENST.

⟫ UNTERBRINGUNG

Sie werden im Unterdeck schlafen. Ihre HÄNGEMATTE ist gerade mal 14 Zoll (36 Zentimeter!) breit und der Abstand zum Nachbarn nicht vorhanden. Wer größer als 1,80 Meter ist, wird es schwerhaben, dasselbe gilt für jeden, der unter Klaustrophobie leidet, und sei es in der allermildesten Form.

Der Gang zur TOILETTE stellt eine besondere Herausforderung dar. Die Mannschaftslatrine ist ein Loch in einem Brett, das vom Schiffsbug abgeht. Schamgefühle und Würde zu bewahren wird Ihre geringste Sorge sein, Sie müssen sich höllisch konzentrieren, um nicht runterzufallen. Bei rauer See halten Sie Ihre Notdurft möglichst zurück.

WASCHEN werden Sie sich mit einem großen Eimer kaltem Wasser. Auch die Kleidung wird in kaltem Wasser eingeweicht und mit einer milden Seife aus Asche und Tierfett geschrubbt, Hängematte und Bettzeug werden derselben Behandlung unterzogen. Das alles wird zum Trocknen an Deck aufgehängt.

»› DISZIPLIN

Einmal die Woche hören sich alle Matrosen die ARTICLES OF WAR an. Das ist das Reglement bei der Marine, der erste Entwurf stammt aus dem Jahr 1652, die letzte Aktualisierung von 1757. Die 36 Abschnitte handeln von Fragen der Disziplin und wie welche Übertretung bestraft wird, Verbrechen, auf die die Todesstrafe steht oder eine Züchtigung, die der Natur und der Schwere der Tat entspricht, und in der Regel heißt das, mit der »neunschwänzigen Katze« ausgepeitscht zu werden. Die KAPITÄNSTOCHTER, wie sie auch genannt wird, ist einen Dreiviertelmeter lang und hat neun gewachste Schnüre, an deren Ende je ein Knoten sitzt. Maximal zwölf Schläge werden auf den nackten Rücken verabreicht, die Schnüre schneiden ins Fleisch und verursachen starke Blutungen. Anschließend wird Salz in die Wunden gerieben, um Infektionen zu verhindern.

Zum Glück kommen viele Artikel auf dieser Reise nicht zum Tragen. Trotzdem verdienen manche eine nähere Betrachtung. Passen Sie auf, dass Sie nicht mit ARTIKEL 2 in Konflikt kommen, der Gotteslästerung, Fluchen, Exkremente am falschen Ort, Trunkenheit, unreine und andere anstößige Handlungen unter Strafe stellt. ARTIKEL 23 verurteilt Schlägereien und Streitereien mit anderen Mitgliedern der Besatzung sowie deren Verspottung (schwer zu vermeiden bei einer so langen, nervenaufreibenden Fahrt). ARTIKEL 27 betrifft das Einschlafen während der Wache oder Nachlässigkeit bei der Arbeit, was Ihnen, ohne dass Sie es wollen, schnell passieren kann. ARTIKEL 36 öffnet schließlich

der Willkür Tür und Tor, weil er pauschal »alle anderen Delikte, (...) die nicht in der Verordnung erwähnt sind«, unter Strafe stellt und damit dem Kapitän eine Carte blanche an die Hand gibt, gegen jede Missliebigkeit vorzugehen. Zum Glück setzt Cook die Peitsche nur selten ein. Er ist ein gutmütiger Kapitän, der an den humanen Umgang mit der Mannschaft glaubt. Was nicht heißt, er würde die Zügel schleifen lassen. Er weiß, dass er die Disziplin aufrechterhalten muss, und reagiert entsprechend. Egal wie sehr Ihnen die Verpflegung stinkt, meckern Sie nicht über das Essen. ARTIKEL 21 verbietet Beschwerden über Unzulänglichkeiten beim Proviant, und Cook nimmt es damit sehr genau. Zwei Matrosen bekommen je zwölf Peitschenhiebe, weil sie ihre Rindfleischration nicht essen wollten.

Auch wenn Sie selbst den Disziplinarmaßnahmen entgehen, Sie müssen zusehen, wenn andere ausgepeitscht werden. Die Bestrafung erfolgt vor aller Augen auf Deck, begleitet von Trommelwirbel.

❧ TODESFÄLLE

Verluste unter den Mitreisenden sind während der Reise ebenso bestürzend wie unvermeidlich. Der erste stirbt nur zwei Wochen nach der Abfahrt: Ein Matrose wird von der Ankerkette mit ins Meer gezogen. Ein halbes Jahr später geht einer über Bord, ob vorsätzlich oder versehentlich, lässt sich nicht klären. Bei der Ankunft auf Tahiti verstirbt der Künstler ALEX BUCHAN an Darmbeschwerden. Das wird Sie vorbereiten auf das, was noch bevorsteht: Gegen Ende der Fahrt werden die Opferzahlen dramatisch steigen.

ATLANTIK-ÜBERFAHRT
26. AUGUST–13. NOVEMBER 1768

Kaum ausgelaufen, wird die Endeavour von Stürmen und schwerem Wetter gebeutelt, die Unwetter halten fast den ganzen September über an, und beim schwersten Sturm geht eins der kleinen Beiboote und ziemlich viel Geflügel über Bord. Am 13. September liegt das Schiff für vier Tage im Hafen von FUNCHAL auf MADEIRA – eine Wohltat für alle.

Die Endeavour muss neu abgedichtet und gestrichen werden, währenddessen haben Sie Landgang und können FUNCHAL erkunden, ein quirliges Städtchen mit den üblichen Bordellen und Bars. Lange können Sie sich allerdings nicht dort umsehen, tagsüber müssen Sie mit anpacken, um die Vorräte aufzustocken: Pro Seemann werden weitere 20 Pfund Zwiebeln in den Schiffsbauch geschleppt, 270 Pfund frisches Rindfleisch, ein lebender Ochse kommt an Bord sowie rund 4000 Liter Bier, fast 6000 Liter Schnaps und über 13 500 Liter Wein.

Am Mittwoch, den 26. Oktober, sind Sie am ÄQUATOR – passieren die Linie – und dürfen an einer Art Bungee-Jumping à la Royal Navy teilnehmen: Wer noch nie den Äquator überquert hat, wird dreimal ins Meer getunkt. Man bindet Ihnen ein Brett zwischen die Füße, eins zwischen die Hände und eins auf den Kopf, und dann schubst man Sie von der höchsten Rah aus in die Wellen und zieht Sie am Seil sofort wieder herauf. Sie können die Taufe auslassen, müssen dann aber vier Tage lang auf Alkohol verzichten.

Am 13. November kommt RIO DE JANEIRO in Sicht, Sie werden dem Landgang entgegenfiebern. Dom Antonio Rolim de Moura, Vizekönig von Brasilien, ist allerdings schwer dagegen. Er glaubt nicht an die wissenschaftliche Mission der Endeavour und ist überzeugt, dass die Besatzung Böses im Sinn hat: Keiner darf von Bord, nicht einmal Cook. Immerhin kann die Endeavour Trinkwasser und Nahrungsmittel aufnehmen.

Verärgert von solchen Schikanen widersetzen sich zwölf Matrosen der Ordre, gehen unbemerkt von Bord, nur um in Rio unter dem Verdacht der Schmuggelei verhaftet und eine Nacht lang in ein schreckliches Verlies zu anderen, angeketteten Gefangenen geworfen zu werden. Sie kommen erst frei, nachdem Cook dem Vizekönig einen wutschnaubenden Brief aufgesetzt hat.

IN DEN PAZIFIK
2. DEZEMBER 1768 – 12. APRIL 1769

Von Rio sind es rund 300 Seemeilen bis Kap Hoorn, dem südlichsten Punkt von Südamerika. Die Temperatur fällt täglich, je näher das Schiff dem Kap kommt. Cook lässt warme Kleidung ausgeben.

Dann ist Neujahr, und am 11. Januar 1769 erreichen Sie FEUERLAND, ankern einige Tage und lernen Einheimische kennen. Das gastfreundliche Völkchen wohnt in runden, bienenkorbähnlichen Behausungen, für die sie ein Holzgerüst bauen und es mit Seehundfellen und Reisig abdecken.

Nach der kurzen Verschnaufpause steht einer der gefährlichsten Abschnitte der Reise bevor: die Umrundung von KAP HOORN. Dafür muss zunächst die LE-MAIRE-STRASSE passiert werden, ein Nadelöhr, in dem fast immer Stürme toben, welche die See zusammen mit den Gezeiten zu gewaltigen Wellenbergen aufschieben. Dreimal scheitert die Endeavour bei dem Versuch, hüpft wie ein Ästchen auf dem schäumenden Wasser, bis sie endlich der Todesfalle entkommt.

Einige Tage später ist es geschafft, das Schiff liegt in einer Bucht vor Anker, die Besatzung trifft auf Einheimische mit rot-schwarz bemalten Körpern, die Botaniker hasten landeinwärts, um Pflanzen zu sammeln. Am 21. Januar geht es weiter. Und bald schon ist nichts als Wasser um Sie herum, die endlose blaue Weite des Pazifiks erstreckt sich bis zum Horizont. Die Zeit schleicht. Wochen werden zu Monaten, die Monotonie wird nur durch das wärmere Wetter erträglich, durch die eine oder andere Begegnung mit Meerestieren und das Wissen – von einigen Matrosen weitergegeben, die mit der HMS Dolphin bereits 1767 auf Tahiti waren –, dass am nächsten Zielhafen die nettesten Menschen dieser Erde zu Hause sind.

TAHITI 13. APRIL – 14. JULI 1769

Endlich kommt wieder Land in Sicht, ein winziges Eiland im Ozean, LAGOON, dann segeln Sie an weiteren Inseln vorbei, bevor Sie in die MATAVIABUCHT mit ihren Palmen und makellosen Stränden einfahren. Tahitianer rudern in ihren 18 Meter langen Kanus der Endeavour entgegen, heißen die Besatzung herzlich willkommen und wollen Essen gegen Perlen und Stoffe tauschen. Sie benutzen ein Dezimalsystem, Zeichen für die Ziffern von 1 bis 20 und können bis 20 000 zählen. Sie richten sich nach dem Mondkalender und verstehen sich auf Astronomie.

LEBEN AUF TAHITI

An der Spitze der tahitischen Gesellschaft steht der Ari (Häuptling), unter ihm die Tahu'a (Priester), gefolgt von den RA'ATIRI (Adel), zuunterst das gemeine Volk, die MANAHUNE. Die Unterschiede sind nicht auf den ersten Blick sichtbar. Es gibt aber Hinweise auf eine Rangordnung: die Grabanlagen, Marae. Meist sind das bloße Steinhaufen, manche jedoch sehr sorgfältig mit Korallensteinen, Stufen und einem Altar mit geschnitzten Holzpfosten gearbeitet. Die größte, eine Pyramide mit elf gewaltigen Stufen und einer abschließenden Plattform, ist in OPOOREONOO. Der Legende nach bewohnten die Mauwe, Götterriesen mit sieben Köpfen und übermenschlichen Kräften, die Erde lange vor den Menschen.

Alle Tahitianer sind spärlich bekleidet, und das wenige, was sie anhaben, ist aus Rinde gefertigt. Die wird streifenweise von Bäumen geschält, mit einer feinen Paste eingeschmiert und mit großen Holzschlegeln weich geschlagen. Die Streifen werden anschließend kreuzweise übereinandergeflochten und der so hergestellte Stoff rot, braun und gelb gefärbt. Außerdem mögen Tahitianer TATAUS (Tattoos), die mit Knochen und Ruß gemacht werden; vielleicht wollen Sie sich zum Andenken eins der einmalig schönen Stammessymbole tätowieren lassen.

Es gibt EXOTISCHE FRÜCHTE und GEMÜSE im Überfluss, Schweine laufen frei herum, und eine Spezialität der Insel ist HUND AM SPIESS.

Es lohnt sich, sämtliche Widerstände gegen Hundefleisch auf dem Teller zu überwinden: Cook hält in seinem Tagebuch fest, er habe nie süßeres Fleisch gegessen. Zunächst wird das Fell abgeflammt, dann wird das Tier ausgenommen, und die Innereien werden gesäubert. Unterdessen wird in einem dreißig Zentimeter tiefen Erdloch ein Feuer entfacht; wenn es richtig brennt, werden Steine hineingelegt, bis diese glühend heiß sind, dann wird das Feuer wieder gelöscht. Auf die Steine werden grüne Blätter, der Hund und die Innereien und wieder grüne Blätter gelegt, und das Ganze darf dann schmoren.

Sie werden merken, dass Männer und Frauen nie gemeinsam essen. Das ist verboten (tapu). Und wenn Sie was Alkoholisches trinken wollen, müssen Sie es selbst mitbringen, Tahitianer servieren ausschließlich KOKOSMILCH und Wasser.

Sie werden mit viel MUSIK verwöhnt, die auf mit Haihaut bespannten Handtrommeln und Nasenflöten mit vier Löchern aus Bambus gespielt wird. Die dazugehörigen TÄNZE sind nach Geschlechtern getrennt. Die Frauentänze werden in der Regel von Mädchen an der Schwelle zur Pubertät dargeboten. Beim TIMORODEE-Tanz trennen sich fast nackte junge Frauen in zwei Gruppen und bewerfen einander mit Äpfeln. MÄNNERTÄNZE sind kriegerisch und oft Variationen von Ringkampfposen. RINGKÄMPFE sind beliebt auf der Insel, Sie werden bestimmt welche sehen.

TAHITIANERINNEN BEIM TIMORODEE-TANZ. BEACHTEN SIE DIE ÄPFEL!

Eigentumsansprüche sind der häufigste Grund für Konflikte während Ihres Aufenthaltes auf Tahiti. Die Einheimischen können mit Mein und Dein nichts anfangen, sie kennen keinen Privatbesitz, die Vorstellung ist ihnen völlig fremd, Diebstahl entsprechend ein sinnloses Wort. Und weil sie in einer Steinzeitkultur leben, ziehen Objekte aus Glas oder Metall sie magisch an. Zwei Tage nach Ankunft der Endeavour werden die ersten Sachen vermisst, einem der vornehmen Reisenden wurde das Fernglas, einem anderen die Schnupftabakdose entwendet. Von da an verschwindet immer mehr. In der Regel holt sich die Crew die Dinge ohne Blutvergießen zurück, nur einmal, als ein Tahitianer einem Matrosen die Muskete wegnimmt, wird der »Dieb« prompt erschossen. Als am 14. Juni ein Bootshaken verschwindet, lässt Cook, mit seinem Latein am Ende, alle Kanus konfiszieren, bis das bewusste Objekt wieder auftaucht.

Es wird viel getauscht, überwiegend von den Frauen, etwa sexuelle Gefälligkeiten gegen die begehrten Eisennägel, die im Schiff verarbeitet sind. Damit die Endeavour nicht auseinanderfällt, erlässt Cook fünf Regeln: Sei freundlich, lautet eine, und die anderen vier verbieten den Matrosen, auf eigene Faust mit den Einheimischen Handel zu treiben, insbesondere keine Gegenstände aus Eisen für irgendetwas anderes als Essen herzugeben. Cook lässt sogar einen Seemann auspeitschen, der Nägel aus dem Lager stibitzt hat.

Häufig wollen die Frauen aber gar keine Gegenleistung für Sex. Die Einstellung der Tahitianer ist in dieser Beziehung erstaunlich liberal. Die Männer sind völlig entspannt, ob Vater oder Ehemann, sie scheinen ihre Töchter und Frauen gern mit den Weißen zu teilen. Unter diesen Umständen ist es kein Wunder, wenn die meisten aus der Mannschaft intime Beziehungen zu Tahitianerinnen anknüpfen, manche ganz unverbindlich, andere durchaus ernsthaft.

VENUSDURCHGANG

Doch Sie sind nicht zum Vergnügen hier. Der eigentliche Grund ist die VENUS, die sich am 3. Juni vor die Sonne schieben wird, und um das zu beobachten, lässt Cook ein Fort bauen, in dem die astronomischen Instrumente sicher untergebracht sein sollten – ein Quadrant aus Messing, ein Peilkompass (der ist gerade erst patentiert worden), ein besonders hochwertiger Sextant und zwei Gregory-Teleskope mit einer Kombination von Parabolspiegel und kleinem konkaven Zweitspiegel. Die Arbeiten an dem Fort beginnen gleich nach der Ankunft in der Mataviabucht, hohe, spitze Palisaden werden um mehrere Zelte errichtet und an jeder Ecke mit einer Drehbasse bewehrt. Zusätzlich werden die beiden großen Geschütze an Bord auf die angrenzenden Haine gerichtet.

Der Quadrant wird am 1. Mai aufgebaut und am 2. Mai gestohlen. Stinksauer zieht Cook die großen Kanus der Tahitianer ein, bis das unentbehrliche Messinstrument zurückgegeben wird. Zum Glück geschieht das noch am selben Abend, und das Gerät ist nicht beschädigt. Am Tag des Venusdurchgangs, Samstag, der 3. Juni, spielt sogar das Wetter mit, aber dann hat Charles Green, der Astronom, mit einem unerwarteten Phänomen Probleme. Cook beklagt sich im Logbuch über »eine Atmosphäre und einen dunklen Schatten, die den Planeten umgeben«. Im Ergebnis passen die Werte der drei vorgenommenen Messungen nicht zusammen, die exakte Bestimmung der Entfernungen ist damit misslungen.

Am 9. Juli ist die Endeavour wieder klar zum Auslaufen, ein junger Tahitianer segelt ab jetzt mit, TUPIA, der ein bisschen Englisch gelernt hat. Die Abfahrt verzögert sich um zwei Tage: Zwei Matrosen, CLEMENT WEBB und SAM GIBSON, haben sich abgesetzt und wollen bei ihren tahitischen Freundinnen auf der

Insel bleiben – durchaus verständlich. Ein Suchtrupp wird losgeschickt und der Häuptling als Geisel genommen, um die Mithilfe der Einheimischen zu gewährleisten. Binnen 24 Stunden sind die beiden liebeskranken Seemänner wieder an Bord, und die Reise geht weiter.

NEUSEELAND
SEPTEMBER 1769 – 1. APRIL 1770

Auf dem Weg nach Neuseeland macht die Endeavour einen Abstecher zu einer anderen der GESELLSCHAFTSINSELN, deren Bewohner ein 80 Pfund schweres Schwein zu Ehren der Besucher schlachten, ein letzter Höhepunkt, bevor heftige Stürme, Kälte und wachsende Spannungen die Stimmung vermiesen. Wann kommt endlich wieder Land in Sicht? Cook weiß, dass es da was geben muss, der holländische Seefahrer Abel Tasman hat Neuseeland 1642 gesichtet, aber er hat nur die Nordinsel umfahren, die Endeavour hingegen wird jede Landzunge und jede Bucht der Küstenlinien beider Inseln abklappern.

Am 8. Oktober endlich tauchen weiße Klippen, sandige Meeresbusen, bewaldete Hügel, Flusstäler und zwei majestätische purpurrote Berge am Horizont auf. Beim Näherkommen sehen Sie Hütten, die sich am Strand entlangziehen, und MAORIS, die tätowiert und in Kriegsbemalung mit 15 Meter langen und anderthalb Meter breiten Booten auf Sie zugepaddelt kommen. Jedes fasst hundert Mann, die ihre Speere schwingen und kriegerische Laute von sich geben. Musketenschüsse zwingen sie zur Umkehr, ein Krieger stirbt. Der Versuch, an Land zu gehen, missglückt; es ist ein Patt, die Maoris haben Patoo patoo – schwere Waffen aus grünem Stein mit scharfen, gezackten Klingen, und obwohl Tupia versucht, mit ihnen zu reden, und ihnen Geschenke anbietet, fallen weitere Schüsse, ein weiterer Krieger stirbt. Ein zweiter

KRIEGSKANUS DER MAORIS –
KEIN WILLKOMMENER ANBLICK.

Vorstoß endet ebenfalls in einem Desaster, die Maoris verlieren noch einmal vier Mann. Kein Wunder, dass Cook die Gegend POVERTY BAY, Armutsbucht, nennt.

Es wird im weiteren Verlauf häufig zu feindseligen Zusammenstößen mit den Maoris kommen. In einer Bucht, die nach dem Ereignis KIDNAPPER-BUCHT genannt wird, bringen sie Tayeto, Tupias Hilfsburschen, in ihre Gewalt; er muss mit Waffengewalt befreit werden. Ein anderes Mal treiben erst Salven aus der großen Schiffskanone eine Streitmacht von zweihundert bewaffneten Maoris auseinander.

Trotzdem gibt es auch freundliche Begegnungen, besonders in der TOLAGA-BUCHT, in der Sie sieben Tage verbringen und einen kleinen Einblick in Alltag und Kultur der Einheimischen bekommen. Die Maoris sind hervorragende Fischer, bauen Hummerfallen aus Ästen und haben riesige Schleppnetze. Ihre Kleidung besteht aus einer dem Hanf ähnlichen Pflanze (Barkeke), ihre Hütten sind um ein Gerüst aus Stöcken gebaut und mit Grasbündeln gedeckt. Es wird Sie freuen, dass jede Behausung eine Außentoilette hat. Beim Tanz – zu den Klängen von Holzflöten und Muscheltrompeten – tragen die Frauen einen Kopfschmuck mit schwarzen Federn, die archaischen Kriegstänze der Männer unterscheiden sich nicht wesentlich von dem, was jeder Rugby-Fan kennt.

Am 9. November beobachten Sie mit Erfolg den MERKURDURCHGANG und erkunden anschließend die Küstenlinie der Südinsel. In der MURDERERS BAY nicht weit vom Queen Charlotte Sound entdecken Sie reiche Fischgründe und können die Frischwasservorräte auffüllen. Am 1. April verlassen Sie Neuseeland.

AUSTRALIEN (NEUHOLLAND)
19. APRIL – 22. AUGUST 1770

Am 19. April ist der historische Moment endlich da: Der Mann im Ausguck ruft: »Land in Sicht!« – Sie haben die Küste der sogenannten Terra Australis Incognita erreicht. Cook gibt den Landformationen, an denen die Endeavour auf der Suche nach einem guten Ankerplatz vorbeisegelt, Namen wie Cape Upright, Pigeon House, Cape St. George, Long Nose oder Red Point und lässt dann in der von ihm BOTANY BAY getauften Bucht Anker werfen.

Das geschieht am 29. April, dem Tag, an dem Sie als einer der ersten Europäer ABORIGINES sehen. An der Küste stehen ein paar Hütten, zwei Männer, ein alter und ein junger, nähern sich der Endeavour. Aufgrund des beiderseitigen Misstrauens und Unverständnisses fliegen Speere, und Musketen knallen. Ein Einheimischer wird angeschossen, die Ansiedlung aufgegeben. Trotz des unseligen Beginns sind die nächsten Kontakte zu

CAPTAIN COOKS ERSTE SÜDSEEREISE ※ 1768–1771 245

Aborigines friedlich, weil sehr vorsichtig. Die Männer haben Bärte, Knochenpiercings durch die Nase, Gesicht und Körper sind mit weißer Farbe bemalt. Meist sind sie mit Holzstöcken, Speeren mit Spitzen aus Knochen, Schilden und Bumerangs (keiner von Cooks Begleitern hat eine Ahnung, wie die funktionieren) bewaffnet. Die Frauen, die außer Muschelketten und Armbändern wenig anhaben, bleiben auf Abstand.

Der Name Botany Bay ergibt sich ganz natürlich, weil die Botaniker endlich wieder sammeln dürfen. Die Tierwelt ist faszinierend und (Ihren Mitreisenden) völlig unbekannt: Kängurus, Dingos, Flughunde, riesige Raupen und Schmetterlinge, grüne Ameisen, Skorpione, Papageien …

Auf der Weiterfahrt kommen Sie an PORT JACKSON (dem späteren Hafen von Sydney), POINT DANGER, CAPE MORETON und CAPE CAPRICORN vorbei und segeln dann über das schöne, aber auch gefährliche GREAT BARRIER REEF. Am 11. Juni zeigt es seine Zähne: Eine Reihe rasiermesserscharfer Korallen reißt ein Loch ins Schiff. Cook weiß, die einzige Rettung ist eine seichte Stelle oder eine Sandbank, auf die er auflaufen kann. Gleich nachdem die Segel eingeholt worden sind, lässt er Ladung über Bord werfen, den Ballast aus Eisen und Steinen, verdorbene Vorräte und sämtliche Waffen bis auf vier Geschütze.

Die Endeavour läuft voll, also müssen alle an die Pumpen. Die Anstrengung lohnt sich und ist unverzichtbar, vor allem als Cook es endlich geschafft hat, das Schiff wieder in freies Gewässer zu manövrieren, wodurch noch mehr Wasser einströmt. Im Angesicht der Gefahr läuft die Mannschaft zu Höchstform auf, die Zusammenarbeit funktioniert wie am Schnürchen; Cook notiert hinterher, keiner hätte sich je besser benommen als bei dieser Gelegenheit.

Trotzdem, bis zur Küste sind es noch gut 24 Meilen, und die Endeavour sinkt und sinkt, bis einer der Matrosen, Jonathan Monkhouse, den rettenden Geistesblitz hat: Wenn man Kalfaterwerg und Wolle in ein altes Segel einnäht und von außen vor das Leck bringt, presst der Wasserdruck es gegen den Rumpf und dichtet so die Stelle ab. Gesagt, getan. Danach treibt das Schiff auf die Küste zu und macht dort am Morgen des 17. Juni fest.

Zwei Wochen dauert es, bis die Reparaturen abgeschlossen, das Leck ausgebessert, die Seepocken vom Rumpf heruntergekratzt und zerrissene Segel geflickt sind. Sie werden mit Hand anlegen müssen, um die Arbeiten zu beschleunigen, aber es bleibt trotzdem Zeit für Entspannung im Lager am Strand.

Am 5. August wird die Fahrt mit allergrößter Vorsicht fortgesetzt. Das Great Barrier Reef leuchtet in verführerisch schönen

Farben, aber die Jungs verlieren keinen Moment die Gefahr aus den Augen, die unter der Oberfläche lauert: Ein falsches Manöver, und das Riff schlitzt die Endeavour wieder auf. Ein paar haarsträubende Stunden lang treibt sie hilflos ihrem sicheren Untergang entgegen, wird von schwachem Wind bei spiegelglatter See Richtung Riff gedrückt. Sie können ruhig mit den anderen beten, wenn Ihnen danach ist. In letzter Sekunde dreht der Wind, und die Gefahr ist gebannt.

Die Endeavour segelt die Ostküste hoch und umrundet am 22. August CAPE YORK. Cook tauft das Gebiet NEW SOUTH WALES, und Sie werden an Deck stehen, während der Kapitän mit ein paar Männern im Beiboot nach POSSESSION ISLAND übersetzt und die britische Flagge hisst, begleitet von drei Gewehrsalven, worauf die Mannschaft an Bord mit drei Kanonenschüssen und einem dreifachen »Hurray!« antwortet.

DIE ENDEAVOUR WIRD AN DER OSTKÜSTE AUSTRALIENS REPARIERT.

HEIMWÄRTS
23. AUGUST 1770 – 12. JULI 1771

Die marode Endeavour – die Holzplanken sind von Würmern zerfressen, die Pumpen ausgeleiert, und der Rumpf leckt immer noch – zockelt nun durch die bekannte Welt, NIEDERLÄNDISCH-INDIEN, passiert Timor, Java und Suva und macht dann längsseits zwischen lauter holländischen Schiffen und einem einsamen englischen Kaufmann im Hafen von BATAVIA fest.

In dem niederländisch regierten Flecken leben Europäer, Polynesier und Chinesen. 20 000 Menschen wohnen in der Stadt, im Umland kommen noch einmal 100 000 Einwohner hinzu. Batavia prunkt mit Rathaus, Kirchen und einem Netz aus Kanälen – fast wie Amsterdam. Nur leider hat ein Erdbeben die Frischwasserzuleitung zerstört, in den Kanälen steht eine widerliche Brühe, die wegen der Abfälle und Tierkadaver bestialisch stinkt und eine ideale Brutstätte für Moskitos und Krankheiten wie Malaria und Ruhr ist. Ein paar Tage, und mehr als die Hälfte der Männer an Bord ist krank. (Um diesbezügliche Kalamitäten zu vermeiden, wird Ihnen einer unserer Mitarbeiter, verkleidet als niederländischer Matrose, unauffällig ein paar Medikamente zustecken, genug, um Sie, aber auch nur Sie, vor einer Ansteckung zu schützen.) Der Aufenthalt in Batavia zieht sich wegen der notwendigen Reparaturen am Schiff in die Länge, am Ende sind sieben Besatzungsmitglieder an Malaria gestorben und vierzig zu krank, um ihre Arbeit zu tun. Das erste Opfer ist Tupia, der Tahitianer.

Wieder auf See, bricht nach einem Zwischenhalt auf MADAGASKAR die Ruhr aus – das Wasser an Bord ist verseucht. Im Lauf der nächsten Monate sterben 32 Männer. Es ist die schwerste Zeit – die Hälfte Ihrer Kameraden geht dahin, auch die beiden skandinavischen Naturforscher, der letzte Künstler an Bord und der Astronom fallen der Seuche zum Opfer.

Als das KAP DER GUTEN HOFFNUNG in Sicht kommt, schöpfen die Überlebenden wieder ein wenig Mut. Zwei Tage später, am 15. März 1771, läuft die Endeavour in KAPSTADT ein. Das verschlafene Nest mit seinen weißgekalkten Kolonialbauten, Weinbergen, Obstgärten, Gemüse- und Kräuterbeeten und dem Tafelberg im Hintergrund ist wirklich idyllisch, Sie können hier ein bisschen den Stress der letzten Monate abschütteln. Wenn Sie mögen, bummeln Sie gemütlich durch die pittoresken Straßen und bestaunen in der Menagerie Strauße, Antilopen und Zebras. Und Sie werden lecker bekocht: Cook lässt für seine Leute einen Ochsen schlachten.

Etwas erholt treten Sie die letzte Etappe der Reise an. Den ATLANTIK besegelt die Endeavour in Gesellschaft von Handelsschiffen. Am 15. Mai erleben Sie eine SONNENFINSTERNIS. Am 7. Juli liegt der GOLF VON BISKAYA hinter Ihnen, das Ende ist absehbar. Am 10. Juli erstreckt sich die britische Küste vor Ihren Augen, am 12. Juli kommt der Kreidefelsen Beachy Head in Sicht, und am Nachmittag desselben Tages gehen Sie im Hafen von DEAL in Kent an Land.

ABREISE

Sie müssen aufpassen, nicht in die tumultartigen Feiern zu geraten, mit denen die Rückkehr der Endeavour begangen wird. Deal ist klein, aber geschäftig und berüchtigt fürs Zechen, Prügeln und Laster aller Art. Auch hier sind die Aushebetrupps unterwegs, die Chancen stehen gut, dass Sie sich auf einem anderen Segler wiederfinden, der Gott weiß wohin fährt. Suchen Sie die Dover Road, laufen Sie diese ungefähr vier Kilometer in südliche Richtung bis UPPER WALMER. Dort können Sie im ROYAL STANDARD INN noch einen auf Ihr Glück heben, die Weltumseglung überlebt zu haben. Abreisepunkt ist die OLD ST. MARY'S CHURCH.

FÜNFTER TEIL

EXTREM-EREIGNISSE

DER AUSBRUCH DES VESUV

-o-o-o-o-o-o-

POMPEJI, 23.-25. AUGUST 79 NACH CHRISTI GEBURT

DER AUSBRUCH DES VESUV IM JAHR 79 WAR weder der größte der Geschichte, noch hat er die meisten Opfer gefordert. Er nimmt wegen der Ruinen, die er hinterließ, einen besonderen Platz im kollektiven Gedächtnis ein. Jedes Jahr besichtigen Tausende die Ausgrabungen von Pompeji und Herculaneum, in der Hoffnung, sich ihr römisches Leben ein Stück weit zurückzuerobern, das zutiefst anrührend im Augenblick der Katastrophe für die Ewigkeit festgehalten wurde. Jetzt können Sie es in echt erleben.

Auf dieser Extremreise werden Sie in den Alltag dieser dynamischen, kosmopolitischen römischen Städte eintauchen und die fürchterliche, spektakuläre Naturkatastrophe unmittelbar und in Echtzeit miterleben. Nur wer mit eigenen Augen gesehen hat, was da zerstört wurde, kann das ganze Ausmaß der Tragödie erfassen. Das Wissen um den weiteren Verlauf könnte Sie dazu verleiten, einigen Einheimischen vorzuschlagen, sie sollten für ein paar Tage verreisen und all ihre Habseligkeiten mitnehmen. Das ist strengstens untersagt. Wenn Sie sich außerstande fühlen, Ihr

Mitgefühl zu unterdrücken, ist diese Reise nichts für Sie. Der Kontakt zu den Einwohnern darf nicht zu persönlich oder freundschaftlich werden.

Sie verbringen einen Tag und eine Nacht in Pompeji, den nächsten Tag am Meer in Herculaneum, besteigen dann ein eigens für Sie gechartertes Schiff im Golf von Neapel und beobachten von dort aus den Untergang beider Städte. Die Eruption schleudert pechschwarze Aschewolken und Gesteinsbrocken in das gesamte umliegende Gebiet, deswegen ist die Beobachtung vom Land aus zu gefährlich. Auf dem Meer sind Sie zwar recht weit weg, haben aber ohne großes Risiko gute Sicht auf das grausige Geschehen.

HINTERGRUNDINFO:
DER VESUV

POMPEJI hat ein sehr angenehmes Klima, liegt nah beim Meer und in einem sehr fruchtbaren Gebiet. Deswegen besteht hier seit dem 6. Jahrhundert v. Chr. eine Siedlung. Nicht ganz freiwillig kam die Stadt im 4. Jahrhundert v. Chr. unter römische Herrschaft und schloss sich noch 89 v. Chr. einem Aufstand gegen die Besatzer an, der scheiterte. Erst danach gelang die friedliche Integration ins Imperium, das Städtchen blühte auf.

Zum Zeitpunkt Ihres Besuchs hat Pompeji 12 000 Einwohner, weitere 24 000 leben im Einzugsbereich. Den Wohlstand sichern fruchtbare Böden. In der mineralreichen Vulkanerde gedeihen Getreide, Trauben, Oliven, Aprikosen, Feigen, Pfirsiche, Mandeln und Walnüsse, und auch für die Schafzucht ist sie ideal. Diese Vielfalt wird auf den Märkten in der Stadt angeboten und ins ganze Imperium exportiert, und im Gegenzug werden exotische Produkte wie Gewürze, Parfums, Tuche und Edelsteine importiert. Pompeji ist ein wichtiges Handelszentrum.

HERCULANEUM ist kleiner und noch reicher als Pompeji, hat aber im Großen und Ganzen die gleiche Geschichte. Hier stehen einige der schönsten Villen des Römischen Reiches.

DER AUSBRUCH DES VESUV ❋ 23.–25. AUGUST 79

Der VESUV, auf dessen Konto der Untergang beider Städte geht, ist ein sogenannter Schichtvulkan, der infolge des Aufeinanderprallens zweier tektonischer Platten – der afrikanischen und der eurasischen – vor ungefähr 30 000 Jahren entstand. Schon vor 79 n. Chr. gab es mindestens drei große Eruptionen, aber keine war so heftig wie die, die Sie sehen werden: Pro Sekunde schleudert der Vulkan 1,5 Millionen Tonnen geschmolzenes Gestein und pulverisierten Bimsstein aus; pyroklastische Gase und flüssige Lava haben 100 000-mal mehr Energie als die Atombombe, die Hiroshima vernichtete.

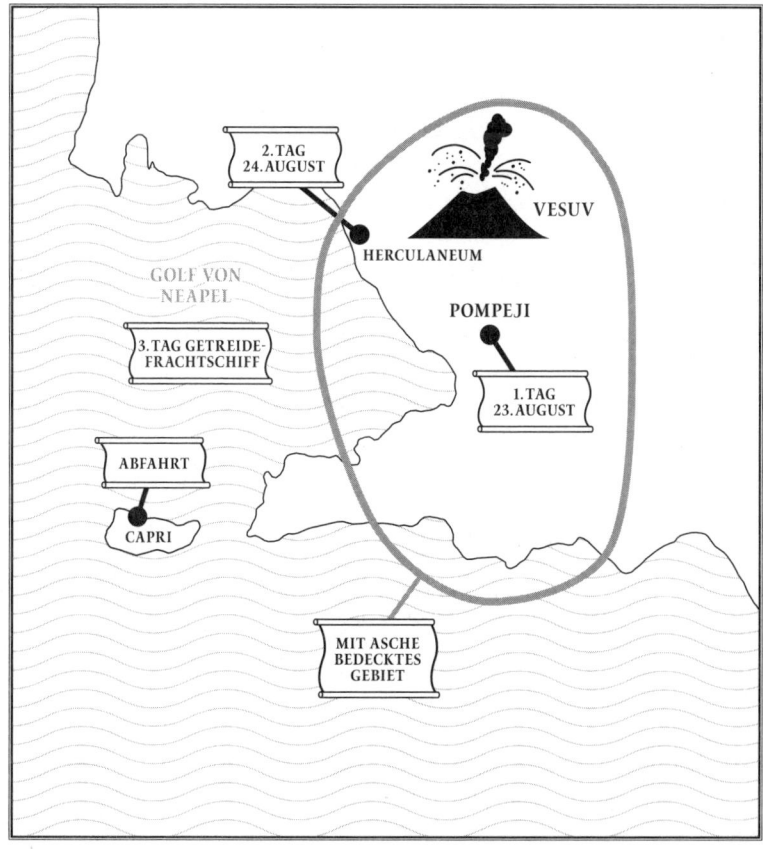

≫ REISEVERLAUF ≪

Sie werden auf einem Friedhof außerhalb von POMPEJI abgesetzt, auf dem unterschiedlichste Grabmäler von mehrstöckigen, üppig verzierten Stätten für reiche, mächtige Familien bis hin zu einfachen Grabsteinen stehen. In Ihrer farbenprächtigen Toga werden Sie kaum auffallen: In Pompeji mag man es bunt, auch die Häuser sind knatschrot, quietschgelb und knallblau gestrichen. Ein kurzer Fußmarsch bringt Sie durch das NORDOSTTOR in die Stadt.

UNTERBRINGUNG, VERPFLEGUNG UND NACHTLEBEN

Sie sind in einem exklusiven MIETAPPARTEMENT im Obergeschoss eines Multifunktionsbaus nahe dem Stadtzentrum untergebracht. Die Wohneinheit ist hell, luftig, geräumig und luxuriös ausgestattet, mit großen Fenstern und Terrasse und eigener TOILETTE (ein Holzsitz über einem Schacht in der Wand, der in einer Jauchegrube endet). Hier können Sie nach den Strapazen des Tages relaxen und sich dank eines kleinen, tragbaren Ofens mit integriertem Grill *(farnus)* selbst etwas zu essen zubereiten.

Aber in und um Pompeji locken viele Esslokale. Mit einem Gericht aus frischem FISCH können Sie hier eigentlich nichts falsch machen. Unbedingt probieren sollten Sie Garum: Die Fischsoße ist eine Spezialität der Region. Man vermischt Salz und Meerestiere, lässt sie mehrere Monate in einem Bottich, der in der Sonne steht, fermentieren und gießt sie dann portionsweise ab. Am besten schmeckt Garum, das nur aus Salz und Makrelen hergestellt wird *(liquaminis flos)*. Doch Vorsicht: Minderwertiges Garum ist nichts anderes als verdorbener Fisch.

Fleischliebhaber finden unzählige Gerichte vom SCHWEIN auf der Karte, in der Regel in Form von Würsten oder Blutpudding. Wer nicht zimperlich ist, kann eine römische Delikatesse probieren: BILCHE, also Siebenschläfer. Sie werden mit Nüssen in fassartigen Behältnissen gemästet und kommen mit einer Füllung aus Schweinefleisch, Pfeffer, Nüssen und Garum auf den Teller. Speisen von höchster Qualität finden sich in den Tavernen rund um dem MACELLUM (Fleischmarkt) auf dem Forum. Alternativ können Sie an STRASSENSTÄNDEN oder direkt beim Erzeuger einkaufen. Überall bieten BÄCKER frisches Brot an, die Öfen sind heutigen Pizzaöfen nicht unähnlich. Der Teig wird in einem Raum neben dem Ofen gemacht, die Mühle für das Mehl quietscht und rumpelt weiter hinten, angetrieben von einem Lasttier. Einen Laib Brot, ein bisschen Käse und ein paar Oliven vom Markt – schon haben Sie ein vollwertiges Mittagessen. Zögern Sie nicht, auch die WEINE DER REGION zu verkosten. Vor allem der Falernian hat einen guten Ruf.

Warten Sie nicht zu lange mit dem Abendessen, Sie sollten nicht in die Dunkelheit geraten: Die einzige Beleuchtung kommt von den Sternen am Himmel, Häuser, Läden und Werkstätten sind verriegelt und verschlossen und die Straßen fest in der Hand von Trunkenbolden und Dieben.

Wenn Sie trotzdem ins hiesige NACHTLEBEN eintauchen wollen, suchen Sie sich am besten eine der zahlreichen TAVERNEN aus. Dort können Sie etwas trinken und BRETTSPIELE kennenlernen, bei denen gewürfelt wird. Es wird um Geld gespielt, und wenn Sie keinen Ärger wollen, schauen Sie am besten nur zu, mitmachen empfiehlt sich definitiv nicht. Weiblichen Reisenden könnte die ganze Atmosphäre Angst einjagen: Sie werden mit Sicherheit belästigt, man nimmt einfach an, es handele sich bei Ihnen um ein leichtes Mädchen.

23. AUGUST:
ALLTAG IN POMPEJI

Pompeji ist sehr übersichtlich, Sie können alles zu Fuß erkunden. Der Transport per Karren ist ein Albtraum, die Straßen sind einspurig, eng und völlig überlastet durch die vielen Warenlieferungen, die mit Maultier- oder Eselgespannen herangeschafft werden. Staus sind ein Riesenproblem; Sie werden überall auf Poller, Einbahnstraßen und andere Verkehrsberuhigungsmaßnahmen stoßen.

Selbst das Überqueren der Straßen hat seine Tücken, sind sie doch übersät von Unrat und menschlichem oder tierischem Kot. Zum Glück gibt es höhergelegte Bürgersteige und Trittsteine, damit man unbeschmutzt auf die andere Seite gelangt. Die Abstände zwischen den Trittsteinen sind auf den Radabstand der Karren abgestimmt. Im August ist es heiß – denken Sie daran, genug zu trinken. Dafür haben die Pompejaner in regelmäßigen Intervallen, meist an Kreuzungen oder Straßeneinmündungen, BRUNNEN mit langen Speirohren angelegt, aus denen, gespeist von unterirdischen Tanks, ständig Wasser rinnt. Das können Sie unbesorgt trinken, es wird über ein Aquädukt vom Berg in eine große Zisterne vor der Stadt geleitet und von da auf ein gutes Dutzend kleinerer, gemauerter Zisternen verteilt; für den nötigen Druck, der das Wasser durch die Röhren unter dem Pflaster schickt, sorgen bis zu sechs Meter hohe Bleitanks darüber.

In Pompeji stoßen Sie auf Schritt und Tritt auf lebensechte Kunstwerke. Große offizielle STANDBILDER zeigen verdiente Bürger oder historische Personen, Tempel sind den allgegenwärtigen Göttern geweiht. Wenn Sie genau hinschauen, sehen Sie neben Lokalen und Geschäften Dutzende kleinerer Figuren. Oft sind es zwergenähnliche Männlein mit einem gewaltigen PHALLUS: Sie symbolisieren Fruchtbarkeit, Manneskraft und Glück.

Ein eigenes Kapitel sind die GRAFFITI. Das Leben der Stadt ist in diesen eingeritzten oder hingepinselten Kritzeleien festgehalten, die jede freie Fläche bedecken. Sie erzählen von Politik und Skandalen, kündigen dies und das an und huldigen irgendwelchen Lokalgrößen. Sie prahlen mit sexuellen Eroberungen, erzählen von Wünschen, erwiderter oder verlorener Liebe und zitieren die großen Dichter und Autoren der Antike.

In derselben volkstümlichen Tradition stehen die LADENSCHILDER. Die besten sind komplexe, detailreiche Bildnisse, etwa das von einem Baumeister mit den Symbolen seines Handwerks

DER VESUV IN EINEM FRESCO IN POMPEJI HINTER BACCHUS, DEM GOTT DES WEINES: NICHT MEHR LANGE, UND DER VULKAN VERÄNDERT SEIN GESICHT, DIE ERUPTION WIRD DIE GESAMTE SPITZE WEGSPRENGEN.

(Hammer, Meißel) und dem unvermeidlichen Phallus. Die schiere Masse und Vielfalt der Händler und Handwerker – Tuchhändler, Modehäuser, Barbiere, Parfümeure, Juweliere, Schuster, Gewürzstände und so weiter – verspricht einen schönen Einkaufsbummel. Wahrscheinlich werden Ihnen die zahlreichen BORDELLE (*lupanari*) auffallen: Pompeji ist berühmt dafür, und so mancher Römer wird während Ihres Besuchs die Dienste in Anspruch nehmen.

Bei Ihrem Rundgang werden Ihnen mehrere BAUSTELLEN auffallen. In Pompeji wird gerade viel renoviert und umgebaut, etliche der wichtigsten öffentlichen Gebäude sind geschlossen. Einige sind fast zur Gänze wiederhergestellt, andere liegen noch in Trümmern, beispielsweise das AMPHITHEATER, früher Schauplatz grausamer Gladiatorenkämpfe und blutrünstiger Spektakel mit wilden Tieren. Grund ist ein Erdbeben, das die Stadt am 5. Februar 62 heimgesucht hat und die Stärke von fünf bis sechs auf der Richterskala hatte. Am Tag des Bebens ist das Forum gerammelt voll gewesen, weil zu Ehren des Jahrestags von Kaiser Augustus' Machtübernahme eine Opferzeremonie und zu Ehren der Stadtgötter ein Fest stattfanden. Deswegen brach ein Riesenchaos aus, und sehr viele Menschen kamen um.

Auf dem FORUM, dem großen offenen Platz in der Mitte der Stadt, sind die Spuren des Erdbebens unübersehbar. Die umlaufenden Kolonnaden, der APOLLO-TEMPEL aus dem 2. Jahrhundert v. Chr. und besonders der TEMPEL FÜR JUPITER, JUNO und MINERVA sind beschädigt. Ein Haus ist der Priesterin EUMACHIA geweiht, Tochter eines vermögenden Weinhändlers. Das größte öffentliche Gebäude in Pompeji ist die BASILIKA, deren Fassade mit Graffiti überzogen ist. Widerstehen Sie der Versuchung, »Ich war hier« zwischen all die Inschriften zu ritzen.

Der APOLLO-TEMPEL mit seinen Säulen und Giebeldreiecken ist einen genaueren Blick wert. Steigen Sie die Stufen zum Podi-

AUF, AUF! DIE RÖMER HABEN EIN ENTSPANNTES VERHÄLTNIS ZUR KÖRPERLICHEN LIEBE. IN ÖFFENTLICHEN WIE PRIVATEN BÄDERN FINDET MAN ZAHLREICHE STELLUNGEN EXPLIZIT DARGESTELLT.

um hoch, treten Sie durch eins der hohen Tore, und Sie werden von den Statuen der maßgeblichen Götter und Göttinnen und den Ehrenbezeugungen der Gläubigen begrüßt. Ansonsten ist das Innere recht herb, ein einfacher, schlichter Raum, der nicht auf große religiöse Zeremonien oder Rituale ausgelegt war (die wurden auf dem Forum abgehalten).

Ein Tag in Pompeji ohne Besuch in den THERMEN ist ein verlorener Tag. Sie sollten allerdings kein Problem damit haben, unbekleidet herumzulaufen – hier ist jeder nackt. Reisende, die sich auf ein gemischtes Publikum gefreut haben, werden allerdings enttäuscht sein: Das Zentralbad, die einzige Therme, in der Männer und Frauen gemeinsam badeten, ist seit dem Erdbeben noch nicht wiedereröffnet.

Einmal im Bad – der Haupteingang ist für die Männer, ein Seiteneingang für die Frauen –, lassen Sie Ihre Toga im Umkleideraum (*apodyterium*). Der ist einen näheren Blick wert: Damit Sie Ihre Sachen leichter wiederfinden, wurden Wandmalereien angebracht, eine Serie erotischer Darstellungen vom Cunnilingus bis hin zum flotten Dreier mit einer Frau und zwei Männern. Die anderen Badegäste schauen da höchstens flüchtig hin, solche Abbildungen sind in ihrer Kultur so selbstverständlich wie bei uns die Ziffern am Kleiderspind.

Jetzt können Sie nach Herzenslust Sport treiben, schwimmen, sich sonnen oder sich massieren und die Haut abschrubben lassen. Die Räume sind unterschiedlich temperiert, das kalte *frigidarium*, das warme *tepidarium*, das heiße *caldarium* und für die ganz Harten der Schwitzraum, *laconium*. Einen großen Bogen sollten Sie allerdings um das Schwimmbecken machen, das ist völlig verkeimt.

Im Lauf des Tages werden Sie sich erleichtern müssen. Es gibt eine Reihe öffentlicher Toiletten, in denen Sie allerdings nicht allein für sich hocken: Darmentleerung ist in Pompeji ein kollektives Unterfangen. Suchen Sie sich ein freies Loch in der Marmorbank, unter der eine Rinne mit Wasserspülung die Exkremente abtransportiert. Vor sich sehen Sie ebenfalls eine Rinne mit klarem Wasser: Wenn Sie fertig sind, nehmen Sie eine *spongia* (ein Schwamm, befestigt an einem Holzstab), tunken sie ins Wasser und wischen sich damit diskret unter der Toga ab.

24. AUGUST: HERCULANEUM

Die Reisegruppe trifft sich früh am Morgen vor dem Friedhof, an dem Sie angekommen sind, und wandert von da zum nahegelegenen Herculaneum, ein kleiner Ort, in dem sich viele Superreiche

DER AUSBRUCH DES VESUV ✣ 23.–25. AUGUST 79   263

riesige Villen bauen ließen. Dank der Nähe zum Meer verbringt die römische Elite hier gern ihre Ferien. Von hier können Sie die ERSTE ERUPTION gut sehen. Die erfolgt am 24. August um 13 Uhr. Eine dicke Aschewolke steigt in den Himmel, Felsbrocken fliegen durch die Luft. Die Wolke geht auf Pompeji nieder, Herculaneum liegt westlich des Vesuv und wird nur von einer sehr feinen, wenige Zentimeter starken Rußschicht überzogen. Sie könnten Probleme mit den Augen, eine trockene Kehle, ein Engegefühl in der Brust und eine verstopfte Nase bekommen, aber wenn sich die Wolke gelegt hat, haben Sie klare Sicht auf die Ereignisse im Nachbarort.

Manche Bewohner von Herculaneum wiegen sich in dem Glauben, das Schlimmste sei vorbei, die meisten aber lassen alles stehen und liegen und suchen das Weite – eine gute Gelegenheit, die Villen zu inspizieren.

Wenn Sie ein passendes Objekt gefunden haben, betreten Sie es über den offenen Hof, und von dort haben Sie Zugang zu labyrinthischen Zimmerfluchten. Da gibt es viel zu bestaunen: Altäre für Hausgötter (*lares*), verschnörkelte Spiegel, Öllampen und Bronzeskulpturen, Fresken, die Wände, Decken und sogar die Böden mit mythologischen oder erotischen Darstellungen und Jagdszenen zieren. Viele Gärten sind der ganze Stolz ihrer Besitzer: manche wild, zugewuchert von Bäumen und Rebstöcken, andere mit akkurat angelegten Blumenrabatten, wieder andere mit Fischteichen, Brunnen und Tempelchen bestückt. Bei Ihrem Rundgang wird Sie die unheimliche Stille beeindrucken, die über diesen Behausungen liegt. Nur noch unbelebte Hinterlassenschaften – verlassene Klinen (Ruheliegen mit erhöhtem Kopfende), ein halb aufgegessenes Mittagsmahl, herumliegende Kleidungsstücke – zeugen von einem plötzlich unterbrochenen Leben. Sie bleiben so noch einige Stunden liegen, dann verschwinden sie unter einer dicken Ascheschicht.

Bei EINBRUCH DER NACHT laufen Sie bitte hinunter zum Meer. Am Strand warten kleine Boote auf Sie, mit denen Sie in den Golf von Neapel gerudert werden, wo Sie auf ein größeres Schiff umsteigen. Der letzte Shuttle geht um 23.30 Uhr, keine Sekunde später. Wer sich jetzt noch nicht eingefunden hat, der strandet in der Antike – ohne jede Möglichkeit, in die Gegenwart zurückzukehren. Dafür mit ungemütlichen Aussichten: Auf Herculaneum regnet es 18 Meter Asche, und dann rasen heiße Gase mit 160 Stundenkilometern und Temperaturen bis zu 500 Grad Celsius darüber hinweg.

25. AUGUST: GOLF VON NEAPEL

Im Ruderboot gelangen Sie zu dem gecharterten Getreideschiff, das es mit seinen beiden Segeln bei günstigem Wind auf vier bis fünf Knoten bringt. Es wird durch Seitenruder und ein Steuerruder am Heck manövriert, die über miteinander verknotete Seile von der Pinne (*clavus*) aus bedient werden. Die Pinne ist eine rechtwinklig zum Ruder angebrachte Stange. Steuermann und Crew sind hervorragend ausgebildete Mitarbeiter unseres Unternehmens. Ein leichter Imbiss – weichgekochte Eier in Pinienkernsoße, Linsen mit Koriander, Austern, Wildschweinbraten in Scheiben – wird gereicht.

Auf Deck können Sie die wesentlichen Ereignisse im Laufe der Nacht verfolgen. Wenn die erste Aschesäule in sich zusammensinkt, entlässt sie 300 Grad Celsius HEISSE GASE, die einen pyroklastischen Strom bilden. Das wiederholt sich mehrfach mit zerstörerischer Wucht, die dritte und vierte Welle treffen POMPEJI und verbrennen oder ersticken alles Lebendige, was sich auf ihrem Weg befindet.

Vom Schiff aus sehen Sie, wie der Gipfel des Vesuv glüht und

DER AUSBRUCH DES VESUV ✳ 23.–25. AUGUST 79

hell in der Dunkelheit leuchtet, während sein Rauch den Himmel verdunkelt, wenn es unmerklich wieder Tag wird. Punktuell ist die Hitze in der Landschaft so groß, dass Brände aufflammen – wie Hunderte von Lagerfeuern.

Sie konnen auch die hektischen Aktivitäten entlang der Küste sehen, wo verzweifelte Menschentrauben versuchen zu entkommen, gefangen zwischen der immer unruhiger werdenden See und den Begleiterscheinungen der Eruption. Viele kommen durch vulkanische Geschosse um, Unmengen von Steinen und Felsen haben sich in tödliche weißglühende Brocken verwandelt.

Während die Katastrophe an Land ihren Lauf nimmt, können Sie spüren, wie der Seegang zunimmt, riesige Wellen ans Schiff schlagen und es hin und her schleudern. Das liegt an der seismischen Aktivität: Die Eruptionen verursachen Erdstöße, die über den Meeresboden wandern.

Selbst auf dem Schiff ist diese Reise nichts für Angsthasen. Auch wer hart im Nehmen ist, kann seekrank werden, das Deck wird glitschig, Sie rutschen also leicht aus, werden durchnässt, und es ist unwahrscheinlich, aber nicht völlig ausgeschlossen, dass das Schiff von den Wellen verschluckt wird. Bewahren Sie Ruhe. Das Frachtschiff ist äußerst robust und sollte den extremen Belastungen standhalten. Bisher haben wir noch niemanden verloren.

Kurz nach dem sechsten und letzten pyroklastischen Strom segelt das Schiff nach CAPRI und setzt Sie am Strand ab, von wo Sie abreisen.

DIE ERSTE SCHLACHT AM BULL RUN

---●●●●●●●---

WASHINGTON DC UND VIRGINIA, 20.–22. JULI 1861

MACHEN SIE MIT DEN BESTEN DER UNION BEI der ersten großen Schlacht des amerikanischen Bürgerkriegs gemeinsame Sache.

Speisen Sie in WILLARD'S HOTEL, in dem sich das gesellschaftliche Leben von WASHINGTON DC abspielt, spüren Sie hautnah die Hybris der Akteure, nehmen Sie eine Droschke nach CENTREVILLE, Virginia, dem Sammelpunkt der Streitkräfte der Unionsstaaten, atmen Sie die Atmosphäre auf dem Hügel bei Centreville, auf dem sich Berichterstatter, Politiker und Neugierige versammeln.

Ganz Unerschrockene können die Schlacht an vorderster Front mitverfolgen. Doch seien Sie gewarnt: Die Niederlage der Unionstruppen ist unausweichlich und der Rückzug reichlich chaotisch … Sie werden mit ihnen über den WARRENTON TURNPIKE nach Washington zurückgejagt.

HINTERGRUNDINFO:
MAN ERWARTET EINEN SCHNELLEN SIEG

Als der Süden seine Unabhängigkeit erklärte, verlangten Politiker und Presse der Nordstaaten einen zügigen Waffengang im Norden Virginias, um den Weg nach Richmond, der Hauptstadt der Konföderation, frei zu machen und die abtrünnigen Landesteile wieder einzugliedern.

Derart politisch unter Druck gesetzt und angesichts der Unerfahrenheit seiner Truppen durchaus widerwillig zog GENERAL IRVING MCDOWELL die Armee der UNION südwestlich von Washington zusammen, insgesamt 35000 Mann. Jenseits des Flusses BULL RUN, am Gleisdreieck bei Manassas Junction, lagen die Streitkräfte der KONFÖDERATION unter Befehl von PIERRE GUSTAVE TOUTANT BEAUREGARD.

Die politisch Verantwortlichen in Washington waren der Überzeugung, sie könnten die Sezession mit ein, zwei Schlachten beenden. Hunderte Freiwillige fuhren die 50 Kilometer von der Hauptstadt zu dem Weiler CENTREVILLE und schlossen sich General McDowells Armee an. Etwas anderes als ein Sieg war schlicht unvorstellbar.

Und doch kommt es anders. McDowell schafft es aufgrund schlechter Aufklärungsarbeit, fehlender Kampferfahrung und viel Pech nicht, seine Männer im entscheidenden Augenblick in ausreichender Stärke an der richtigen Stelle einzusetzen. Der großangelegte Flankenangriff von Westen aus bleibt aufgrund der Verhältnisse im Gelände beinah stecken. Beauregard hingegen reißt das Heft des Handelns, spätestens als per Eisenbahn Verstärkung eintrifft, an sich und überrennt gegen 17 Uhr die gegnerische Linie. Die Disziplin der naiven, durch die brutale Wirklichkeit einer Schlacht demoralisierten Soldaten bricht zusammen. Tausende strömen zurück nach Centreville, und als konföderierte Artillerie und Kavallerie ihnen nachsetzen, ist die Niederlage perfekt.

Beide Armeen sind unfassbar grün hinter den Ohren und schlecht koordiniert. Die Männer sind vom Ausmaß der Gewalt, dem Blutzoll, den psychischen und emotionalen Schocks in der Schlacht überfordert.

Nach dem Zusammenstoß beim Bull Run ist allen klar, dass dieser Krieg grausam, teuer und langwierig wird.

ERSTE SCHLACHT AM BULL RUN ※ 20.–22. JULI 1861

ARTILLERIE DER NORDSTAATEN
WÄHREND DER SCHLACHT AM BULL RUN.

≫ REISEVERLAUF ≪

Sie treffen am Spätnachmittag des 20. Juli 1861, einem Samstag, in WASHINGTON DC ein. Es ist warm, die Luftfeuchtigkeit hoch, wenn Sie an der Kreuzung PENNSYLVANIA AVENUE / 14. STRASSE aus dem Eckhaus treten, in dem Sie am Montag, den 22. Juli, um Mitternacht auch wieder abgeholt werden.

Washington ist trotz seiner vordergründigen Pracht eine noch junge und hoffnungslos unterentwickelte Stadt. Müllentsorgung und Kanalisation lassen besonders zu wünschen übrig, und die sumpfige Umgebung mit Schwärmen von Stechmücken macht den Aufenthalt nicht angenehmer. Schnuppern Sie mal: Sie können den Abwasserkanal deutlich riechen, so gewaltig stinkt die faulige Brühe, und dabei sind Sie einen halben Kilometer davon entfernt.

Direkt vor Ihnen erhebt sich das WILLARD'S HOTEL. Der fünfstöckige Schuppen, ein einziger Stilmischmasch, ist Washingtons prestigeträchtigste Absteige. PRÄSIDENT LINCOLN wohnte bis zu seinem Amtsantritt Anfang des Jahres hier, hier haben die letzten verzweifelten, gescheiterten Friedenskonferenzen stattgefunden, derzeit ist es Schauplatz des politischen und gesellschaftlichen Lebens von Washington.

In seinen Salons und Speisesälen verkehren Politiker, Lobbyisten, hohe Offiziere, Journalisten und Geschäftsleute, ganz zu schweigen von den »Amtsanwärtern, Strippenziehern, Erfindern, Künstlern, ausländischen Attachés, weitschweifigen Rednern, Unternehmern und Eisenbahndirektoren«, wie NATHANIEL HAWTHORNE sich auszudrücken beliebte. Der Schriftsteller wird ein Jahr später im Willard's absteigen. An den Wänden können Sie bei genauerem Hinsehen noch Brand- und Wasserschäden erkennen. Vor zwei Monaten hat der kleine Friseurladen nebenan lichterloh gebrannt. Die Flammen leckten schon am Hotel, da kam ein Bataillon New Yorker Feuerwehrleute, in der unierten Armee als 11. New Yorker Zuaven aufgelistet (Sie werden ihnen noch begegnen), zu Hilfe und bildete Menschenketten, um Wasser und Schläuche herbeizuschaffen.

Bei Interesse können Sie einen Blick auf das WEISSE HAUS und das WASHINGTON-DENKMAL werfen, fünf Minuten zu Fuß die 14. Straße hinunter. Das KAPITOL ist mit einer Droschke oder dem städtischen Omnibus auf der Pennsylvania Avenue in wenigen Minuten erreicht.

Vielleicht überrascht Sie das architektonische Tohuwabohu. Die Pennsylvania Avenue ist breit und von Götterbäumen gesäumt, rechts und links wechseln sich große Marmorvillen, öffentliche Gebäude, roh zusammengezimmerte Verkaufsbuden und verwahrloste Freiflächen ab. Auch am Kapitol wird gerade gebaut, die alte Kuppel soll durch eine neue, größere ersetzt wer-

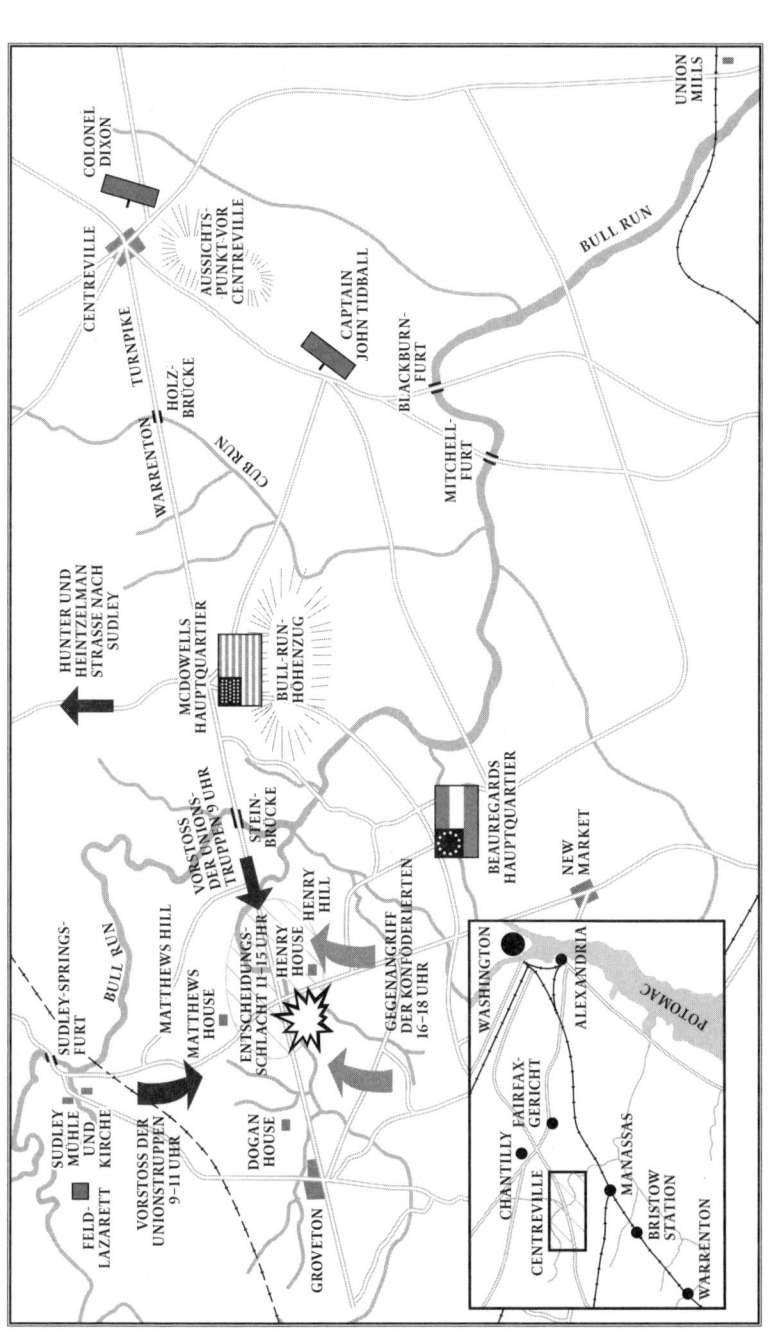

den, und die Dachlandschaft ist geprägt von halbfertigen Marmorbauteilen, Eisenstangen und Kränen.

Wenn Sie Hunger haben, laufen Sie zurück zum Willard's, und suchen Sie einen der Speisesäle auf, Reservierungen sind nicht notwendig. Essen Sie ruhig etwas Ordentliches, am Bull Run könnten Sie leicht Pech haben, was die Verpflegung betrifft. Auf der Speisekarte stehen Hecht in Rotweinsoße, Lammhaxe mit Kapern und gebratene Wachteln. Süßmäulern empfehlen wir Lady Cake, Cremetorte und Wackelpeter-Tarte. Hier können Sie außerdem einen PICKNICKKORB, Sandwiches und Bier für die Reise in den Süden bestellen.

Wir empfehlen, dass Sie spätestens um Mitternacht, besser noch erheblich früher eine Droschke rufen. Wer die Mobilmachung der Armee der Nordstaaten noch im Hellen sehen will, muss um 19 Uhr aufbrechen.

CENTREVILLE

Ihr Kutscher fährt Sie durch GEORGETOWN über den Potomac nach CENTREVILLE im Prince William County, Virginia. Für die 50 Kilometer benötigen Sie sieben Stunden. Centreville ist ein gottverlassenes Kaff, das am Morgen des 21. Juli zu einem schäbigen Militärcamp mutiert. Im Osten lagern drei DIVISIONEN DER NORDSTAATEN, sie unterstehen dem Befehl der COLONELS HUNTER, HEINTZELMAN und MILES, knapp einen Kilometer westlich der Stadt die Division von BRIGADEGENERAL TYLER. Beide Feldlager liegen am Warrenton Turnpike, der Landstraße, die durch Centreville führt, gesäumt von Wohn- und Geschäftshäusern, einem kleinen Hotel und einem Kirchlein. GENERAL MCDOWELL hat sein Lager westlich der Stadt aufgeschlagen. Wenn Sie dort herumlaufen, können Sie ihn kotzen hören – er hat etwas Verdorbenes gegessen.

ERSTE SCHLACHT AM BULL RUN ❊ 20.–22. JULI 1861

Gegen halb drei Uhr morgens sirrt die Luft: Hörner werden geblasen, Trommeln geschlagen und Hunderte Lagerfeuer entzündet. Das Frühstück für die Truppe besteht aus bitterem schwarzen Kaffee, Dosenfleisch, Zwieback und Tabak. Fuhrwerke setzen sich in Bewegung, Pferdegeschirr klirrt, Soldaten kontrollieren ihre Waffen, und dann schwillt der Krach immer mehr an, Befehle werden gebrüllt, Füße trappeln. Trotz der frühen Stunde ist es angenehm warm, bis zum Vormittag wird es richtig heiß, auf dem Höhepunkt der Schlacht sind die Männer auf beiden Seiten halb verdurstet und dehydriert. Versorgen Sie sich bitte mit ausreichend Trinkwasser.

UNIFORMEN

Die Truppen haben keine einheitliche Uniform, das wird Ihnen sofort auffallen, wenn sich der ganze Tross in Bewegung gesetzt hat. Eigentlich hatten sich die **NORDSTAATEN** für **MARINEBLAU**, die **KONFÖDERIERTEN** für **GRAU** entschieden, aber in beiden Armeen marschieren viele Soldaten mit, die die jeweils andere Farbe tragen oder zweifarbig gekleidet sind. Keine der beiden Seiten hat die Beschaffung zentralisiert oder einheitliche Uniformen eingeführt. Die Regimenter werden zumeist von der Stadt oder dem Staat eingekleidet, aus der oder dem sie stammen, und Offiziere müssen sich sowieso ihre Uniformen selbst kaufen. Nicht dass eine einheitliche Einkleidung viel geändert hätte: Im Lauf des Tages wird es bei dem ganzen Staub, Rauch und Matsch immer schwieriger zu erkennen, wer zu welcher Seite gehört.

EIN SOLDAT DER NORDSTAATEN IM ZUAVE-LOOK

Zwei Uniformen sind allerdings eindeutig zuzuordnen:

Das 11. NEW YORKER INFANTERIEREGIMENT (die Ersten Feuer-Zuaven oder Ellsworth) sticht mit roten Aufschlägen und Zierpaspeln an den marineblauen Jacken sowie einem feuerwehrroten Hemd und einer rot-blauen Kreuzung aus Fez und Käppi heraus.

Die 14. NEW YORKER MILIZ (auch 14. Brooklyner oder Rothosenteufel genannt) kombiniert blaue Jagdwesten mit roten Hosen, trägt Käppis mit rot-blauem Band und weißem Nackenschutz.

 ERSTE SCHARMÜTZEL

Die MANÖVER beginnen um halb fünf morgens und sehen auf dem Papier sehr einfach aus, erweisen sich in der Praxis aber als hochkompliziert und riskant. HUNTERS und HEINTZELMANS DIVISIONEN lagern etwa gleich weit vom Warrenton Turnpike entfernt, alle 12 000 Mann werden aber zur gleichen Zeit in Marsch gesetzt. Dadurch wird die Hauptstraße von Centreville zum Nadelöhr, durch das sich Truppen, Pferde und Gerät quetschen müssen. Und haben sie es endlich aus der Stadt geschafft, stoßen sie auf die hinteren Teile von TYLERS DIVISION, die von heftigen Scharmützeln entlang des Wegs ausgebremst wird und deswegen die STEINBRÜCKE über den Bull Run noch nicht passiert hat. Gegen halb sechs in der Frühe eilt General McDowell mit seinem Stab herbei und löst den Stau ab der klapprigen Holzbrücke über den CUB RUN auf, indem er den Resten von Tylers Leuten befiehlt, die Straße zu räumen und Hunters und Heintzelmans Divisionen durchzulassen.

Reisende, die das FELDLAZARETT (Näheres dazu weiter unten) besichtigen wollen, folgen Heintzelmans Nachhut, die einige hundert Meter hinter der Holzbrücke über den Cub Run vom Warrenton Turnpike abbiegt, durch die Furt bei Sudley Springs den Bull Run durchquert, sich dann wieder nach Süden wendet und hinter Sudley westlich am MATTHEWS HILL vorbeimarschiert. Sie brauchen für die Strecke ungefähr fünf Stunden. Wer nicht zum Feldlazarett will, kommt knapp 200 Meter weiter an der Schmiede vorbei, die General McDowell als HAUPTQUARTIER requiriert hat.

AUSSICHTSPUNKT BEI CENTREVILLE

Auf einem grasbewachsenen Hügel südlich von Centreville kommen die meisten der zivilen Beobachter der Schlacht während des Tages zusammen. Am frühen Morgen hat erst eine Handvoll Journalisten und Politiker mit Gefolge Posten bezogen. Im Lauf der nächsten fünf Stunden schwillt ihre Zahl mit jeder Kutsche, jedem Reiter, jedem Fußgänger beträchtlich an. Achten Sie unter den am frühen Morgen Anwesenden auf WILLIAM HOWARD RUSSELL, Korrespondent der Londoner *Times*, und den Fotografen MATTHEW BRADY mit seinem Strohhut, dem langen Staubmantel und einem großen Holzkasten (der Kamera), den er sich auf den Rücken geschnallt hat. Vom Kapitol sind die SENATOREN HENRY WILSON (Massachusetts), ZACHARIAH CHANDLER (Michigan), BENJAMIN WADE (Ohio), JAMES GRIMES (Iowa), JIM LANE (Kansas) und LAFAYETTE FOSTER (Connecticut) vertreten, vom Repräsentantenhaus ALFRED ELY (New York), SCHUYLER COLFAX (Indiana), ELIHU WASHBURNE und ISAAC ARNOLD (Illinois). Senator Wilson lässt von seinen Dienern frisch gemachte Sandwiches an die Truppe verteilen. Halten Sie Abstand von seinem Einspänner, der wird am Nachmittag von einer konföderierten Granate getroffen, was den Senator zwingt, auf einem Maultier nach Washington zurückzureiten.

Weitere Persönlichkeiten, die am Aussichtspunkt gesichtet werden können: RICHTER DANIEL MCCOOK aus Ohio und W. P. THOMASSON, einer der führenden Gegner der Sklaverei, Sie er-

COLONEL DIXON MILES – DER SCHNAPS IST NICHT MIT IM BILD.

kennen ihn am extrem hohen Seidenzylinder. Er schließt sich später mit einem Gewehr in der Hand einem Infanterieregiment an, der 71. New York, ebenso wie der Kongressabgeordnete OWEN LOVEJOY aus Illinois. Zwei junge Männer aus Boston kommen mit einem Karren vorbei, um den Leichnam ihres Bruders abzuholen, der drei Tage zuvor in einem Scharmützel nahe der Blackburn-Furt ein Stück weiter südlich fiel. Mindestens zwei Dutzend Frauen halten sich auf dem Hügel auf: Mütter von Soldaten, Senatorengattinnen, Verkäuferinnen von Pasteten und Selterswasser sowie MISS AUGUSTA FOSTER, Adoptivtochter und Maskottchen der 2. Maine.

Von der Schlacht sehen Sie von hier oben wenig bis nichts. Man hört den Geschützlärm und riecht das Pulver, aber die ent-

ERSTE SCHLACHT AM BULL RUN ❋ 20.–22. JULI 1861

scheidenden Kampfhandlungen zwischen MATTHEWS HILL und HENRY HOUSE HILL sind fast acht Kilometer weit entfernt. Mehrmals, vor allem am späten Vormittag und um die Mittagszeit herum, reiten Offiziere der Nordstaaten herbei und überbringen gute Nachrichten von der Front: »Wir haben sie auf ganzer Linie geschlagen!«

Hüten Sie bitte Ihre Zunge, verraten Sie sich nicht. Wenn Sie den Tag hier verbringen wollen, wäre es sinnvoll, die Rückfahrt vor halb sieben abends in der Kutsche anzutreten. Später kommen Sie wegen der zurückweichenden Soldaten nicht mehr durch.

Einige risikofreudige Beobachter, vor allem ältere Senatoren der Republikaner und Journalisten, laufen gegen neun Uhr morgens über den WARRENTON TURNPIKE auf den BULL-RUN-HÖHENZUG hinter McDowells Hauptquartier (siehe unten), um näher am Geschehen zu sein. Weniger risikofreudige Reisende, die dennoch von der Graskuppe wegwollen, sollten sich durch die BLACKBURN-FURT COLONEL DIXON MILES anschließen.

An einem Abhang rund eineinhalb Kilometer südlich von Centreville an der Straße nach Manassas hat sich die Artillerie von CAPTAIN JOHN TIDBALL postiert. Von hier haben Sie gute Sicht auf den Bull Run und die schmale Blackburn-Furt im Talkessel. Dort liegen noch die Leichen und zurückgelassenen Ausrüstungsgegenstände von dem Scharmützel letzten Donnerstag. Gegen Mittag drängt sich eine beachtliche Zahl von Männern um Tidball und fragt ihn vergeblich nach dem Fortgang der Schlacht. Ihre Einspänner und Fuhrwerke haben sie auf dem Acker hinter der Geschützreihe abgestellt.

Wer Dixon Miles zu Pferde folgen kann, wird einen interessanten Nachmittag haben. Der Colonel befehligt die Reserve, am Morgen trifft man ihn auf der Veranda des CENTREVILLE HOTEL, das ihm als Hauptquartier und Feldlazarett dient. Er fällt mit seinem bizarren, aber effizienten Sonnenschutz in Gestalt zweier übereinandergestapelter Strohhüte auf und hat bereits heftig Schlagseite durch eine Kombination von Schnaps und Opiaten. Den ersten Kontrollgang zu den Artilleriestellungen von Colonel Davies und Colonel Richardson absolviert er am Morgen, richtig interessant wird es dann am Nachmittag. Richardson widersetzt sich den Befehlen des Colonels und beschuldigt ihn öffentlich, er sei betrunken. Wenn Sie lange genug ausharren, sehen Sie General McDowell höchstpersönlich, wie er Colonel Miles von seinen Pflichten entbindet.

BULL-RUN-HÖHENZUG

Die beste Aussicht, zumindest auf einen Teil des Geschehens, bietet der Bergrücken über dem Bull Run südlich vom Warrenton Turnpike. Sie könnten querfeldein laufen, aber wir raten Ihnen, dem Turnpike zu folgen und dann westwärts zu laufen. Die wichtigen Journalisten und Senatoren finden sich hier am frühen Nachmittag ein und verfolgen, soweit einsehbar, den Verlauf der Kämpfe, die sich auf HENRY HOUSE HILL und MATTHEWS HILL konzentrieren. Die ganz Unerschrockenen stehen auf der STEINBRÜCKE über den Bull Run, knapp einen Kilometer weiter den Warrenton Turnpike hinunter.

Am Nachmittag speist RICHTER DANIEL MCCOOK mit einem seiner Söhne zu Mittag, der anschließend wieder aufs Schlachtfeld eilt, von einem konföderierten Offizier erschossen wird und so dem Vater die traurige Pflicht aufbürdet, am Abend mit dem Leichnam seines Sohnes im Einspänner zurückzufahren. KONGRESSABGEORDNETER WASHBURNE bricht am Nachmittag wutschnaubend zu einer Erkundungstour auf: Folgen Sie ihm keinesfalls, verlassen Sie den Bereich bis allerspätestens halb sechs – ihn überrennt die konföderierte Kavallerie. KONGRESSABGEORDNETER ELY wird von einer Infanterieeinheit gefangen genommen.

MEDIZINISCHE VERSORGUNG WÄHREND DER SCHLACHT

Die Kämpfe sind zwar im Vergleich zu den gewaltigen Aufmärschen im weiteren Verlauf des Bürgerkrieges kaum der Rede wert, aber Teilnehmer und Beobachter empfinden sie als unfassbar blutig und grauenvoll. Die Union verliert an diesem einen Tag 460 Mann und verzeichnet 1124 Verwundete, die Konföderierten haben 387 Tote zu beklagen und 1587 Verwundete. Die meisten Opfer kommen in eins der Feldlazarette, die zur Erstversorgung errichtet worden sind.

Für medizinisch interessierte Mitreisende: FELDLAZARETTE finden sich in einem Bauernhaus an der Steinbrücke, im Lewis House nördlich davon und am Warrenton Turnpike hinter dem Bull-Run-Höhenzug. Aber das bei weitem größte und überfüllteste ist das Lazarett bei der FURT VOR SUDLEY, dem Dorf, durch das Hunter und Heintzelman am Morgen mit ihren Divisionen marschiert sind.

Wenn Sie dieses Lazarett besichtigen wollen, müssen Sie noch vor dem ersten Tageslicht Hunters und Heintzelmans Männern folgen, später müssten Sie quer über das Schlachtfeld laufen.

Die Dorfkirche wird in Windeseile in ein Lazarett verwandelt, indem man die Kirchenbänke abbaut und in dem Eichenwäldchen neben dem Gotteshaus deponiert, daselbst Heu auf den Boden streut und provisorische Operationstische hereinschleppt.

Die ersten AMBULANZKARREN mit der charakteristischen weißen Plane treffen um halb elf ein. Das Blut, das von den Karren läuft, sammelt sich in Lachen vor dem Kirchentor.

Im Lauf des Nachmittags requirieren die Mediziner zwei Nachbarhäuser und die Werkstatt eines Stellmachers, aber der Kirchhof quillt trotzdem über vor Toten, Sterbenden und Verletzten.

Neben dem Verbinden von Wunden, dem Stillen von Blut, dem Richten von Knochenbrüchen sind die Chirurgen mit Amputationen beschäftigt, um möglichst viele Leben zu retten. An Betäubungsmitteln stehen Brandy, Morphium und Chloroform zur Verfügung.

Bitte bedenken Sie, dass die Geräusche aus dem Lazarett noch unerträglicher sind als der Anblick und die Gerüche.

WENN SIE DAS KAMPFGESCHEHEN SO SEHEN
(HIER EIN ANGRIFF DER UNION), SIND SIE ZU NAH. BITTE
KEHREN SIE ZUM BULL-RUN-HÖHENZUG ZURÜCK.

DIE SCHLACHT

Unabhängig vom gewählten Beobachtungsposten – Sie sehen immer nur Ausschnitte des Geschehens: TYLERS DIVISION, die am Nachmittag über die Steinbrücke rennt, nervöse Formationen beim Marsch durch offenes Gelände, Rauchwolken aus Wäldchen an den Hängen. Aber aus den Bruchstücken können Sie sich den Hergang im Wesentlichen zusammenreimen.

Zwischen halb zehn und halb zwölf treffen beide Armeen am MATTHEWS HILL aufeinander. Sie können vermutlich die 7. BRIGADE unter dem Befehl von GENERAL NATHAN EVANS sehen, die von der Steinbrücke zur Westflanke des Berges verlegt wird, während die großen Verbände der Nordstaaten über die Sudley-Furt eintreffen. Hüten Sie sich vor dem Ausfall der 2. BRIGADE unter COLONEL SHERMAN, der über die Farm-Furt einige hundert Meter nördlich der Steinbrücke die Konföderierten in die Zange nimmt, die gegen halb zwölf den Rückzug Richtung HENRY HOUSE HILL antreten.

Anschließend kommt es eine gute Stunde lang zu einem ARTILLERIEDUELL zwischen den Kräften der Union am Matthews Hill und den sich neu formierenden Konföderierten am Henry House Hill. Zwischen 13 und 15 Uhr werden mehrere Angriffe der Nordstaaten abgewehrt, auch der mit dem heute berühmten, wahrscheinlich jedoch erfundenen Vorkommnis, dass das Regiment des COLONEL JACKSON aus Virginia mitten in den Linien der Konföderierten »wie eine Mauer aus Stein« standhielt und nicht wankte und wich.

Gegen halb vier wendet sich das Kriegsglück. Die Soldaten auf Seiten der Union sind erschöpft durch den langen Marsch und den Mangel an Nahrung und Wasser. Gleichzeitig erhalten die Konföderierten Verstärkung, viele ausgeruhte Männer, die per Zug aus Shenandoah Valley eintreffen. Sobald sie in den Kampf eintreten, bricht die Front zusammen. Erst fliehen die Unionssoldaten beim CHINN RIDGE am östlichen Rand des Schlachtfeldes, dann auch in der Mitte am Fuß des Henry House Hill. Um 17 Uhr befindet sich die Armee der Nordstaaten auf einem ungeordneten Rückzug. Einige laufen nordwärts nach Sudley, die große Mehrzahl flutet ostwärts über die Steinbrücke und den Warrenton Turnpike zurück.

RÜCKZUG

Die ersten Anzeichen für den Rückzug werden am Bull-Run-Höhenzug gegen 17 Uhr deutlich. Fliehende Soldaten schreien: »Lauft zurück, lauft zurück, wir sind geschlagen!« SENATOR ZACHARIAH CHANDLER versucht, im Alleingang die Straße zu blockieren, und verlangt von den Soldaten, weiterzukämpfen. SENATOR BENJAMIN WADE richtet gar die Flinte auf die Truppen, vergebens. Seien Sie unbedingt vor 18 Uhr nördlich der Holzbrücke über den CUB RUN, danach stehen die Konföderierten dort, und unter den Unionstruppen bricht helle Panik aus. Ein Karren schert aus und überschlägt sich auf der Brücke, die Straße ist blockiert, und die Menschenmassen strömen durch das Bachbett. Panik bricht aus. Soldaten werfen ihre Waffen weg, ihre Brotbeutel und sogar ihre Uniformen, hinter ihnen zieht sich eine Spur von Munitionskartons, Heuballen und Hafersäcken. Über ihren Köpfen explodieren Granaten. Die Fliehenden reißen sich Krankenkarren und Fuhrwerke unter den Nagel, klettern

KAVALLERIE DER UNION AN DER SUDLEY-FURT
NACH DER SCHLACHT.

DIE SENATOREN ZACHARIAH CHANDLER UND BENJAMIN WADE.

auf erbeutete Maultiere und streunende Pferde. Offiziere wie gemeine Soldaten rennen Hals über Kopf nach Centreville, schreiend vor Angst und Wut. Denen sollten Sie besser nicht in die Quere kommen.

In Sicherheit sind Sie knapp fünf Kilometer den Turnpike hoch, wo COLONEL BLENKERS DEUTSCHE BRIGADE – drei Infanterieregimenter mit Kanonen – den Rückzug der Union deckt und ein Mindestmaß an Ordnung wiederherstellt. Einige Verbände treten den Heimweg an, andere die Reise nach Washington. Bevor sie die 50 Kilometer zurück in die Hauptstadt marschieren, rennen sie aber erst einmal ins Feldlager und nehmen mit, so viel sie tragen können. GENERAL MCDOWELL ordnet um Mitternacht den vollständigen RÜCKZUG an. Wenn Sie keine Kutsche und kein Maultier mehr ergattern und laufen müssen, schließen Sie sich am besten den Rhode Islanders an, die wunderschön singen und den Kopf nicht hängenlassen. Es wird eine grausige Wanderung, Sie werden frisch Amputierte auf dem Marsch begleiten,

Soldaten mit herausgerissener Zunge, Durchschüssen im Schenkel, verletztem Hodensack. Und es gibt viel zu wenig Wasser, wie den ganzen Tag über schon.

Wenn Sie die Nacht stramm durchmarschieren, können Sie nach Ihrer Ankunft in Washington noch ein bisschen im Willard's verschnaufen. Wir haben Ihnen dort ein Zimmer reserviert. Ansonsten kommen Sie bitte direkt zur Ecke Pennsylvania Avenue / 14. Straße. Einer unserer Mitarbeiter erwartet Sie mit Erfrischungen.

VERGANGENE, GEGENWÄRTIGE UND KÜNFTIGE LEKTÜREN

Abgesehen von persönlichen Recherchen und Beobachtungen vor Ort ließen unsere WAG-Zeitinspektoren Arbeiten von Wissenschaftlern und Beteiligten in ihre Beschreibungen einfließen, die selbst keinen Zugang zur Chronoswoosh™-Technologie hatten. Wir verbürgen uns für die Richtigkeit der im Folgenden aufgeführten Bücher, auch wenn deren Autoren das eigene Raum-Zeit-Kontinuum nicht verlassen konnten, und möchten sie Ihnen zur Vorbereitung der Reise ans Herz legen. Ins Handgepäck gehören sie allerdings auf keinen Fall!

DIE ERSTE WELTAUSSTELLUNG
- Michael Leapman: *The World for a Shilling. How the Great Exhibition of 1851 Shaped a Nation* (2001)

WOODSTOCK FESTIVAL
- James E. Perone: *Woodstock. An Encyclopaedia of the Music and Art Fair* (2005)
- Joel Makower: *Woodstock. An Oral History* (1989)

DER ZUG DER FRAUEN NACH VERSAILLES
- George Rudé: *Die Massen in der Französischen Revolution.* Übersetzt von Angela Hillmayr und Rudolf Bischoff (1961)
- Simon Schama: *Der zaudernde Citoyen. Rückschritt und Fortschritt in der Französischen Revolution.* Übersetzt von Gerda Kurz und Sieglinde Summerer (1989)

DAS ATTENTAT AUF ERZHERZOG FRANZ FERDINAND
- Christopher Clark: *Die Schlafwandler. Wie Europa in den Ersten Weltkrieg zog.* Übersetzt von Norbert Juraschit (2015)
- David James Smith: *One Morning in Sarajevo. 28 June 1914* (2008)

DER FALL DER BERLINER MAUER
- Mary Elise Sarotte: *The Collapse. The Accidental Opening of the Berlin Wall* (2014)

DIE 235. OLYMPISCHEN SPIELE
- Nigel Spivey: *The Ancient Olympics* (2005)

PREMIERE IN SHAKESPEARES GLOBE THEATRE
- Peter Ackroyd: *Shakespeare. Die Biographie.* Übersetzt von Michael Müller und Otto Lucian (2008)
- James S. Shapiro: *1599 – A Year in the Life of William Shakespeare* (2005)

DIE BEATLES IN HAMBURG
- Mark Lewisohn: *The Beatles. All These Years* (2013)

RUMBLE IN THE JUNGLE
- Norman Mailer: *Der Kampf.* Übersetzt von Gisela Stege (1976)

MIT MARCO POLO IN CHINA
- Marco Polo: *Il milione* (1299)
- Marco Polo: *Die Beschreibung der Welt. Die Reise von Venedig nach China, 1271–1295.* Herausgegeben von Detlef Brennecke (2013)
- Marco Polo: *Die Wunder der Welt.* Übersetzt und herausgegeben von Elise Guignard (2003)
- Marco Polo: *Von Venedig nach China. Die größte Reise des 13. Jahrhunderts.* Neu herausgegeben und kommentiert von Theodor A. Knust (2001)
- John Man: *Xanadu. Marco Polo and Europe's Discovery of the East* (2009)

CAPTAIN COOKS ERSTE SÜDSEEREISE
- Peter Aughton: *Dem Wind ausgeliefert. James Cook und die abenteuerliche Suche nach Australien.* Nach der Übersetzung von Michael Benthack (2003)
- James Cook: *Logs and Journals* (1768–1771)
- James Cook: *Beschreibung seiner Reise um die Welt.* Band 1 (1802)
- James Cook: *Drei Reisen um die Welt.* Neu bearbeitet von Friedrich Steger (1858)
- Frank McLynn: *Captain Cook. Master of the Seas* (2011)

DER AUSBRUCH DES VESUV
- Mary Beard: *Pompeji. Das Leben in einer römischen Stadt.* Übersetzt von Ursula Blank-Sangmeister unter Mitarbeit von Anna Raupach (2011)

DIE ERSTE SCHLACHT AM BULL RUN
- David Detzer: *Donnybrook. The Battle of Bull Run, 1861* (2004)

BILDNACHWEISE

Leider konnten nicht alle Rechteinhaber der verwendeten Bilder ermittelt werden. Soweit Urheberrechte berührt sind, bittet der Verlag um Benachrichtigung zur nachträglichen Abdruckgenehmigung.

Michael Lang und Artie Kornfeld (S. 43), Bill Eppridge/Life/Getty Images; *Frühstück* (S. 49), John Dominis/Life/Getty Images; *Undress Code* (S. 52), Silver Screen/Movipix/Getty Images; *Swami Satchidananda* (S. 56), Mark Goff/ WikiCommons; *Country Joe* (S. 59), Jason Laure/Woodfin/ Getty Images; *Mädchen am Auto* (S. 63), Three Lions/Hulton Archive/Getty Images.

Tardivet und Miomandre (S. 92), Bibliothèque nationale de France.

»Todesstreifen« Berliner Mauer (S. 110), Thierry Noir/WikiCommons; *Brandenburger Tor* (S. 118), Sue Ream/WikiCommons; *Rostropowitsch* (S. 123), L. Emmett Lewis Jr. © Stars and Stripes.

Fab Five (S. 170), Astrid Kirchherr/K&K/Redferns/Getty Images; *Die Beatles im Top Ten Club* (S. 179), Ellen Piel/K&K/Redferns/Getty Images; *Die Beatles im Star-Club* (S. 183), Ulf Kruger/K&K/Redferns/Getty Images.

Mobutu stellt Foreman and Ali vor (S. 188), George Walker/Liaison/Getty Images; *Foreman beim Training* (S. 195), Neil Leifer/Sports Illustrated/Getty Images; *Ali bereitet sich auf den Kampf vor* (S. 197), Stringer/AFP/Getty Images; *Ali schickt »Big George« zu Boden* (S. 203), The Ring Magazine/Getty Images.

Kublai Khan (S. 216), Dea/Getty Images.

Tahitianische Frauen (S. 239), Time Life Pictures/Mansell/Life/Getty Images; *Die Endeavour* (S. 247), SSPL/Getty Images.

Auf, auf! (S. 261), Art Media/Print Collector/Getty Images. *John Ball* (S. 289), British Library Board.

Artillerie der Nordstaaten (S. 269), *Zuave-Uniform* (S. 273), *Colonel Dixon Miles* (S. 276), *Angriff der Union* (S. 280), *Kavallerie der Union an der Sudley-Furt* (S. 282), *Die Senatoren Zachariah Chandler und Benjamin Wade* (S. 283), alle Library of Congress.

Alle Karten: Magnetic North.